# 朝鮮後期佛教匠人人名辭典

## -工藝와 典籍-

## 안귀숙 安貴淑

홍익대학교 대학원 미술사학과 졸업(文學博士)
문화재청 인천국제공항 문화재감정관실 감정위원
문화재청 문화재전문위원과 경기도 문화재위원 등
홍익대학교 출강

주요논문은 박사학위논문「중국 정병 연구」외에「朝鮮後期 鑄鐘匠 思印比丘에 관한 硏究」(『佛敎美術』, 1988),「조선후기 佛畵僧의 계보와 義謙比丘에 대한 연구」(『미술사연구』8과 9, 1994-1995),「고려 佛具의 의미와 제작방법」(『佛法으로 피어난 금속공예』, 2006),「佛鉢의 도상적 성립과 전개」(『시각문화의 전통과 해석』, 2007) 등이 있다. 저서는『유기장』(2002, 화산문화)과『朝鮮後期僧匠人名辭典 - 佛敎繪畵』(공저, 2008, 양사재) 등이 있다.

## 최선일 崔宣一

홍익대학교 대학원 미술사학과 졸업(文學博士)
문화재청 인천국제공항 문화재감정관실 감정위원
경기도 문화재전문위원
명지대학교 출강

주요논문은 박사학위논문「朝鮮後期 彫刻僧의 활동과 佛像 硏究」외에「朝鮮後期 彫刻僧 色難과 그 系譜」,「日本 高麗美術館 所藏 朝鮮後期 木造三尊佛龕」,「고양 상운사 목조아미타삼존불좌상과 조각승 進悅」,「17세기 조각승 守衍의 활동과 불상 연구」등이 있다. 저서는『朝鮮後期僧匠人名辭典 - 佛敎彫塑』(2007, 양사재)과『朝鮮後期僧匠人名辭典 - 佛敎繪畵』(공저, 2008, 양사재) 등이 있다.

# 朝鮮後期佛敎匠人人名辭典

## - 工藝와 典籍 -

초판 1쇄 인쇄 : 2009년 5월 8일
초판 1쇄 발행 : 2009년 5월 15일

엮은이 : 안귀숙·최선일
펴낸이 : 한정희
편  집 : 문영주, 유미진, 신학태, 김하림, 이지선, 최연실, 정영규, 윤수진
영  업 : 이화표
관  리 : 하재일, 양현주
펴낸곳 : 도서출판 양사재

주  소 : 서울특별시 마포구 마포동 324-3
전  화 : 02-718-4831~2
팩  스 : 02-703-9711
이메일 : kyunginp@chol.com
홈페이지 : 한국학서적.kr / http://www.kyunginp.co.kr

값 20,000원
ISBN : 978-89-960255-3-5  93220

# 朝鮮後期佛教匠人人名辭典

## - 工藝와 典籍 -

안귀숙·최선일

# 책을 내면서

　필자가 조선후기(1600~1910) 범종에 대해 관심을 갖게 된 때는 석사학위논문인 「조선후기 범종의 연구」를 준비하던 1980년부터이다. 학부 및 대학원에서 금속공예 실기를 전공하고 작가생활을 하면서 우리나라 금속공예사의 흐름을 파악해야 올바른 현대공예작업을 할 수 있다고 생각했기 때문이다. 체계적인 공부를 하기위해 다시 대학원에서 미술사를 전공하면서 전국 각지의 사찰 종각이나 법당에 봉안된 조선후기 범종을 조사하게 되었다. 큰 사찰을 제외하고 대개 한 사찰에 대개 1점만 있는 범종을 조사하기 위해서 전국의 사찰을 돌며 발품으로 여러 유형의 자료를 수집하고 연구하였다. 동시에 근본적으로 같은 시대의 조각, 공예, 회화 등의 유물들은 결국 그 근저에 동일한 시대양식을 공유하고 있다는 관점을 갖고 불교미술을 꿰뚫는 안목을 가지려고 노력하였다.

　작가였던 필자는 자연스레 불교공예품을 만든 작가에 주목하게 되었고 「조선후기 주종장鑄鐘匠 사인비구思印比丘」(1988)의 작품세계를 연구하면서 당시에 활동하던 주종장들의 계보와 지역을 바탕으로 형성된 양식적 특징에 대해 알 수 있었다. 이러한 연구가 진행되어 조선후기 승려작가들과 작품들의 문화재적 가치가 알려져 현재 주종장 사인 등이 제작한 작품들은 모두 보물로 지정되었다.

　이후 학계에서도 조선후기 주종장에 대한 연구가 활발하게 진행되어 최응천교수를 비롯하여 후학 김수현에 의해 현재까지 한 시대를 풍미했던 10여 명의 수화승首畵僧들과 그 작품세계가 규명되었을 뿐 아니라 최근에는 전체 주종장인의 계보 및 유파별 특징까지 연구되었다.

　이와 같은 시기별, 계파별 작가론은 체계적인 사료 수집 및 분석이 수반되어야만 가능한 일로, 같은 연구를 하는 최선일박사와 불교미술 연구에 입문한 때부터 모아온 자료를 엮어서 학문발전에 조금이라도 기여하고자 불화와 불상, 공예, 건축을 총 망라한 조선후기승장인명사전을 준비하게 되었다. 그 일환으로 먼저 조각승인명사전(2007)과 불화승인명사전(2008)이 간행되었고, 이번에 공예장인과 전적각수를 모아 연구자들이 일일이 발품을 팔지 않아도 기본적인 자료를 쉽게 찾아 볼 수 있도록 한 권의 책으로 엮게 되었다.

특히, 이 책을 간행함에 있어 소장하고 계신 많은 경전 사진을 직접 촬영하여 제공해주신 일산 원각사 정각 주지스님, 범종학회까지 만드시고 한국종을 연구하신 고故 염영하 교수님, 경전의 변상도를 연구하시는 박도화 교수님, 조선후기 전적 개판에 주도한 각수들을 연구하신 김상호 교수님, 경상도 지역의 금석문을 체계적으로 조사하신 정경주 교수님 등의 연구와 자료 제공이 없었다면 불가능한 일로 생각되어 깊이 감사드린다.

다만 명문銘文이나 사적기를 직접 확인하지 못하여 동일인으로 추정되나 단정 지을 수 없는 경우와 동명이인同名異人일 가능성이 있지만 동일인으로 언급하여야 할 상황이 이 사전을 만들면서 가장 아쉬웠던 점이다. 이 사전에서 다룬 인명은 조선후기에 공예품을 조성한 승장과 사장들로 모두 960여 명에 달하며, 그들의 활동연대와 작업현황 등을 시기적으로 정리하였다. 또한 불사를 주도한 도편수都片手로 활동한 380여 명은 앞으로도 많은 기록을 찾아내어 그들의 잊혀진 삶과 작품세계에 대한 구체적인 규명이 지속적으로 이루어질 수 있기를 바란다.

또 한 가지 아쉬웠던 점은 1980년대까지만 하더라도 종각이나 전각의 제 위치에 봉안되어있던 공예품이나 전적들이 상당수 도난되어 현재 그 소재를 알 수 없고 낙산사종(1469)처럼 화재로 소실되었다는 점이다. 때문에 사진으로라도 많은 연구자들이 당대 최고의 장인이

제작한 작품을 감상할 수 있도록 소재를 알 수 없는 공예품 사진까지 수록하였다.

이 책을 발간하기까지 사료를 아낌없이 주신 고경스님과 정각스님, 필자와 최선일 박사를 불교미술 연구자로 이끌어주신 은사 김리나 교수님과 공예연구에 대한 접근 방법을 일러주신 이난영 교수님께 감사드린다.

또한 양사재養士齋 한정희 사장님의 전폭적인 지원이 없었다면 이 같은 사전류의 출판은 불가능하였을 것이다. 학문과 연구자들을 중히 여기는 그의 안목을 존경하며 감사의 마음을 전하고 싶다.

2009년 5월 양사재에서

**안 귀 숙**

# 일러두기

이 인명사전은 조선후기(1598~1910) 사찰의 범종과 전적 등을 제작한 승려장인과 사장 私匠들을 수록한 것이다. 이들의 활동은 사찰에 전해지는 사적기寺蹟記와 사적비寺蹟碑, 범종梵鐘의 명문銘文, 전적典籍의 간기刊記 등을 바탕으로 시기별로 정리하여 그 활동 시기와 내용 및 승장僧匠이나 사장私匠의 계보를 밝힐 수 있는 도편수都片手를 적어놓았다. 이는 한국불교공예사와 전적사에서 공예품과 전적을 제작한 승려나 사장들에 대한 개별적인 정리가 이루어지지 않았기 때문이다.

각각의 승려들은 생존 시기와 상관없이 법명法名이나 이름을 표제어로 하여 가나다 순으로 배열하였다. 그리고 활동 내용 가운데 주로 참여한 승장僧匠과 사장私匠으로 구분하였으며, 동명이인同名異人(50여 년 이상 활동시기가 차이 나는 경우)은 시기별로 이름 다음에 숫자를 적어놓았다.

각각의 장인匠人에 대한 내용은 1) 표제어와 활동연대 2) 활동시기와 분야 3) 활동연대와 같이 한 수화승 등을 구체적으로 언급하고 4) 대표적인 장인은 작품 사진을 첨가하고 5) 마지막으로 활동의 근거를 밝힐 수 있는 문헌기록과 참고문헌을 적어놓았다.

본문의 서술은 한글표기를 원칙으로 하고, 혼동을 초래할 경우에 한하여 한자를 함께 표기하였다. 그리고 기존 보고서나 도록에 잘못 쓴 경우와 다르게 읽은 경우는 모두 주註를 달아 독자들이 확인할 수 있게 하였다.

　호號를 가진 스님은 법명法名이나 이름과 활동시기 다음에 적어놓았고, 공예의 조성사찰과 봉안 사찰이 다른 경우는 조성사찰을 먼저 언급하고 봉안사찰을 표기하였다. 이는 승장들의 활동지역을 파악하기 위해서 조성사찰이 중요하기 때문이다.

　책의 뒷부분에는 1) 조선후기 불교공예와 전적에 관한 참고문헌 2) 조선후기 공예와 전적 제작에 도편수로 활동한 장인 3) 시기별로 공예품이나 전적 도판을 첨부하여 연구자와 일반인들에게 조선 후기 범종 등의 변화과정을 이해할 수 있게 하였다.

　도판은 조성자, 명칭, 조성연대, 봉안사찰(조성사찰) 순으로 적어놓았다.

# 목차 *contents*

**가 /** 각선(覺善 : -1769-) ⋯⋯ 1

**나 /** 나묵(懶默 : -1659-1695-) ⋯⋯ 27

**다 /** 단헌(端憲 : -1612-) ⋯⋯ 30

**마 /** 마차복(馬次福) ⋯⋯ 38

**바 /** 박구이금(朴九伊金, 朴求里金 : -1754-) ⋯⋯ 44

**사 /** 사석(思釋 : -1711-) ⋯⋯ 55

**아 /** 안형수(安亨壽 : -1853-) ⋯⋯ 77

**자 /** 자경(慈敬 : -1607-) ⋯⋯ 108

**차 /** 차본동(車本同 : -1781-) ⋯⋯ 122

**타 /** 탁련(卓連 : -1686-) ⋯⋯ 135

**파 /** 평흘(平訖, 平屹 : -1679-1681-) ⋯⋯ 140

**하 /** 학경(學囧 : -1632-) ⋯⋯ 142

**조선후기 불교공예 참고문헌** ⋯⋯ 153

**도판목록** ⋯⋯ 159

**도 판** ⋯⋯ 169

# ㄱ

**각선**(覺善 : -1769-)* 18세기 후반에 활동한 민간 각수刻手(女)이다. 1769년에 경북 안동 봉정사에서 『기신논소필삭기起信論疏筆削記』 간행에 각수로 참여하였다.

　▫ 1769년 경북 안동 鳳停寺에서 『起信論疏筆削記』 간행에 刻手로 참여(金相淏, 「朝鮮朝 寺刹板 刻手 研究」) 淸信女

**각성**(覺性 : -1631-)* 17세기 전반에 활동한 연판鍊板이다. 1631년에 경북 청도 수암사에서 『불설아미타경佛說阿彌陀經(念佛作法 合綴)』 간행에 연판으로 참여하였다.

　▫ 1631년 경북 청도 水巖寺에서 『佛說阿彌陀經(念佛作法 合綴)』 간행에 鍊板으로 참여(일산 원각사 소장) 鍊板

**각운**(覺雲 : -1679-1681-)* 17세기 후반에 활동한 각수刻手이다. 울산 원적산 운흥사에서 1679년에 『금강경오가해金剛經五家解』 상권 간행에 각수로, 1681년에 『대혜보각선사서大慧普覺禪師書』 간행에 신종과 각자로 참여하였다.

　▫ 1679년 蔚山 圓寂山 雲興寺에서 『金剛經五家解』 上권 간행에 刻手로 참여(일산 원각사 소장) 刻手
　▫ 1681년 蔚山 圓寂山 雲興寺에서 『大慧普覺禪師書』 간행에 信宗과 刻字로 참여(일산 원 각사 소장)

**강**(姜 : -1758-)* 18세기 중반에 활동한 철장鐵匠이다. 1758년에 전남 장흥 보림사에서 가선嘉善이면서 승통僧統인 재정이 재물을 모아 철 5백여근을 사서 주조청으로 하여금 물을 저장하여 그 일을 구비하는데 참여하였다.

　▫ 1758년 전남 장흥 寶林寺에서 嘉善兼僧統인 再正이 재물을 모아 철 5백여근을 사서 주 조청으로 하여금 물을 저장하여 그 일을 구비함(『譯註 寶林寺重創記』) 鑄匠

**강경수**(姜京守 : -1614-) 17세기 전반에 활동한 각수刻手이다. 1614년에 충남 논산 쌍계사에서 『경덕전등록景德傳燈錄』 간행에 쌍순과 각수로 참여하였다.

　▫ 1614년 충남 논산 쌍계사에서 『景德傳燈錄』 간행에 双淳과 刻手로 참여(일산 원각사 소 장)

**강수명**(姜壽明 : -1845-)* 19세기 중반에 활동한 편수야장片手冶匠이다. 1845년에 충남 금산 신안사 극락전 중수에 야장편수로 참여하였다.

▫1845년 충남 금산 身安寺 極樂殿 重修에 冶匠片手로 참여(『上樑文集(補修時 發見된 上樑文)』) 冶匠片手

**강애오**(姜愛悟 : -1738-)* 18세기 중반에 활동한 편수片手이다. 1738년에 경북 예천 용문사 범종 조성에 편수로 참여하였다.

▫1738년 경북 예천 龍門寺 梵鐘 조성에 片手로 참여(安貴淑,「朝鮮後期 鑄鐘匠 思印比丘에 관한 研究」와 廉永夏,「韓國梵鐘에 관한 연구(朝鮮朝鐘의 特徵)」) 片手

**강옥선**(姜玉善 : -1698-) 17세기 후반에 활동한 편수片手이다. 1698년 전남 고흥 능가사 범종 조성에 김애립과 편수로 참여하였다.

▫1698년 전남 고흥 楞伽寺 梵鐘 조성에 金愛立과 片手로 참여(安貴淑,「朝鮮後期 鑄鐘匠 思印比丘에 관한 研究」)

**강위**(姜位 : -1764-1788-)* 18세기 중반과 후반에 활동한 야장冶匠이다. 1764년에 전남 해남 미황사 벽하당대우대사비, 송파당각훤대사비, 금하당우한대사비 건립에 야장으로 참여하였다. 1788년에 전남 해남 미황사 오봉당부도 건립과 제작연대를 알 수 없는 고압당부도 건립에 야장으로 참여하였다.

▫1764년 전남 해남 美黃寺 碧霞堂 大愚大師碑 건립에 冶匠으로 참여(智冠 編,『韓國高僧碑文總集-朝鮮朝·近現代』와『美黃寺 應眞殿 修理報告書』) 冶匠
1764년 전남 해남 美黃寺 松坡堂 覺暄大師碑 건립에 冶匠으로 참여(智冠 編,『韓國高僧碑文總集-朝鮮朝·近現代』와『美黃寺 應眞殿 修理報告書』) 冶匠
1764년 전남 해남 美黃寺 錦河堂 優閑大師碑 건립에 冶匠으로 참여(『佛敎文化研究』5·6과 智冠 編,『韓國高僧碑文總集-朝鮮朝·近現代』) 冶匠
▫1788년 전남 해남 美黃寺 午峯堂浮屠 건립에 冶匠으로 참여(朴春圭,「美黃寺의 浮屠」) 冶匠
▫연대미상 孤鴨堂 浮屠 건립에 冶匠으로 참여(『美黃寺 應眞殿 修理報告書』) 冶匠

**강치겸**(姜致兼 : -1911-) 20세기 전반에 활동한 토수이다. 1911년에 경남 사천 다솔사 백련당 중창에 문성원과 토수로 참여하였다.

▫1911년 경남 사천 多率寺 白蓮堂 重創에 文成元과 土手로 참여(「昆陽多率寺白蓮堂重創記」, 鄭景柱,「慶南地方 寺刹 金石文獻資料 調査研究」)

**강학생**(姜鶴生 : -1726-)*18세기 전반에 활동한 편수片手이다. 1726년에 비안 백마산 용흥사 범종(국립중앙박물관 소장) 조성에 편수로 참여하였다.

▫1726년 비안 백마산 龍興寺 梵鐘에 片手로 참여(국립중앙박물관 소장, 安貴淑,「朝鮮後期 鑄鐘匠 思印比丘에 관한 研究」) 片手 嘉善

**개원**(開元 : -1722-)* 18세기 전반에 활동한 편수片手이다. 1722년에 전남 장흥 보림사 금기 제작에 편수로 참여하였다.

▫1722년 전남 장흥 寶林寺 金器 제작에 片手로 참여(『譯註 寶林寺重創記』) 片手

**거창**(巨刱 : -1724-1750-)*18세기 전반에 활동한 편수片手이다. 1724년에 전남 고흥 능가사 응진당 기와 제작에 편수로 참여하고, 1750년에 전남 고흥 능가사 비문에 기와를 제작한 것으로 적혀있다.

▫1724년 전남 고흥 楞伽寺 應眞堂 기와 제작에 片手로 참여(『楞伽寺 大雄殿 實測調査報告書』) 片手
▫1750년 전남 고흥 楞伽寺 碑文에 기와를 제작한 것으로 나옴(碑文,『楞伽寺 大雄殿 實測

調査報告書』)

**견학**(見學 : -1730-) 18세기 중반에 활동한 각수刻手이다. 1730년에 전남 순천 대흥사에서 『장수멸죄호제동자다라니경長壽滅罪護諸童子陀羅尼經』 간행에 탁매와 각원으로 참여하였다.

　· 1730년 전남 순천 大興寺에서 『長壽滅罪護諸童子陀羅尼經』 간행에 卓梅와 刻員으로 참여(일산 원각사 소장)

**경민**(敬敏, 敬旻 : -1685-1686-)* 17세기 후반에 활동한 각수刻手이다. 1685년에 선정암과 1686년에 징광사에서 『법망경梵網經』 간행에 각수로 참여하였다.

　· 1685년 禪定庵에서 『梵網經』 간행에 刻手로 참여(金相淏, 「朝鮮朝 寺刹板 刻手 研究」)
　· 1686년 澄光寺에서 『梵網經』 간행에 刻手로 참여(金相淏, 「朝鮮朝 寺刹板 刻手 研究」)

**경성** 1(敬性 : -1612-)* 17세기 전반에 활동한 야장冶匠이다. 1612년에 경남 함양 상련대 목조보살좌상 제작에 야장으로 참여하였다.

　· 1612년 경남 함양 상련대 木造菩薩坐像 제작에 冶匠으로 참여(造成發願文) 冶匠

**경성** 2(敬性, 敬聖 : -1648-1684-)* 17세기 중·후반까지 활동한 조각승이다. 1648년에 수화승 해심과 전남 해남 도장사 목조석가불좌상과 보살좌상을 제작한 후, 수화승 무염과 1650년에 대전 비래사 목조비로자나불좌상과 1652년에 전북 완주 정수사 극락전 목조아미타삼존불좌상을 제작하였다. 1653년에 수화승 해심과 전북 고창 문수사 목조지장보살좌상과 시왕상을, 1673년에 수화승 자수와 경남 웅천 성흥사 목조지장보살좌상과 시왕상(합천 해인사 명부전 봉안)을, 1684년에 수화승 계주와 전북 고창 선운사 참당암 불단佛壇을 제작하였다. 그는 무염의 계보에 속하는 조각승으로 전라북도를 중심으로 활동하였다.

　· 1648년 전남 해남 도장사 목조석가삼존불 제작에 海心과 참여(문명대, 「조각승 無染, 道祐派 불상조각의 연구」)
　· 1650년 대전 비래사 목조비로자나불좌상 제작에 無染과 참여(文明大, 「無染派 목불상의 제작과 설악산 新興寺 목아미타삼존불상」) 首畫
　· 1652년 전북 완주 정수사 극락전 목조아미타삼존불좌상 제작에 無染과 참여(發願文)
　· 1653년 전북 고창 문수사 목조지장보살좌상과 시왕상 제작에 海心과 참여(發願文)
　· 1673년 경남 웅천 성흥사 목조지장보살좌상과 시왕상 제작에 自修와 참여(합천 해인사 명부전 봉안, 李智冠 編著, 『伽倻山 海印寺誌』)
　· 1684년 전북 고창 선운사 참당암 佛壇 제작에 戒珠와 참여(『兜率山禪雲寺誌』)

**경성** 3(景星 : -1909-)* 20세기 전반에 활동한 와장瓦匠이다. 1909년에 충북 보은 법주사에서 기와 제작에 참여하였다.

　· 1909년 충북 보은 法住寺에서 기와 제작에 참여(『韓國의 古建築』 18) 手

**경언**(敬彦) **용월당**(龍月堂) 조선후기에 활동한 승려이다. 전남 나주 덕령산 雙溪寺에 거주하면서 경학經學을 잘하고, 가사를 짓는 솜씨 뿐만 아니라 목공일에도 조예가 깊었다.

　· 전남 나주 덕령산 雙溪寺人으로 經學을 잘하고, 가사를 짓는 솜씨뿐만 아니라 목공일에

도 조예가 깊었다(『東師列傳』6(龍月禪師傳))

**경옥**(敬玉 : -1681-) 17세기 후반에 활동한 각수刻手이다. 1681년에 충남 논산 불명산 쌍계사에서 『불설대보부모은중경佛說大報父母恩重經』 간행에 순일과 각수로 참여하였다.

　▫1681년 충남 논산 佛明山 雙溪寺에서 『佛說大報父母恩重經(佛說小涅槃經 合綴)』 간행에 舜日과 刻手로 참여(일산 원각사 소장)

**경잠**(敬岑 : -1611-)* 17세기 전반에 활동한 연판鍊板이다. 1611년에 전북 부안 실상사에서 『불설관무량수불경佛說觀無量壽佛經』 간행에 연판으로 참여하였다.

　▫1611년 전북 부안 實相寺에서 『佛說觀無量壽佛經』 간행에 鍊板으로 참여(일산 원각사 소장) 鍊板

**경정**(慶禎, 敬禎 : -1701-)* 18세기 전반에 활동한 각수刻手이다. 1701년에 『금강반야바라밀경金剛般若波羅密經』과 봉암사에서 『선원제전집도서禪源諸詮集都序』, 『법집별행록절요정입사기法集別行錄節要幷入私記』, 『고봉화상선요高峰和尙禪要』 간행에 각수로 참여하였다.

　▫1701년 『金剛般若波羅密經』 간행에 刻手로 참여(金相淏, 「朝鮮朝 寺刹板 刻手 硏究」)
　1701년 鳳岩寺에서 3種(『禪源諸詮集都序』, 『法集別行錄節要幷入私記』, 『高峰和尙禪要』) 간행에 刻手로 참여(金相淏, 「朝鮮朝 寺刹板 刻手 硏究」)

**경종**(敬宗 : -1633-)* 17세기 중반에 활동한 각수刻手이다. 1633년에 광주 증심사에서 『묘법연화경妙法蓮華經』 간행에 전사鐫士로 참여하였다.

　▫1633년 광주 證心寺에서 『妙法蓮華經』 간행에 鐫士(刻手)로 참여(일산 원각사 소장) 鐫士

**경천**(敬天) 17세기 전반에 활동한 각수刻手이다. 17세기 초 황해 수회사에서 불서佛書 간행에 참여하였다.

　▫17세기초 황해 修會寺 佛書 刻板에 참여(金相淏, 「朝鮮朝 寺刹板 刻手 硏究」)

**경호**(敬浩, 敬湖, 瓊湖 : 1649~1700)* 17세기 중반부터 18세기 전반까지 전라남도 장성 수연사隨緣寺에서 활동한 조각승이다. 수화승 희장과 1649년에 경북 구미 수다사 목조아미타삼존불좌상(수다사 아미타불과 원각사 대세지보살 봉안)과 1650년에 전북 진안 금당사 목조아미타삼존불좌상을, 1676년에 수화승 명준과 전북 고창 선운사 목조지장보살좌상 등을 제작하였다. 1686년에 수화승으로 전남 장흥 보림사에 상련上輦과 원불련

경종, 妙法蓮華經 卷1-2, 1633년, 광주 중심사 개간

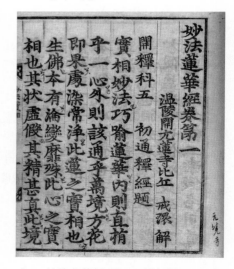
경종, 妙法蓮華經 卷1-2 變相圖, 1633년, 광주 증심사 개간

願佛輦을 제작하고, 중하련中下輦을 중수하였다. 1700년에 수화승으로 전남 곡성 도림사 목조석가불좌상을 제작하였다.

- 1649년 경북 구미 水多寺 木造阿彌陀三尊佛坐像 제작에 熙藏과 참여(수다사 아미타불과 원각사 대세지보살 봉안, 송은석, 「17세기 朝鮮王朝의 彫刻僧과 佛像」)
- 1650년 전북 진안 金塘寺 木造阿彌陀三尊佛坐像 제작에 熙莊과 참여(이분희, 「조각승 勝一派 불상조각의 연구」)
- 1676년 전북 고창 禪雲寺 木造地藏菩薩坐像과 十王像 제작에 明俊과 참여(『兜率山禪雲 寺誌』)
- 1686년 전남 장흥 寶林寺 上輦, 願佛輦 새로 제작, 中下輦 중수(『譯註 寶林寺重創記』) 工師
  1686년 전남 장흥 寶林寺에서 雲龍 몇 사람에게 조각 일을 요청(『譯註 寶林寺重創記』)
- 1700년 전남 곡성 도림사 목조석가불좌상 제작에 수화승으로 참여(發願文) 畵員

**경훈**(敬訓 : -1682-) 17세기 후반에 활동한 각수刻手이다. 1682년에 묘향산 보현사에서 『금강반야경소론찬요조현록金剛般若經疏論纂要助顯錄』 간행에 박응하와 각수로 참여하였다.

- 1682년 묘향산 普賢寺에서 『金剛般若經疏論纂要助顯錄』 간행에 朴應河와 刻手로 참여 (金相淏, 「朝鮮朝 寺刹板 刻手 硏究」)

**계능**(戒能 : -1630-1635-) 17세기 전반에 활동한 각수刻手이다. 1630년에 『청허집淸虛集』 간행에 각수로, 1632년에 『묘법연화경妙法蓮華經』 간행에 일현과 각자로, 1633년에 경기 삭녕 용복사에서 『선가귀감禪家龜鑑』 간행에 조운과 각수로, 1635년에 삭령 용복사에서 『천지명양수륙잡문天地冥陽水陸雜文』 간행에 해선과 각수로 참여하였다.

- 1630년 『淸虛集』 간행에 刻手로 참여(金相淏, 「朝鮮朝 寺刹板 刻手 硏究」)
- 1632년 『妙法蓮華經』 간행에 一玄과 刻字로 참여(일산 원각사 소장)
- 1633년 경기 삭녕 龍腹寺에서 『禪家龜鑑』 간행에 祖云과 刻手로 참여(일산 원각사 소장)
- 1635년 朔寧 龍腹寺에서 『天地冥陽水陸雜文』 간행에 海先과 刻手으로 참여(일산 원각사 소장)
- 광해군과 인종 연간에 경기 삭녕 龍腹寺에서 판각에 참여(金相淏, 「朝鮮朝 寺刹板 刻手 硏究」)

**계민**(戒敏 : -1681-) 17세기 후반에 활동한 각수刻手이다. 1681년에 울산 원적산 운흥사에서 『대혜보각선사서大慧普覺禪師書』 간행에 신종과 각자刻字로 참여하였다.

- 1681년 蔚山 圓寂山 雲興寺에서 『大慧普覺禪師書』 간행에 信宗과 刻字로 참여(일산 원 각사 소장)

**계식**(戒湜 : -1701-) 18세기 전반에 활동한 각수刻手이다. 1701년에 경북 문경 봉암사에서 『선원제전집도서禪源諸詮集都序』 간행에 태순과 각수로 참여하였다.

- 1701년 경북 문경 鳳岩寺에서 『禪源諸詮集都序』 간행에 泰淳과 刻手로 참여(일산 원각 사 소장과 金相淏, 「朝鮮朝 寺刹板 刻手 硏究」) 首頭

**계신**(戒信 : -1668-)* 17세기 중반에 활동한 각수刻手이다. 1668년에 울산 운홍사에서『묘법연화경妙法蓮華經』간행에 각수로 참여하였다.
　▫1668년 울산 雲興寺에서『妙法蓮華經』간행에 刻手로 참여(일산 원각사 소장) 刻手

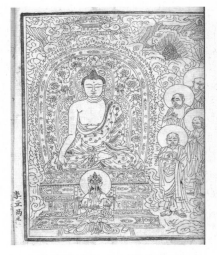 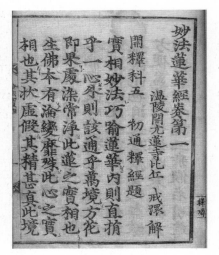

계신, 妙法蓮華經 卷1 變相圖, 1668년,　계신, 妙法蓮華經 卷1, 1668년,
　　고성 운흥사 간행　　　　　　　　고성 운흥사 간행

**계안**(戒安 : -1642-) 17세기 중반에 활동한 각수刻手이다. 1642년 전남 순천 송광사에서『천지명양수륙재의찬요天地冥陽水陸齋儀纂要』간행에 신철과 각수로 참여하였다.
　▫1642년 전남 순천 松廣寺에서『天地冥陽水陸齋儀纂要』간행에 信哲과
　　刻手로 참여(金相淏,「朝鮮朝 寺刹板 刻手 研究」)

**계일**(戒日 : -1701-1715-)* 18세기 전반에 활동한 주종장鑄鐘匠이다. 1701년에 서울 봉은사 범종 조성(의왕 청계사 소장)에 사인思印과 편수片手로, 1711년에 인천 강화 종鐘 조성에 조신과 편수片手로, 1715년 전남 용담 숭암사 범종(구례 천은사 소장) 조성에 화원畵員으로 참여하였다.
　▫1701년 서울 奉恩寺 梵鐘 조성에 思印과 片手로 참여(의왕 청계사 소장,
　　安貴淑,「朝鮮後期 鑄鐘匠 思印比丘에 관한 研究」)
　▫1711년 인천 강화 鐘 조성에 祖信과 片手로 참여(安貴淑,「朝鮮後期 鑄鐘
　　匠 思印比丘에 관한 研究」와『江華金石文集』)
　▫1715년 전남 용담 崇巖寺 梵鐘 조성에 畵員으로 참여(구례 천은사 소장,
　　安貴淑,「朝鮮後期 鑄鐘匠 思印比丘에 관한 研究」) 畵員 嘉善

**계천**(戒天 : -1634-) 17세기 중반에 활동한 각수刻手이다. 1634년에 충남 논산 불명산 쌍계사에서『오대진언五大眞言』간행에 수인과 각수로 참여하였다.
　▫1634년 충남 논산 佛明山 雙溪寺에서『五大眞言』간행에 守仁과 刻手로

계일, 숭암사종, 1715년

참여(일산 원각사 소장)

**계훈** 1(戒熏 : -1631-)* 17세기 중반에 활동한 각수刻手이다. 1631년에 경북 청도 수암사에서 『불설아미타경佛說阿彌陀經』 간행에 각수로 참여하였다.

| 계훈, 佛說阿彌陀經(念佛作法 합철) 변상도, 1631년, 구룡산 수암사 개간 | 계훈, 佛說阿彌陀經(念佛作法 합철) 변상도 1, 1631년, 구룡산 수암사 개간 | 계훈, 佛說阿彌陀經(念佛作法 합철) 변상도 2, 1631년, 구룡산 수암사 개간 |

  □ 1631년 경북 청도 水巖寺에서 『佛說阿彌陀經(念佛作法 合綴)』 간행에 刻手로 참여(일산 원각사 소장) 刻手

**계훈** 2(戒訓, 戒勳 : -1656-)* 17세기 중반에 활동한 조각승이다. 순치연간에 수화승으로 전북 완주 송광사 목패를, 1656년에 수화승 무염과 완주 송광사 목조석가삼존불좌상과 오백나한상을 제작하였다.

  □ 順治年間 전북 완주 松廣寺 木牌 제작에 畫員으로 참여(임영애, 「完州 松廣寺 木牌와 17 세기 조선시대 불교」) 畫員
  □ 1656년 전북 완주 松廣寺 木造釋迦三尊佛坐像과 五百羅漢像 制作에 無染과 畫員으로 참 여(박도화, 「松廣寺 五百羅漢殿의 羅漢像」)

**계훈** 3(戒熏 : -1660-)* 17세기 중반에 활동한 화원畫員이다. 1660년에 대구 팔공산 부인사에서 『선문조사례참의문禪門祖師禮懺儀文』 간행에 화원으로 참 여하였다.

  □ 1660년 대구 八公山 夫人寺에서 『禪門祖師禮懺儀文』 간행에 畫員으로 참여(일산 원각사 소장) 畫員

**계홀**(戒挖 : -1661-) 17세기 중반에 활동한 각수刻手이다. 1661년 경남 밀양 영정사에서 『대방광원각수다라요의경大方廣圓覺修多羅了義經』에 이시일과 각 수로 참여하였다.

  □ 1661년 경남 밀양 靈井寺에서 『大方廣圓覺修多羅了義經』에 李時一과 刻手로 참여(일산

원각사 소장)

**고용손**(高龍孫 : -1614-)* 17세기 전반에 활동한 연판鍊板이다. 1614년에 충남 논산 쌍계사에서 『경덕전등록景德傳燈錄』 간행에 연판으로 참여하였다.
- 1614년 충남 논산 쌍계사에서 『景德傳燈錄』 간행에 鍊板으로 참여(일산 원각사 소장) 鍊板

**공삼**(空森 : -1713-1723-) 18세기 전반에 활동한 와장瓦匠이다. 1718년에 전남 장흥 보림사에서 만화와 2월 14일에 번와를 시작하여 5월 14일 50누리정도의 기와를 제작하였다.
- 1718년 전남 장흥 寶林寺에서 2월 14일에 萬和와 燔瓦를 시작하여 5월 14일 50누리정도의 기와를 제작(『譯註 寶林寺重創記』) 副

**관신**(寬信 : -1720-) 18세기 전반에 활동한 각수刻手이다. 1720년에 전북 김제 금산사에서 『불설대보부모은중경佛說大報父母恩重經』 간행에 자성과 각수로 참여하였다.
- 1720년 전북 김제 金山寺에서 『佛說大報父母恩重經(諺解)』 간행에 自性과 刻手로 참여(일산 원각사 소장)

**광담**(廣談 : -1742-) 18세기 중반에 활동한 주종장鑄鐘匠이다. 1742년에 충청 담양 소백산 대흥사 범종(풍기 희방사 소장) 조성에 해철과 편수로 참여하였다.
- 1742년 충청 담양 小白山 大興寺 梵鐘 조성에 海哲과 片手로 참여(풍기 희방사 소장, 廉永夏, 「韓國梵鐘에 관한 연구(朝鮮朝鐘의 特徵)」) 片手

**광률**(廣律 : -1730-) 18세기 중반에 활동한 각수刻手이다. 1730년에 전남 순천 대흥사에서 『장수멸죄호제동자다라니경長壽滅罪護諸童子陀羅尼經』 간행에 탁매와 각원으로 참여하였다.
- 1730년 전남 순천 大興寺에서 『長壽滅罪護諸童子陀羅尼經』 간행에 卓梅와 刻員으로 참여(일산 원각사 소장)

**교철**(交哲 : -1765-) 18세기 중반에 활동한 각수刻手이다. 1765년에 황해 흥률사 불서佛書 판각板刻에 이창후와 간공刊工으로 참여하였다.
- 1765년 황해 興律寺 佛書 板刻에 李昌厚와 刊工으로 참여(金相淏, 「朝鮮朝 寺刹板 刻手 硏究」) 刊工

**국환**(國還 : -1728-)* 18세기 전반에 활동한 각수刻手이다. 1728년에 함경 안변 석왕사에서 『관세음보살영험략초觀世音菩薩靈驗略抄』 간행에 각공으로 참여하였다.
- 1728년 함경 안변 釋王寺에서 『觀世音菩薩靈驗略抄』 간행에 刻工으로 참여(일산 원각사 소장) 刻工

**권대생**(權大生 : -1657-)* 17세기 중반에 활동한 야장冶匠이다. 1657년에 경북 칠곡 송림사 목조석가불좌상 제작에 야장으로 참여하였다.
- 1657년 경북 칠곡 송림사 목조석가불좌상 제작에 冶匠으로 참여(문명대, 「松林寺 大雄殿 木 釋迦三尊佛坐像의 硏究」) 冶匠

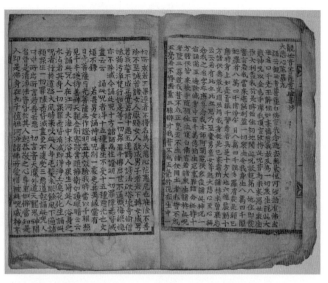

국환, 觀世音菩薩靈驗略抄 變相圖, 1728년, 안변 석왕사 간행

국환, 觀世音菩薩靈驗略抄, 1728년, 안변 석왕사 간행

**권동삼**(權東三 : -1788-1818-)\* 18세기 후반부터 19세기 전반까지 대구에서 활동한 주종장鑄鐘匠이다. 1788년에 전북 무주 안국사 범종 개주改 鑄에 이만중과 편수로, 1790년에 전남 순천 선암사 응향각 금고金鼓 조성에 편수로, 1794년에 강원 강릉 보현사 범종 조성에 편수片手로, 1818년에 전북 고창 선운사 범종 조성에 도편수로 참여하였다.

- ◦ 1788년 전북 무주 安國寺 梵鐘 改鑄에 李萬重과 片手로 참여(『한국의 사찰문 화재 – 전북/제주』)
- ◦ 1790년 전남 순천 仙巖寺 응향각 金鼓 조성에 片手로 참여(『한국의 사찰문화 재 – 광주/전남』) 大丘片手
- ◦ 1794년 강원 강릉 普賢寺 梵鐘 조성에 片手로 참여(강릉 관음사 소장, 安貴淑, 「朝鮮後期 鑄鐘匠 思印比丘에 관한 研究」와 廉永夏, 「韓國梵鐘에 관한 연구 (朝鮮朝鐘의 特徵)」) 大丘片手
- ◦ 1818년 전북 고창 禪雲寺 梵鐘 조성에 都片手로 참여(명문, 廉永夏, 「韓國梵鐘 에 관한 연구(朝鮮朝鐘의 特徵)」) 都片手 嶺南
- ◦ 연대미상 청곡사 범종 조성에 片手로 참여(최응천, 「18世紀 梵鐘의 樣相과 鑄 鐘匠 金成元의 作品」) 大邱片手

권동삼, 보현사종, 1794년

**권목동**(權木同 : -1785-1797-)\* 18세기 후반에 활동한 야장冶匠이다. 전남 순천 송광사에서 1785년에 진남문 건립과 1797년에 임경당 삼 청각 4차 중건에 야장으로 참여하였다.

- ◦ 1785년 전남 순천 松廣寺 진남문 상량기에 冶匠으로 언급(金東旭, 『韓國建築工匠史研究』) 冶匠
- ◦ 1797년 전남 松廣寺 임경당 삼청각 4차 중건에 冶匠으로 참여(金東旭, 『韓國建築工匠史 研究』) 冶匠

**권인중**(權仁重 : -1781-)\* 18세기 후반에 활동한 와장瓦匠이다. 1781년에 경기 포천 백운사 중수에 와장으로 참여하였다.

▫ 1781년 경기 포천 白雲寺 중수에 瓦匠으로 참여(現在 興龍寺,『畿內寺院誌』) 瓦匠

**권일**(權逸 : -1843-) 19세기 중반에 활동한 편수僧匠이다. 1843년에 경북 울진 불영사 영산전 중창에 충언과 편수로 참여하였다.

▫ 1843년 경북 울진 佛影寺 靈山殿 重創에 忠彦과 片手로 참여(『上樑文集(補修時 發見된 上樑文)』) 僧

**권중록**(權重祿 : -1813-)* 19세기 전반에 대구를 중심으로 활동한 주종장鑄鐘匠이다. 1813년에 경북 안동 봉정사 범종 조성에 편수로 참여하였다.

▫ 1813년 경북 안동 鳳停寺 梵鐘 조성에 片手로 참여(安貴淑,「朝鮮後期 鑄鐘匠 思印比丘에 관한 研究」) 片手 大丘

**권중삼**(權重三 : -1803-)* 19세기 전반에 활동한 주종장鑄鐘匠이다. 1803년에 전남 순천 선암사 범종 조성에 도편수로 참여하였다.

▫ 1803년 전남 순천 仙巖寺 梵鐘 조성에 都片手로 참여(명문, 성보박물관 소장,『한국의 사찰문화재 – 광주/전남』) 都片手

**귀경**(貴景 : -1657-)* 17세기 중반에 활동한 사장私匠이다. 1657년에 경남 양산 신흥사 대광전 건립에 대정大釘으로 참여하였다.

▫ 1657년 경남 양산 新興寺 大光殿 건립에 大釘秩에 언급(『新興寺 大光殿 修理報告書』) 單身

**극련**(剋蓮, 克連 : -1686-1711-) 17세기 후반부터 18세기 전반까지 활동한 주종장鑄鐘匠이다. 1686년에 경남 양산 통도사 범종 조성에 사인과 편수片手로, 1711년에 인천 강화 종鐘 조성에 조신과 편수片手로 참여하였다.

▫ 1686년 경남 양산 通度寺 梵鐘 조성에 思印과 片手로 참여(安貴淑,「朝鮮後期 鑄鐘匠 思印比丘에 관한 研究」)
▫ 1711년 인천 강화 鐘 조성에 祖信과 片手로 참여(安貴淑,「朝鮮後期 鑄鐘匠 思印比丘에 관한 研究」와『江華金石文集』)

**극순**(極淳 : -1790-)* 18세기 후반에 활동한 각수刻手이다. 1790년에 지리산 불일암佛日庵 중건기에 각수로 참여하였다.

▫ 1790년 지리산 佛日庵 重建記에 刻手로 참여(「智異山佛日庵重建事蹟記」,『三神山 雙溪寺誌』) 刻手

**극초** 1(克草, 克楚 : -1701-) 18세기 전반에 활동한 각수刻手이다. 1701년에 경북 문경 봉암사에서『선원제전집도서禪源諸詮集都序』간행에 태순과 각수로 참여하였다.

▫ 1701년 경북 문경 鳳岩寺에서『禪源諸詮集都序』간행에 泰淳과 刻手로 참여(金相淏,「朝鮮朝 寺刹板 刻手 研究」)

**극초** 2(極草 : -1795-)* 18세기 후반에 활동한 와장瓦匠이다. 1795년에 충북 보은 법주사 기와 제작에 편수로 참여하였다.

▫ 1795년 충북 보은 法住寺 기와 제작에 片手로 참여(『韓國의 古建築』18) 片手

**극총**(剋惚 : -1773-) 18세기 후반에 활동한 와장瓦匠이다. 1773년에 경북 영주 부석사 개와改瓦 제작 시 김옥돌과 편수片手로 참여하였다.

∘ 1773년 경북 영주 浮石寺 改瓦 제작에 金玉咄과 片手로 참여(「浮石寺資料」『佛敎美術』3)

**근탄**(謹綻 : -1779-) 18세기 후반에 활동한 각수刻手이다. 1779년에 전남 태안사 대웅전 중창기에 돈열과 기각記刻로 언급되어 있다

∘ 1779년 전남 泰安寺 大雄殿 중창기에 頓悅과 記刻으로 나옴(「大雄殿重創記」『泰安寺誌』)

**금탁**(錦卓 : -1768-)* 18세기 중반에 활동한 각수刻手이다. 1768년에 지리산 대암암에서 간행하여 감로사 영각影閣에 옮긴『용담집龍潭集』간행에 각공刻工으로 참여하였다.

∘ 1768년 智異山 臺巖庵에서 간행하여 甘露寺 影閣에 옮긴『龍潭集』간행에 刻工으로 참여(일산 원각사 소장) 刻工

**금학**(金鶴 : -1669-) 17세기 중반에 활동한 주종장鑄鐘匠이다. 1669년에 충남 서산 부석사 범종 조성에 원응과 편수片手로 참여하였다.

∘ 1669년 충남 서산 浮石寺 梵鐘 조성에 元應과 片手로 참여(安貴淑,「朝鮮後期 鑄鐘匠 思印比丘에 관한 研究」)

**긍성**(亘聖 : -1791-) 18세기 후반에 활동한 각수刻手이다. 1791년 전남 순천 송광사에서『지장보살본원경地藏菩薩本願經』간행에 대영과 각원으로 참여하였다.

∘ 1791년 전남 순천 松廣寺에서『地藏菩薩本願經』간행에 大榮과 刻員으로 참여(일산 원각사 소장)

**긍안**(亘眼 : -1730-) 18세기 중반에 활동한 각수刻手이다. 1730년에 전남 순천 대흥사에서『장수멸죄호제동자다라니경長壽滅罪護諸童子陀羅尼經』간행에 탁매와 각원으로 참여하였다.

∘ 1730년 전남 순천 大興寺에서『長壽滅罪護諸童子陀羅尼經』간행에 卓梅와 刻員으로 참여(일산 원각사 소장)

**기간**(奇偘 : -1665-)* 17세기 중반에 활동한 연판鍊板이다. 1665년에 전남 여수 흥국사에서『금강반야바라밀경金剛般若波羅密經』간행에 연판으로 참여하였다.

∘ 1665년 전남 여수 興國寺에서『金剛般若波羅密經(五家解)』간행에 鍊板으로 참여(일산 원각사 소장) 功德鍊板

**기생**(起生 : -1670-) 17세기 중반에 활동한 주종장鑄鐘匠이다. 주종장 사인과 1670년에 경북 문경 김룡사 범종(김천 직지사 성보박물관 소장)과 1670년에 강원 홍천 수타사 범종 조성에 편수片手로 참여하였다.

∘ 1670년 경북 문경 金龍寺 梵鐘 조성에 思印과 片手로 참여(김천 직지사 성보박물관 소장, 安貴淑,「朝鮮後期 鑄鐘匠 思印比丘에 관한 研究」)
1670년 강원 홍천 壽陀寺 梵鐘 조성에 思印과 片手로 참여(安貴淑,「朝鮮後期 鑄鐘匠 思印比丘에 관한 研究」)

**기익**(己益 : -1711-) 18세기 전반까지 활동한 주종장鑄鐘匠이다. 1711년에 인

천 강화 鐘 조성에 조신과 편수片手로 참여하였다.

◦ 1711년 인천 강화 鐘 조성에 祖信과 片手로 참여(安貴淑, 「朝鮮後期 鑄鐘匠 思印比丘에 관한 研究」와 『江華金石文集』)

**기임**(起林, 起任 : -1670-) 17세기 중반에 활동한 주종장鑄鐘匠이다. 주종장 사인과 1670년에 경북 문경 김룡사 범종(김천 직지사 성보박물관 소장)과 1670년에 강원 홍천 수타사 범종 조성에 편수片手로 참여하였다.

◦ 1670년 경북 문경 金龍寺 梵鐘 조성에 思印과 片手로 참여(김천 직지사 성보박물관 소장, 安貴淑, 「朝鮮後期 鑄鐘匠 思印比丘에 관한 研究」)
1670년 강원 홍천 壽陀寺 梵鐘 조성에 思印과 片手로 참여(安貴淑, 「朝鮮後期 鑄鐘匠 思印比丘에 관한 研究」)

**김**(金 : -1713-)* 18세기 전반에 활동한 주종장鑄鐘匠이다. 1713년에 전북 고창 선운사 대종을 조성하였다.

◦ 1713년 전북 고창 선운사 대종 조성(「사중대종명」『兜率山禪雲寺誌』)

**김**(金 : -1723-) 18세기 전반에 활동한 와장瓦匠이다. 1723년에 전남 장흥 보림사 신법당 아래층과 식당의 동쪽 편 기와를 고칠 때 만상과 편수로 참여하였다.

◦ 1723년 전남 장흥 寶林寺 新法堂 아래층과 食堂의 동쪽 편 기와를 고칠 때 萬詳과 片手로 참여(『譯註 寶林寺重創記』)

**김경원**(金京元, 金敬元 : -1614-) 17세기 전반에 활동한 각수刻手이다. 1614년에 충남 논산 쌍계사에서 『경덕전등록景德傳燈錄』 간행에 쌍정과 각수로 참여하였다.

◦ 1614년 충남 논산 쌍계사에서 『景德傳燈錄』 간행에 双淳과 刻手로 참여(일산 원각사 소장)

**김귀봉**(金貴奉 : -1750-)* 18세기 중반에 활동한 야장이다. 1750년에 경북 영일 법광사 석가사리탑 중수에 야장으로 참여하였다.

◦ 1750년 경북 영일 法廣寺 釋迦舍利塔 重修에 冶匠으로 참여(朴日薰, 「法廣寺 址와 釋迦佛舍利塔碑」 『考古美術』 五卷 六·七號) 冶匠

**김귀정**(金貴廷 : -1839-) 19세기 중반에 활동한 주종장鑄鐘匠이다. 1839년에 청도 신륵사 범종(상주 남장사 보광전 소장) 조성에 이덕환과 편수로 참여하였다.

◦ 1839년 淸道 神勒寺 梵鐘 조성에 李德還과 片手로 참여(상주 남장사 보광전 소장, 廉永夏, 「韓國梵鐘에 관한 연구(朝鮮朝鐘의 特徵)」)

**김귀천**(金貴千 : -1698-) 17세기 후반에 활동한 주종장鑄鐘匠이다. 1698년에 전남 고흥 능가사 범종 조성에 김애립과 편수片手로 참여하였다.

◦ 1698년 전남 고흥 楞伽寺 梵鐘 조성에 金愛立과 片手로 참여(安貴淑, 「朝鮮後期 鑄鐘匠 思印比丘에 관한 研究」) 通政

**김금철**(金今喆 : -1746-)* 18세기 중반에 활동한 주종장鑄鐘匠이다.

김금철, 선적사종, 1746년,
순천 향림사

1746년에 전남 순천 선적사 범종(순천 향림사 소장) 조성에 편수로 참여하였다.
  ▫ 1746년 전남 순천 善積寺 梵鐘 조성에 片手로 참여(순천 향림사 소장, 安貴淑, 「朝鮮後期
  鑄鐘匠 思印比丘에 관한 研究」) 鑄鐘片手

**김기찬**(金基燦 : -1888-)* 19세기 후반에 활동한 각수刻手이다. 1888년에 전
북 익산 숭림사 소장 화산성불암중수기花山惺佛庵重修記에 각刻으로 나온다.
  ▫ 1888년 전북 익산 崇林寺에 소장된 花山惺佛庵重修記에 刻으로 나옴(『崇林寺 普光殿
  修理報告書』) 契員 金基燦刻

**김녹생**(金祿生 : -1702-)* 18세기 전반에 활동한 야장冶匠이다. 1702년에 전
남 구례 화엄사 각황전 건립에 야장으로 참여하였다.
  ▫ 1702년 전남 구례 華嚴寺 覺皇殿 건립에 冶匠으로 참여(藤島亥治郎, 『朝鮮建築史論』과
  卓京栢, 「朝鮮後期 僧侶匠人의 研究」) 冶匠

**김덕빈**(金德彬: -1762-) 18세기 중반에 활동한 야장冶匠이다. 1762년에 전남
강진 백련사 대법당 중수에 김중기와 야장으로 참여하였다.
  ▫ 1762년 전남 강진 白蓮寺 大法堂 중수에 金重己와 冶匠으로 참여(「白蓮寺大法堂重修記」
  『全南의 寺刹 Ⅰ』)

**김덕삼**(金德三 : -1799-) 18세기 후반에 활동한 각수刻手이다. 1799년에 전남
순천 송광사에서 『묘법연화경妙法蓮華經』 간행에 각수로 참여하였다.
  ▫ 1799년 전남 순천 松廣寺에서 『妙法蓮華經』 간행에 刻手로 참여(金相淏, 「朝鮮朝 寺刹
  板 刻手 研究」)

**김덕언**(金德彦 : -1812-) 19세기 전반에 활동한 야장冶匠이다. 1812년에 전남
여수 흥국사 심검당尋劍堂 중건에 야편수冶片手로 참여하였다.
  ▫ 1812년 전남 여수 興國寺 尋劍堂 重建에 冶片手로 참여(眞玉, 『興國寺』) 冶片手

**김동석**(金東錫 : -1869-1885-)* 19세기 중·후반에 활동한 각수刻手이다. 경
남 합천 해인사에서 1882년에 『칠성청문七星請文』 간행과 1869년부터 1885
년까지 불서佛書 개판開板에 참여하였다.
  ▫ 1882년 경남 합천 海印寺에서 『七星請文』 간행에 刻手로 참여((『韓國佛敎儀禮資料叢書』
  3) 刻手
  ▫ 1869년-1885년 경남 합천 海印寺 佛書 開板에 참여(金相淏, 「朝鮮朝 寺刹板 刻手 研究」)

**김두겁**(金斗劫 : -1822-)* 19세기 전반에 활동한 야장冶匠이다. 1822년에 경
남 고성 옥천사 첨성전 삼창三創에 야공冶工으로 참여하였다.
  ▫ 1822년 경남 고성 玉泉寺 瞻星殿 三創에 冶工으로 참여(懸板 「瞻星殿三創記」『蓮華玉泉
  의 향기」) 冶工

**김두형**(金斗衡, 金斗亨 : -1853-1854-) 19세기 중반에 활동한 각수刻手이다.
1853년에 경기 삼각산 내원암에서 『관무량수불경觀無量壽佛經』 간행에 문경
순과 각수로, 1854년에 성주암에서 불서 간행에 참여하였다.
  ▫ 1853년에 경기 삼각산 內院庵에서 『觀無量壽佛經』 간행에 文敬淳과 각수로 참여(刊記)
  ▫ 1854년 聖住庵에서 佛書 간행에 참여(金相淏, 「朝鮮朝 寺刹板 刻手 研究」)

**김득기**(金得起 : -1799-) 18세기 후반에 활동한 각수刻手이다. 1799년에 전남

순천 송광사에서 『묘법연화경妙法蓮華經』 간행에 김덕삼과 각수로 참여하였다.

▫1799년 전남 순천 松廣寺에서 『妙法蓮華經』 간행에 金德三과 刻手로 참여(金相淏, 「朝鮮朝 寺刹板 刻手 硏究」)

**김득도**(金得刀 : -1750-)* 18세기 중반에 활동한 야장冶匠이다. 1750년에 경북 울진 불영사 대웅전 보수에 야편수冶片手로 참여하였다.

▫1750년 경북 울진 佛影寺 大雄殿 보수에 冶片手로 참여(『佛影寺 大雄寶殿 實測調査報告書』) 冶片手

**김득립**(金得立 : -1663-) 17세기 중반에 활동한 연판鍊板이다. 1663년에 경남 밀양 표훈사에서 『법화경法華經』에 간행에 팽판烹板으로 참여하였다.

▫1663년 경남 밀양 表訓寺에서 『法華經』 간행에 烹板으로 참여

**김득민**(金得民 : -1702-) 18세기 전반에 활동한 야장冶匠이다. 1702년에 전남 구례 화엄사 각황전 건립에 김녹생과 야장으로 참여하였다.

▫1702년 전남 구례 華嚴寺 覺皇殿 건립에 金祿生과 冶匠으로 참여(藤島亥治郎, 『朝鮮建築史論』과 卓京栢, 「朝鮮後期 僧侶匠人의 硏究」)

**김득선**(金得先 : -1803-) 19세기 전반에 활동한 야장冶匠이다. 1803년에 전남 여수 흥국사 적묵당 중창에 야장으로 참여하였다.

▫1803년 전남 여수 興國寺 寂默堂 重刱에 冶匠으로 참여(眞玉, 『興國寺』) 冶匠

**김막산**(金幕山 : -1768-)* 18세기 중반에 활동한 야장冶匠이다. 1768년에 경북 김천 직지사 천불전 건립에 야장으로 참여하였다.

▫1768년 경북 김천 直指寺 千佛殿 건립에 冶匠으로 참여(「金陵黃嶽山直指寺千佛殿上樑」 『直指寺誌』) 冶匠

**김만걸**(金萬杰 : -1730-) 18세기 전반에 활동한 야장冶匠이다. 1730년에 대구 동화사 봉서루 건립에 야장으로 참여하였다.

▫1730년 대구 桐華寺 鳳棲樓 건립에 冶匠으로 참여(『韓國古建物上樑記文集』)

**김말생**(金唜生 : -1653-)* 17세기 중반에 활동한 야장冶匠이다. 1653년에 전남 영암 도갑사 도선수미양대사비道詵守眉兩大師碑 건립에 야장으로 참여하였다.

▫1653년 전남 영암 道岬寺 道詵守眉兩大師碑 건립에 冶匠으로 참여(『朝鮮金石總覽』 下와 智冠 編, 『韓國高僧碑文總集-朝鮮朝·近現代』) 冶匠

**김백인**(金白仁 : -1898-)* 19세기 후반에 활동한 와장瓦匠이다. 1898년에 경남 통영 안정사 나한전 중건에 개와편수부장改瓦片首部將으로 참여하였다.

▫1898년 경남 통영 安靜寺 羅漢殿 重建에 改瓦片首部將으로 참여(「嶺右古鐵城郡安靜寺羅漢殿重建頌功德敍」, 鄭景柱, 「慶南地方 寺刹 金石文獻資料 調査硏究」) 改瓦片首部將

**김병희**(金炳羲 : -1865-)* 17세기 중반에 활동한 편수片手이다. 1865년에 경기 안성 석남사 영산전 중수에 철물편수鐵物片手로 참여하였다.

▫1865년 경기 안성 石南寺 靈山殿 重修에 鐵物片手로 참여(『安城 石南寺 靈山殿 解體實測 · 修理報告書』) 鐵物片手

ㄱ

**김봉대** 2(金奉大 : -1782-)* 18세기 후반에 활동한 주종장鑄鐘匠이다. 1782년
에 강원 금강 표훈사 범종 조성에 도편수로 참여하였다.
　　◦1782년 강원 금강 表訓寺 梵鐘 조성에 都片手로 참여(『朝鮮金石總覽』下) 都片手

**김봉창**(金奉昌 : -1706-) 18세기 전반에 활동한 야장冶匠이다. 1706년에 경남
양산 통도사 사리탑 건립에 김사립과 야장으로 참여하였다.
　　◦1706년 경남 양산 通度寺 舍利塔 건립에 金士立과 冶匠으로 참여(「通度寺舍利塔碑」『朝
　　鮮金石總覽』下)

**김봉천**(金奉天 : -1839-) 19세기 중반에 활동한 주종장鑄鐘匠이다. 1839년에
청□ 신륵사 범종(상주 남장사 보광전 소장) 조성에 이덕환과 편수로 참여하였다.
　　◦1839년 淸□ 神勒寺 梵鐘 조성에 李德還과 편수로 참여(명문, 상주 남장사 보광전 소장,
　　廉永夏, 「韓國梵鐘에 관한 연구(朝鮮朝鐘의 特徵)」)

**김사립**(金士立 : -1706-)* 18세기 전반에 활동한 야장冶匠이다. 1706년에 경
남 양산 통도사 사리탑 건립에 야장으로 참여하였다.
　　◦1706년 경남 양산 通度寺 舍利塔 건립에 冶匠으로 참여(「通度寺舍利塔碑」『朝鮮金石總
　　覽』下) 冶匠

**김산복**(金山福) 제작연대를 알 수 없는 전남 영광 불갑사 기와 제작에 □장
으로 참여하였다.
　　◦연대미상 전남 영광 佛甲寺 기와 제작에 □匠으로 참여(崇…六年甲戌三月日…片匠金山
　　朴,『靈光 母岳山 佛甲寺 -地表調査報告書』)

**김삼차**(金三次 : -1768-)* 18세기 중반에 활동한 야장冶匠이다. 1768년에 전
남 구례 화엄사 각황전 중수에 야장으로 참여하였다.
　　◦1768년 전남 구례 華嚴寺 覺皇殿 重修에 冶匠으로 참여(『海東湖南道大華嚴寺事蹟』) 冶匠

**김상립**(金尙立 : -1694-1701-)* 17세기 후반부터 18세기 전반까
지 활동한 주종장鑄鐘匠이다. 1694년에 전북 남원 실상사 범종
조성에 편수片手로 참여하고, 1701년에 경남 고성 옥천사 대종
건립에 참여하였다.
　　◦1694년 전북 남원 實相寺 梵鐘 조성에 片手로 참여(安貴淑,「朝鮮後期 鑄
　　鐘匠 思印比丘에 관한 硏究」) 片手
　　◦1701년 경남 고성 玉泉寺 大鐘 懸板에 首頭로 언급(懸板「玉泉寺大鐘」『蓮
　　華玉泉의 향기』) 首頭

**김상이**(金象伊 : -1650-)* 17세기 중반에 활동한 철장鐵匠이다.
1650년에 전북 진안 금당사 목조아미타삼존불좌상 제작에 공교
철장工巧鐵匠으로 참여하였다.
　　◦1650년 전북 진안 금당사 木造阿彌陀三尊佛坐像 제작에 工巧鐵匠으로 참
　　여(송은석,「17세기 朝鮮王朝의 彫刻僧과 佛像」) 工巧鐵匠居士

**김석봉**(金碩奉 : -1726-) 18세기 전반에 활동한 주종장鑄鐘匠이
다. 1726년에 평남 평양 대동문 종鐘 조성에 황준선과 편수로 참

김상립, 실상사종, 1694년

여하였다.

▫ 1726년 평남 평양 大同門 鐘 조성에 黃俊先와 片手로 참여(『朝鮮金石總覽』下)

**김석용**(金碩用, 金碩龍 : -1752-1768-)* 18세기 중반에 활동한 주종장鑄鐘匠이다. 1752년에 전남 곡성 태안사 적묵당 중종中鐘 조성과 1768년에 전남 나주 불회사 일봉암 범종 조성에 편수로 참여하였다.

▫ 1752년 전남 곡성 泰安寺 적묵당 中鐘 조성에 片手로 참여(「桐裡山泰安寺事蹟」,『泰安寺誌』) 片手
▫ 1768년 전남 나주 佛會寺 日封庵 梵鐘 조성에 片手로 참여(명문, 나주 불회사 소장, 廉永夏, 「韓國梵鐘에 관한 연구(朝鮮朝鐘의 特徵)」) 片手

**김석표**(金錫表 : -1898-1908-)* 19세기 후반부터 20세기 전반까지 대구에서 활동한 각수刻手이다. 1898년에 밀양 표충사에서『불설아미타경佛說阿彌陀經』간행과 1908년에 부산 범어사에서『선문촬요禪門撮要』를 아들 김인택과 각판刻板하였다.

▫ 1898년 밀양 表忠寺『佛說阿彌陀經』간행에 刻手로 참여(金相淏,「朝鮮朝 寺刹板 刻手 研究」) 大邱刻手
▫ 1908년 부산 梵魚寺에서『禪門撮要』를 아들 金仁澤과 刻板함(金相淏,「朝鮮朝 寺刹板 刻手 研究」)

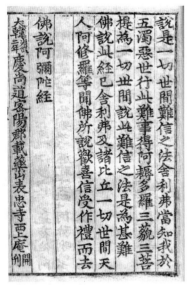

김석표, 阿彌陀經, 1898년, 밀양 표충　　김석표, 禪門撮要, 1907년, 부산 범어사
　　　　　사 개간　　　　　　　　　　　　　　　　개간

**김선봉**(金善奉 : -1694-1728-) 17세기 후반부터 18세기 전반까지 활동한 주종장鑄鐘匠이다. 주종장 김상립과 1694년에 전북 남원 실상사 범종과 1701년에 경남 고성 옥천사 대종을 조성하고, 주종장 김성원과 1705년에 전남 보성 대

원사 범종과 1710년에 추월산 만수사 범종 및 1728년에 경남 함안 여항산 범종(부산 범어사 소장) 조성에 참여하였다.

    ◦ 1694년 전북 남원 實相寺 梵鐘 조성에 金尙立과 片手로 참여(安貴淑,「朝鮮後期 鑄鐘匠 思印比丘에 관한 硏究」)
    ◦ 1701년 경남 고성 玉泉寺 大鐘 懸板에 金尙立과 片手로 언급(懸板「玉泉寺大鐘」『蓮華玉泉의 향기』)
    ◦ 1705년 전남 보성 大原寺 梵鐘 조성에 金成元과 片手로 참여(보성 대원사 티벳박물관 소장,『한국의 사찰문화재 – 광주/전남』)
    ◦ 1710년 秋月山 萬壽寺 梵鐘 조성에 金成元과 片手로 참여(광주 원효사 무등선원 소장, 安貴淑,「朝鮮後期 鑄鐘匠 思印比丘에 관한 硏究」)
    ◦ 1728년 경남 함안 餘航山 梵鐘 조성에 金成元과 片手로 참여(부산 범어사 소장, 安貴淑,「朝鮮後期 鑄鐘匠 思印比丘에 관한 硏究」) 通政

**김성봉**(金成奉 : -1702-) 18세기 전반에 활동한 주종장鑄鐘匠이다. 1702년에 사자산 봉림사 범종(영광 불갑사 소장) 조성에 김수원과 편수片手로 참여하였다.

    ◦ 1702년 獅子山 鳳林寺 梵鐘 조성에 金水元과 片手로 참여(영광 불갑사 소장, 安貴淑,「朝鮮後期 鑄鐘匠 思印比丘에 관한 硏究」) 片手

**김성언**(金性彦 : -1885-)* 19세기 후반에 활동한 와장瓦匠이다. 1885년 경남 창령 관룡사 대웅전 중수에 개와蓋瓦로 참여하였다.

    ◦ 1885년 경남 창령 觀龍寺 大雄殿 重修에 蓋瓦로 참여(「大雄殿重修記」, 鄭景柱,「慶南地方 寺刹 金石文獻資料 調査硏究」) 蓋瓦

**김성원**(金成元 : -1700-1737-)* 18세기 전반에 활동한 주종장鑄鐘匠으로, 김상립의 아들이다. 1700년에 전남 순천 선암사 범종 개주改鑄와 1702년에 사자산 봉림사 범종(영광 불갑사 소장) 조성에 김수원과 편수로 참여하였다. 1705년에 전남 보성 대원사 범종(보성 대원사 티벳박물관 소장)과 1708년에 경남 고성 옥천사 범종 조성에 편수로 참여하였다. 1710년에 추월산 만수사(광주 원효사 소장)범종 조성에 장인으로 참여하고, 1728년에 경남 함안 여항산 범종(부산 범어사 소장)과 전남 구례 화엄사 내원암 범종(화엄사 구층암 소장)과 1737년에 전남 순천 선암사 응진전 범종 조성에 편수로 참여하였다.

    ◦ 1700년 전남 순천 仙巖寺 梵鐘 改鑄에 金守元과 片手로 참여(安貴淑,「朝鮮後期 鑄鐘匠 思印比丘에 관한 硏究」) 片手
    ◦ 1702년 獅子山 鳳林寺 梵鐘 조성에 金水元과 片手로 참여(영광 불갑사 소장, 安貴淑,「朝鮮後期 鑄鐘匠 思印比丘에 관한 硏究」)
    ◦ 1705년 전남 보성 大原寺 梵鐘 조성에 片手로 참여(명문, 보성 대원사 티벳박물관 소장,『한국의 사찰문화재 – 광주/전남』) 鑄鐘
    ◦ 1708년 경남 고성 玉泉寺 梵鐘 조성에 片手로 참여(安貴淑,「朝鮮後期 鑄鐘匠 思印比丘에 관한 硏究」) 全羅道 金上立子 片手
    ◦ 1710년 秋月山 萬壽寺 梵鐘 조성에 匠人으로 참여(광주 원효사 무등선원 소장, 安貴淑,「朝鮮後期 鑄鐘匠 思印比丘에 관한 硏究」) 匠人
    ◦ 1728년 경남 함안 餘航山 梵鐘 조성에 片手로 참여(부산 범어사 소장, 安貴淑,「朝鮮後期 鑄鐘匠 思印比丘에 관한 硏究」) 片手 通政
      1728년 전남 구례 華嚴寺 內院庵 梵鐘 조성에 片手로 참여(구례 화엄사 구층암 소장, 安貴淑,「朝鮮後期 鑄鐘匠 思印比丘에 관한 硏究」) □□嘉善
    ◦ 1737년 전남 순천 仙巖寺 應眞殿 梵鐘 조성에 片手로 참여(安貴淑,「朝鮮後期 鑄鐘匠 思

김성원, 선암사종, 1700년

김성원, 옥천사종, 1708년

김성원, 대사종, 1728년

김성원, 화엄사 내원암종, 1728년

印比丘에 관한 硏究」과 廉永夏, 「韓國梵鐘에 관한 연구(朝鮮朝鐘의 特徵)」) 片手 嘉善

**김세택**(金世澤 : -1822-)* 19세기 전반에 활동한 와장瓦匠이다. 1822년에 경남 고성 옥천사 첨성전瞻星殿 삼창三創에 개와장蓋瓦匠으로 참여하였다.

◦ 1822년 경남 고성 玉泉寺 瞻星殿 三創에 蓋瓦匠으로 참여(懸板 「瞻星殿三創記」 『蓮華玉泉의 향기』) 蓋瓦匠

**김수만**(金守萬 : -1739-1754-)* 18세기 중반에 활동한 야장冶匠이다. 전남 해남 미황사에서 1739년에 설봉당회정대사비雪峯堂懷淨大師碑 건립과 1754년에 대웅보전과 응진전 중창에 야장으로 참여하였다.

- 1739년 전남 해남 美黃寺 雪峯堂 懷淨大師碑 건립에 冶匠으로 참여(智冠 編, 『韓國高僧碑文總集–朝鮮朝·近現代』와 『美黃寺 應眞殿 修理報告書』) 功德主冶匠
- 1754년 전남 해남 美黃寺 大雄寶殿과 應眞殿 중창에 冶匠으로 참여(「美黃寺大法堂重修上樑文」『美黃寺 應眞殿 修理報告書』와 이계표, 「美黃寺의 歷史」) 冶匠通政

**김수명**(金守明 : -1741-)* 18세기 중반에 활동한 야장冶匠이다. 1741년에 충남 논산 쌍계사 봉황루 건립에 야장으로 참여하였다.

- 1741년 충남 논산 雙溪寺 鳳凰樓 건립에 冶匠으로 참여(『上樑文集(補修時 發見된 上樑文)』) 冶匠

**김수원**(金水元 : -1700-1702-)* 18세기 전반에 활동한 주종장鑄鐘匠으로, 김상립의 아들이다. 1700년에 전남 순천 선암사 범종 개주改鑄에 김성원과 도편수都片手로, 1702년에 사자산 봉림사 범종(영광 불갑사 소장) 조성에 편수片手로 참여하였다.

- 1700년 전남 순천 仙巖寺 梵鐘 改鑄에 金成元과 片手로 참여(安貴淑, 「朝鮮後期 鑄鐘匠 思印比丘에 관한 硏究」) 金尙立子 都片手
- 1702년 獅子山 鳳林寺 梵鐘 조성에 片手로 참여(영광 불갑사 소장, 安貴淑, 「朝鮮後期 鑄鐘匠 思印比丘에 관한 硏究」) 金尙立 三子 片手

**김순재**(金順才 : -1765-)* 18세기 중반에 활동한 야장冶匠이다. 1765년 충남 금산 신안사 극락전 중수에 야장으로 참여하였다.

- 1765년 충남 금산 身安寺 極樂殿 重修에 冶匠으로 참여(『上樑文集(補修時 發見된 上樑文)』) 冶匠

**김승중**(金昇重 : -1752-) 18세기 중반에 활동한 주종장鑄鐘匠이다. 1752년에 전남 곡성 태안사 적묵당寂黙堂 중종中鐘 조성에 김석용과 편수로 참여하였다.

- 1752년 전남 곡성 泰安寺 寂黙堂 中鐘 조성에 金碩用과 片手로 참여(「桐裡山泰安寺事蹟」 『泰安寺誌』)

**김시택**(金時澤 : -1799-) 18세기 후반에 활동한 각수刻手이다. 1799년에 전남 순천 송광사에서 『묘법연화경妙法蓮華經』 간행에 김덕삼과 각수로 참여하였다

- 1799년 전남 순천 松廣寺에서 『妙法蓮華經』 간행에 金德三과 刻手로 참여(金相淏, 「朝鮮朝 寺刹板 刻手 硏究」)

**김암**(金岩 : -1646-) 17세기 중반에 활동한 야장冶匠이다. 1646년에 경북 영천 은해사 금고 조성에 야장으로 참여하였다.

- 1646년 경북 영천 은해사 金鼓 조성에 冶匠으로 참여(銘文) 冶匠

**김애립**(金愛立 : -1665-1698-)* 17세기 후반에 활동한 주종장鑄鐘匠이다. 1665년에 전남 순천 대흥사 범종(여수 흥국사 소장) 조성에 주공鑄工으로, 1677년에 흥왕사 발우鉢盂 제작에 주성장인鑄成匠人으로 참여하였다. 1681년에 청곡사 금고金鼓 제작과 1690년에 경남 고성 운흥사 범종 및 1698년에 전남 고흥 능가사 범종 조성에 도편수로 참여하였다.

- 1665년 전남 순천 大興寺 梵鐘 조성에 鑄工으로 참여(여수 흥국사 소장, 銘文) 鑄工

김애립, 대흥사종, 1665년          김애립, 운흥사종, 1690년          김애립, 능가사종, 1698년

▫ 1677년 佛狼機砲 제작에 참여(최응천, 「18世紀 梵鐘의 樣相과 鑄鐘匠 金成元의 作品」)
   1677년 興旺寺 鉢盂 제작에 鑄成匠人으로 참여(문명대, 「康熙十六年銘 興旺寺 大伐囉」
   과 최응천, 「18世紀 梵鐘의 樣相과 鑄鐘匠 金成元의 作品」) 鑄造匠人慶尙道晋州 通政
   大夫
▫ 1681년 靑谷寺 金鼓 제작에 良工으로 참여(최응천, 「18世紀 梵鐘의 樣相과 鑄鐘匠 金成
   元의 作品」) 良工 通政大夫
▫ 1690년 경남 고성 雲興寺 梵鐘 조성에 都片手로 참여(일본 根津美術館 소장, 安貴淑,
   「朝鮮後期 鑄鐘匠 思印比丘에 관한 硏究」) 鑄成 通政大夫
▫ 1698년 전남 고흥 楞伽寺 梵鐘 조성에 都片手로 참여(安貴淑, 「朝鮮後期 鑄鐘匠 思印比
   丘에 관한 硏究」) 工匠 折衝將軍
* 참고문헌
   최응천, 「鑄金匠 金愛立의 生涯와 作品」, 『美術史學誌』 1, 韓國考古美術硏究所,
   1993.10.

**김업발**(金業發 : -1808-)* 19세기 전반에 활동한 편수片手이다. 1808년에 경
남 고성 옥천사 괘불함 제작에 장식편수莊飾片手로 참여하였다.

▫ 1808년 경남 고성 玉泉寺 괘불함 제작에 莊飾片手로 참여(『淸風寮重修錄』 『蓮華玉泉의
   향기』) 居晋陽牧

**김여식**(金汝式 : -1692-)* 17세기 후반에 활동한 와장瓦匠이다. 1692년에 전
남 장흥 보림사 신법당 중창에 개수盖手로 참여하였다.

▫ 1692년 전남 장흥 寶林寺 新法堂 重創에 盖手로 참여(『譯註 寶林寺重創記』) 盖手 上 通
   政

**김여흥**(金與興, 金汝興 : -1797-1799-) 18세기 후반에 활동한 각수刻手이다.
1797년에 경남 함양 벽송암에서 『범망경梵網經』 개간에 한방철과 각수로,
1799년에 전남 순천 송광사에서 『묘법연화경妙法蓮華經』 간행에 김덕삼과 각
수로 참여하였다.

▫ 1797년 경남 함양 碧松庵에서 『梵網經』 개간에 韓邦喆과 刻手로 참여(刊記)
▫ 1799년 전남 순천 松廣寺에서 『妙法蓮華經』 간행에 金德三과 刻手로 참여(金相淏, 「朝鮮朝 寺刹板 刻手 研究」)

**김여□**(金呂□ : -1785-) 18세기 후반에 활동한 편수片手이다. 1785년에 전남 순천 송광사 천자암 범종(순천 송광사 성보박물관 소장) 조성에 백봉익과 편수로 참여하였다.

▫ 1785년 전남 순천 松廣寺 天子庵 梵鐘 조성에 白鳳翊과 片手로 참여(순천 송광사 성보박물관 소장, 安貴淑, 「朝鮮後期 鑄鐘匠 思印比丘에 관한 研究」와 염영하, 「韓國梵鐘에 관한 연구(朝鮮朝鐘의 特徵)」)

**김연조**(金連祚 : -1607-)* 17세기 전반에 활동한 연판鍊板이다. 1607년에 전남 순천 송광사에서 『선가구감禪家龜鑑』 간행에 연판로 참여하였다.

▫ 1607년 전남 순천 松廣寺에서 『禪家龜鑑』 간행에 鍊板으로 참여(일산 원각사 소장) 鍊板 居士

**김예발**(金禮發 : -1665-1689-) 17세기 중·후반에 활동한 주종장鑄鐘匠이다. 주종장 김애립과 1665년에 전남 순천 대흥사 범종(여수 흥국사 소장), 1690년에 경남 고성 운흥사 범종(일본 根津美術館 소장), 1698년에 전남 고흥 능가사 범종 조성에 편수片手로 참여하였다.

▫ 1665년 전남 순천 大興寺 梵鐘 조성에 金愛立과 鑄工으 참여(여수 흥국사 소장, 銘文)
▫ 1690년 경남 고성 雲興寺 梵鐘 조성에 金愛立과 片手로 참여(일본 根津美術館 소장, 安貴淑, 「朝鮮後期 鑄鐘匠 思印比丘에 관한 研究」)
▫ 1698년 전남 고흥 楞伽寺 梵鐘 조성에 金愛立과 片手로 참여(安貴淑, 「朝鮮後期 鑄鐘匠 思印比丘에 관한 研究」) 通政大夫

**김옥돌**(金玉咄 : -1773-)* 18세기 후반에 활동한 와장瓦匠이다. 1773년에 경북 영주 부석사 개와改瓦 제작에 도편수片手로 참여하였다.

▫ 1773년 경북 영주 浮石寺 改瓦 제작에 都片手로 참여(「浮石寺資料」『佛敎美術』3) 都片手

**김옹발**(金瓮發 : -1751-)* 18세기 중반에 활동한 야장冶匠이다. 1751년에 경남 사천 다솔사에서 대웅전과 선승당禪僧堂 중창에 야장으로 참여하였다.

▫ 1751년 경남 사천 多率寺 大雄殿과 禪僧堂 중창에 冶匠으로 참여(「昆陽郡智異山多率寺大雄殿禪僧堂重創兼丹艧記」, 鄭景柱, 「慶南地方 寺刹 金石文獻資料 調査研究」) 冶匠

**김용암**(金龍岩 : -1644-1660-)* 17세기 중반에 활동한 주종장鑄鐘匠이다. 도편수都片手로 1644년에 전남 담양 용흥사 범종(용흥사 대웅전 소장), 1657년에 전남 보성 대원사 부도암 범종(순천 선암사 성보박물관 소장), 1660년에 전남 화순 만연사 범종 조성에 참여하였다.

▫ 1644년 전남 담양 龍興寺 梵鐘 조성에 都片手로 참여(용흥사 대웅전 소장, 安貴淑, 「朝鮮後期 鑄鐘匠 思印比丘에 관한 研究」) 鑄鐘 通政大夫
▫ 1657년 전남 보성 大原寺 浮屠庵 梵鐘 조성에 都片手로 참여(순천 선암사 성보박물관 소장, 安貴淑, 「朝鮮後期 鑄鐘匠 思印比丘에 관한 研究」) 鑄鐘畵員 通政大夫
▫ 1660년 전남 화순 萬淵寺 梵鐘 조성에 都片手로 참여(安貴淑, 「朝鮮後期 鑄鐘匠 思印比丘에 관한 研究」) 鑄匠通政大夫

김용암, 보성 대원사 부도암종,
1657년,

김용암, 만연사종, 1660년

**김원보**(金元甫 : -1898-1899-)\* 19세기 후반에 활동한 와장瓦匠이다. 1898년
에 경남 통영 안정사 나한전 중건에 김백인과 개와편수改瓦片手로, 1899년에
경북 김천 직지사 천불전 건립에 토수土手와 야장冶匠 및 부목負木으로 참여
하였다.

> □1898년 경남 통영 安靜寺 羅漢殿 重建에 金白仁과 改瓦片手로 참여(「嶺右古鐵城郡安靜
> 寺羅漢殿重建頌功德敘」, 鄭景柱, 「慶南地方 寺刹 金石文獻資料 調査研究」)
> □1899년 경북 김천 直指寺 천불전 건립에 土手와 冶匠 및 負木으로 참여(「金陵黃嶽山直
> 指寺千佛殿上樑文」『直指寺誌』) 土手 冶匠 負木

**김원학**(金元鶴 : -1709-) 18세기 전반에 활동한 주종장鑄鐘匠이다. 1709년에
승달산 법천사 범종 조성(해남 대흥사 성보박물관 소장)에 윤상백과 편수로 참여하
였다.

> □1709년 僧達山 法泉寺 梵鐘 조성에 尹尙伯과 片手로 참여(해남 대흥사 성보박물관 소장,
> 安貴淑, 「朝鮮後期 鑄鐘匠 思印比丘에 관한 硏究」)

**김유선**(金有善 : -1703-)\* 18세기 전반에 활동한 야장冶匠이다. 1703년에 전
남 여수 흥국사 중수사적비重修事蹟碑 건립에 야장으로 참여하였다.

> □1703년 전남 여수 興國寺 重修事蹟碑 건립에 冶匠으로 참여(眞玉, 『興國寺』) 冶匠

**김윤도**(金允燾 : -1711-) 18세기 전반에 활동한 주종장鑄鐘匠이다. 1711년에
운흥사 범종 조성(구례 화엄사 소장)에 윤송백과 편수片手로 참여하였다.

> □1711년 雲興寺 梵鐘 조성에 尹宋伯과 片手로 참여(구례 화엄사 소장, 安貴淑, 「朝鮮後期
> 鑄鐘匠 思印比丘에 관한 硏究」)

**김윤팽**(金玧伻 : -1822-) 19세기 전반에 활동한 야장冶匠이다. 1822년에 경남

고성 옥천사 첨성전瞻星殿 삼창三創에 김두겁과 야장으로 참여하였다.

　◦ 1822년 경남 고성 玉泉寺 瞻星殿 三創에 金斗劫과 冶匠으로 참여(懸板「瞻星殿三創記」
　　『蓮華玉泉의 향기』)

**김윤평**(金潤泙 : -1808-) 19세기 전반에 활동한 편수片手이다. 1808년에 경남 고성 옥천사 괘불함 제작에 김업발과 장식편수莊飾片手로 참여하였다.

　◦ 1808년 경남 고성 玉泉寺 괘불함 제작에 金業發과 莊飾片手로 참여(「淸風寮重修錄」『蓮
　　華玉泉의 향기』) 居鐵城邑

**김은석**(金殷錫 : -1853-) 19세기 중반에 활동한 각수刻手이다. 1853년에 경기 삼각산 내원암에서 『관무량수불경觀無量壽佛經』 간행에 문경순과 각수로 참여하였다.

　◦ 1853년에 경기 삼각산 內院庵에서 『觀無量壽佛經』 간행에 文敬淳과 각수로 참여(刊記)

**김을금**(金乙金 : -1724-)* 18세기 전반에 활동한 야장이다. 1724년에 전남 화순 쌍봉사 대웅전 중창重創에 야금冶金으로 참여하였다.

　◦ 1724년 전남 화순 雙峰寺 大雄殿 重創에 冶金으로 참여(申榮勳,「雙峰寺 大雄殿 上樑文」
　　『考古美術』三卷 十二號와 申榮勳 編,『韓國古建物上樑記文集』) 冶金

**김응선**(金應先 : -1663-) 17세기 중반에 활동한 연판鍊板이다. 1663년에 경남 밀양 표훈사에서 『법화경法華經』 간행에 팽판烹板으로 참여하였다.

　◦ 1663년 경남 밀양 表訓寺에서 『法華經』 간행에 烹板으로 참여(金相淏,「寺刹板의 鍊板
　　과 諸 役員에 관한 考察」)

**김응찬**(金應贊 : -1804-) 19세기 전반에 활동한 편수片手이다. 1804년에 충북 보은 법주사 범종 조성에 환징과 편수로 참여하였다.

　◦ 1804년 충북 보은 法住寺 梵鐘 조성에 環澄과 片手로 참여(安貴淑,「朝鮮後期 鑄鐘匠 思
　　印比丘에 관한 硏究」과 廉永夏,「韓國梵鐘에 관한 연구(朝鮮朝鐘의 特徵)」)

**김응춘**(金應春)* 조선후기에 활동한 야장冶匠이다. 제작연대를 알 수 없는 경북 영주 부석사 중수에 야장으로 참여하였다.

　◦ 연대미상 경북 영주 浮石寺 重修에 冶匠으로 참어(「浮石寺資料」)『佛敎美術』3) 冶匠

**김익노**(金翼魯 : -1907-)* 20세기 전반에 활동한 각수刻手이다. 1907년 부산 범어사에서 『선문촬요禪門撮要』 간행에 각수로 참여하였다.

　◦ 1907년 부산 梵魚寺에서 『禪門撮要』 간행에 刻手로 참여(일산 원각사 소장) 刻手

**김인택**(金仁澤 : -1898-1907-)* 19세기 후반부터 20세기 전반까지 대구에서 활동한 각수刻手로, 그의 아버지 김석표도 조선말기에 활동한 대표적인 각수이다. 1898년에 경남 밀양 표충사에서 『불설아미타경佛說阿彌陀經』 간행에 참여하고, 1907년에 부산 범어사에서 『선문촬요禪門撮要』 간행에 김익노와 각수로 참여하였다.

　◦ 1898년 경남 밀양 表忠寺에서 『佛說阿彌陀經』 간행에 刻手로 참여(일산 원각사 소장) 大
　　邱刻手金錫表子
　◦ 1907년 부산 梵魚寺에서 『禪門撮要』 간행에 金翼魯와 刻手로 참여(일산 원각사 소장)

▫ 1908년 부산 梵魚寺에서『禪門撮要』를 아버지 金錫表와 刻板함(金相淏,「朝鮮朝 寺刹板 刻手 研究」)

**김정손**(金正孫 : -1801-) 19세기 전반에 활동한 거도鋸刀이다. 1801년에 경남 양산 신흥사 대웅전 중수에 배후시와 거도鋸刀로 참여하였다.

▫ 1801년 경남 양산 新興寺 大雄殿 重修에 裵后時과 鋸刀로 참여(『新興寺 大光殿 修理報告 書』)

**김정수**(金鼎秀 : -1853-) 19세기 중반에 활동한 연판鍊板이다. 1853년에 경기 삼각산 내원암에서『觀無量壽佛經』간행에 연판으로 참여하였다.

▫ 1853년에 경기 삼각산 內院庵에서『觀無量壽佛經』간행에 鍊板으로 참여(刊記)

**김정운**(金正云 : -1801-)* 19세기 전반에 활동한 야장冶匠이다. 1801년에 경남 양산 신흥사 대웅전 중수에 야장으로 참여하였다.

▫ 1801년 경남 양산 新興寺 大雄殿 重修에 冶匠으로 참여(『新興寺 大光殿 修理報告書』) 冶

**김종득**(金鍾得 : -1832-1837-)* 19세기 전·중반에 활동한 주종장鑄鐘匠이다. 1832년에 전남 여수 흥국사 남암 범종(동국대학교 박물관 소장) 조성에 태진과 편수片手로, 1837년에 금고 조성에 도편수都片手로 참여하였다.

▫ 1832년 전남 여수 興國寺 南庵 梵鐘 조성에 太進과 片手로 참여(동국대학교 박물관 소장, 安貴淑,「朝鮮後期 鑄鐘匠 思印比丘에 관한 研究」)
▫ 1837년 道光17年銘 金鼓 조성에 都片手로 참여(黃壽永,『금석유문』과 최응천,「18世紀 梵鐘의 樣相과 鑄鐘匠 金成元의 作品」) 都片大匠

**김종이**(金鍾伊 : -1832-) 19세기 전·중반에 활동한 주종장鑄鐘匠이다. 1832년에 전남 여수 흥국사 남암 범종(동국대학교 박물관 소장) 조성에 태진과 편수片手로 참여하였다.

▫ 1832년 전남 여수 興國寺 南庵 梵鐘 조성에 太進과 참여(동국대학교 박물관 소장, 安貴淑,「朝鮮後期 鑄鐘匠 思印比丘에 관한 研究」)

**김주석**(金珠錫 : -1882-)* 19세기 후반에 활동한 각수刻手이다. 1882년 경남 합천 해인사에서『다비작법茶毘作法』간행에 각원刻員으로 참여하였다.

▫ 1882년 경남 합천 海印寺에서『茶毘作法』간행에 刻員으로 참여((『韓國佛敎儀禮資料叢 書』3) 刻員

**김중구**(金重九 : -1730-)* 18세기 전·중반에 활동한 각수이다. 1730년에 전 남 순천 선암사 원통전 응향각 범종 조성에 각자刻字로 참여하였다.

▫ 1730년 전남 순천 仙巖寺 圓通殿 凝香閣 梵鐘 조성에 刻字로 참여(安貴淑,「朝鮮後期 鑄 鐘匠 思印比丘에 관한 研究」) 刻字

**김중기**(金重己 : -1762-)* 18세기 중반에 활동한 야장冶匠이다. 1762년에 전 남 강진 백련사 대법당 중수에 야장으로 참여하였다.

▫ 1762년 전남 강진 白蓮寺 大法堂 중수에 冶匠으로 참여(「白蓮寺大法堂重修記」『全南의 寺刹 Ⅰ』) 冶匠

**김중립**(金仲立 : -1659-) 17세기 중반에 활동한 대정이다. 1659년에 전남 고 흥 금탑사 목조지장보살좌상과 시왕상 제작에 대정大釘으로 참여하였다.

   ◦ 1659년. 전남 고흥 금탑사 목조지장보살좌상과 시왕상 제작에 大釘으로 참여(造成發願
     文)

**김진창**(金進昌 : -1721-)* 18세기 전반에 활동한 각수刻手이다. 1721년에 경
남 고성 와룡산 운흥사에서『금강반야바라밀경金剛般若波羅密經』간행에 각수
로 참여하였다.

   ◦ 1721년 경남 고성 와룡산 雲興寺에서『金剛般若波羅密經(普賢行願品 合綴)』간행에 刻手
     로 참여(일산 원각사 소장) 刻手

**김천발**(金千發 : -1767-)* 18세기 중반에 활동한 주종장鑄鐘匠이다. 1767년에
정암사 범종 조성에 김천석과 편수片手로 참여하였다.

   ◦ 1767년 淨巖寺 梵鐘 조성에 金千石과 片手로 참여(安貴淑,「朝鮮後期 鑄鐘匠 思印比丘에
     관한 硏究」) 副片手

**김천석**(金千石 : -1767-)* 18세기 중반에 활동한 주종장鑄鐘匠이다. 1767년에
정암사 범종 조성에 상편수上片手로 참여하였다.

   ◦ 1767년 淨巖寺 梵鐘 조성에 上片手로 참여(安貴淑,「朝鮮後期 鑄鐘匠 思印比丘에 관한
     硏究」) 上片手

**김천수**(金天守 : -1694-) 17세기 후반에 활동한 편수片手이다. 1694년에 전북
남원 실상사 범종 조성에 김상립과 편수로 참여하였다.

   ◦ 1694년 전북 남원 實相寺 梵鐘 조성에 金尙立과 片手로 참여(安貴淑,「朝鮮後期 鑄鐘匠
     思印比丘에 관한 硏究」)

**김천의**(金千義 : -1755-)* 18세기 중반에 활동한 야장冶匠이다. 1755년에 경
남 고성 옥천사 현당 중수에 야장으로 참여하였다.

   ◦ 1755년 경남 고성 玉泉寺 玄堂 重修에 冶匠로 참여(「玄堂重修上樑文」『蓮華玉泉의 향기』)
     冶匠

**김춘화**(金春和 : -1760-)* 18세기 중반에 활동한 야장冶匠이다. 1760년에 전
북 고창 선운사 만세루 중수에 야장으로 참여하였다.

   ◦ 1760년 전북 고창 禪雲寺 萬歲樓 重修에 冶匠으로 참여(「萬歲樓重修記」『兜率山禪雲寺
     誌』) 冶匠

**김학명**(金學明 : -1767-) 18세기 중반에 활동한 와장瓦匠이다. 1767년에 경북
예천 용문사 대장전 중수에 척임과 개와편수蓋瓦片手로 참여하였다.

   ◦ 1767년 경북 예천 용문사 대장전 중수에 隻任과 蓋瓦片手로 참여(金東旭,『韓國建築工匠
     史硏究』)

**김한의**(金漢義 : -1751-) 18세기 중반에 활동한 와장瓦匠이다. 1751년에 경남
사천 다솔사에서 대웅전과 선승당禪僧堂 중창에 이암사와 번와 편수로 참여
하였다.

   ◦ 1751년 경남 사천 多率寺 大雄殿과 禪僧堂 중창에 李巖四과 燔瓦 片手로 참여(「昆陽郡智
     異山多率寺大雄殿禪僧堂重創兼丹艧記」, 鄭景柱,「慶南地方 寺刹 金石文獻資料 調査硏
     究」)

**김해룡**(金海龍 : -1799-) 18세기 후반에 활동한 각수刻手이다. 1799년에 전남

순천 송광사에서『묘법연화경妙法蓮華經』간행에 김덕삼과 각수로 참여하였다.

　◦ 1799년 전남 순천 松廣寺에서『妙法蓮華經』간행에 金德三과 刻手로 참여(金相淏,「朝
　　鮮朝 寺刹板 刻手 硏究」)

**김환태**(金還泰 : -1700-) 18세기 전반에 활동한 주종장鑄鐘匠으로 김성원의
동생이다. 1700년에 전남 순천 선암사 범종 개주改鑄에 김수원, 김성원과 편
수片手로 참여하였다.

　◦ 1700년 전남 순천 仙巖寺 梵鐘 改鑄에 金守元, 金成元과 片手로 참여(安貴淑,「朝鮮後期
　　鑄鐘匠 思印比丘에 관한 硏究」) 成元弟

**김효건**(金孝建 : -1700-1722-)* 18세기 전반에 활동한 주종장鑄鐘匠
이다. 1700년에 전남 순천 선암사 범종 개주改鑄에 김수원, 김성원과
편수都片手로, 1722년에 유마사 범종(구례 화엄사 대웅전 소장) 개주改鑄
에 도편수片手로 참여하였다.

　◦ 1700년 전남 순천 仙巖寺 梵鐘 改鑄에 金守元, 金成元과 片手로 참여(安貴淑,
　　「朝鮮後期 鑄鐘匠 思印比丘에 관한 硏究」) 副
　◦ 1722년 維摩寺 梵鐘 改鑄에 都片手로 참여(구례 화엄사 대웅전 소장, 安貴淑,
　　「朝鮮後期 鑄鐘匠 思印比丘에 관한 硏究」) 大施主兼都片手前別將

김효건, 유마사종, 1722년

**김□똥이**(金□㞍伊 : -1754-) 18세기 중반에 활동한 편수片手이다.
1754년에 경남 고성 옥천사 상련上輦 제작에 윤득재과 두석편수豆錫
片手로 참여하였다.

　◦ 1754년 경남 고성 玉泉寺 上輦 제작에 尹得載과 豆錫片手로 참여(銘文,『蓮華
　　玉泉의 향기』)

**김□후**(金□厚 : -1768-)* 18세기 중반에 활동한 각수刻手이다. 1768
년에 전남 나주 불회사 일봉암 범종 조성(나주 불회사 소장)에 각수로
참여하였다.

　◦ 1768년 전남 나주 佛會寺 日封庵 梵鐘 조성에 刻手로 참여(명문, 나주 불회사
　　소장, 廉永夏,「韓國梵鐘에 관한 연구(朝鮮朝鐘의 特徵)」) 刻手

**김□□**(金□□ : -1716-) 18세기 전반에 활동한 주종장鑄鐘匠이다. 1716년에
전북 완주 송광사 범종 조성에 윤취은과 편수片手로 참여하였다.

　◦ 1716년 전북 완주 松廣寺 梵鐘 조성에 尹就殷과 片手로 참여(安貴淑,「朝鮮後期 鑄鐘匠
　　思印比丘에 관한 硏究」)

**김□□**(金□□ : -1726-)* 18세기 전반에 활동한 주종장鑄鐘匠이다. 1726년에
평남 평양 대동문 종鐘 조성에 수철장으로 참여하였다.

　◦ 1726년 평남 평양 大同門 鐘 조성에 水鐵匠으로 참여(『朝鮮金石總覽』下) 水鐵匠折衝

**김□생**(金□生 : -1614-) 17세기 전반에 활동한 각수刻手이다. 1614년에 충남
논산 쌍계사에서『경덕전등록景德傳燈錄』간행에 쌍순과 각수로 참여하였다.

　◦ 1614년 충남 논산 쌍계사에서『景德傳燈錄』간행에 双淳과 刻手로 참여(일산 원각사 소
　　장)

**나묵**(懶默 : -1659-1695-)* 17세기 중·후반에 활동한 불화승이다. 1659년에 효종빈전孝宗殯殿을 단청丹靑하고, 수화승으로 1666년에 전남 장흥 보림사 고법당古法堂 단청을, 1671년에 보림사 고법당 상제석도上帝釋圖와 도의대사·원감국사·송계당진영을 그렸고, 1673년에 보림사 선당禪堂 단청丹靑과 바라伐羅를 주성하였다. 1674년에 보림사 나한전 재주실齋廚室 단청하고, 1675년에 보림사 승당僧堂 중창 시 화수畵手로 참여하였다. 1693년에 보림사 신법당新法堂 단청丹靑과 1695년에 고법당 불상 개금 시 복장을 시주하였다.

- 1659년『孝宗殯殿都監儀軌』魂殿二房, 丹靑 畵僧(奎章閣 13528호, 朴廷蕙,「儀軌를 통해서 본 朝鮮時代의 畵員」자료1)
- 1666년 전남 장흥 寶林寺 古法堂 丹靑 참여(『譯註 寶林寺重創記』) 畵手 通政
- 1671년 전남 장흥 寶林寺 古法堂 上帝釋圖, 道義大師·圓鑑國師·松溪堂 진영 조성(『譯註 寶林寺重創記』) 畵手 通政
- 1673년 전남 장흥 寶林寺 禪堂 丹靑과 바라(伐羅) 鑄成(『譯註 寶林寺重創記』) 畵手 通政
- 1674년 전남 장흥 寶林寺 羅漢殿 齋廚室 丹靑 참여(『譯註 寶林寺重創記』) 畵手 通政
- 1675년 전남 장흥 寶林寺 僧堂 중창에 참여(『譯註 寶林寺重創記』) 畵手 通政
- 1693년 전남 장흥 寶林寺 新法堂 丹靑 참여(『譯註 寶林寺重創記』) 畵手 通政
- 1695년 전남 장흥 寶林寺 古法堂 佛像 改金 시 腹藏施主로 참여(『譯註 寶林寺重創記』) 腹藏施主 通政

**나중혁**(羅重赫 : -1741-)* 18세기 중반에 활동한 야장冶匠이다. 1741년에 전남 영광 불갑사 만세루 중수에 야장으로 참여하였다.

- 1741년 전남 영광 佛甲寺 萬歲樓 중수에 冶匠으로 참여(「靈光郡佛甲寺萬歲樓重修上樑文」『靈光 母岳山 佛甲寺 –地表調査報告書』) 冶匠

**낙철**(樂哲 : -1791-) 18세기 후반에 활동한 각수刻手이다. 1791년에전남 순천 송광사에서『지장보살본원경地藏菩薩本願經』간행에 대영과 각원으로 참여하였다.

- 1791년 전남 순천 松廣寺에서『地藏菩薩本願經』간행에 大榮과 刻員으로 참여(일산 원각사 소장) 願

**남후발**(南厚發 : -1729-)* 18세기 전반에 활동한 와장瓦匠이다. 1729년에 전남 장흥 보림사에서 기와 60여누리 교체에 片手로 참여하였다.

　∘1729년 전남 장흥 寶林寺 기와 60여누리 교체에 片手로 참여(『譯註 寶林寺重創記』) 片手

**낭박**(浪薄 : -1752-)* 18세기 중반에 활동한 각수刻手이다. 1752년 경남 고성 옥천사 봉향각 중수 현판 제작에 각자刻字로 참여하였다.

　∘1752년 경남 고성 玉泉寺 奉香閣 重修 懸板 제작에 刻字로 참여(「奉香閣重修丹腹記」『蓮華玉泉의 향기』) 刻字

**낭숙**(朗淑 : -1783-)* 18세기 후반에 활동한 와장瓦匠이다. 1783년에 전남 장흥 보림사 수동암 중건 때 번와燔瓦 제작에 편수로 참여하였다.

　∘1783년 전남 장흥 寶林寺 水東庵 重建 때 燔瓦 제작에 片手로 참여(『譯註 寶林寺創記』) 片手

**낭순**(浪淳 : -1745-)* 18세기 중반에 활동한 각수刻手이다. 1745년에 경남 고성 옥천사 「법당성조단확기法堂成造丹腹記」 현판의 개간改刊에 참여하였다.

　∘1745년 경남 고성 玉泉寺 「法堂成造丹腹記」 懸板 改刊에 참여(「法堂造成丹腹記」『蓮華玉泉의 향기』) 改刻刊

**낭인**(朗印 : -1700-) 18세기 전반에 활동한 연판鍊板이다. 1700년에 부산 범어사에서 『화엄경소연의초華嚴經疏演義鈔』 간행에 숙판熟板으로 참여하였다.

　∘1700년 부산 梵魚寺에서 『華嚴經疏演義鈔』 간행에 熟板으로 참여(金相淏, 「寺刹板의 鍊板과 諸 役員에 관한 考察」)

**노경선**(盧慶善 : -1853-) 19세기 중반에 활동한 각수刻手이다. 1853년에 경기 내원암에서 개판開板 불사佛事에 참여하였다.

　∘1853년 경기 內院庵에서 開板 佛事에 참여(金相淏, 「朝鮮朝 寺刹板 刻手 硏究」)

**노윤채**(魯允采 : -1799-) 18세기 후반에 활동한 각수刻手이다. 1799년에 전남 순천 송광사에서 『묘법연화경妙法蓮華經』 간행에 김덕삼과 각수로 참여하였다.

　∘1799년 전남 순천 松廣寺에서 『妙法蓮華經』 간행에 金德三과 刻手로 참여(金相淏, 「朝鮮朝 寺刹板 刻手 硏究」)

**녹훈**(祿訓 : -1791-) 18세기 후반에 활동한 각수刻手이다. 1791년에 전남 순천 송광사에서 『지장보살본원경地藏菩薩本願經』 간행에 대영과 각원으로 참여하였다.

　∘1791년 전남 순천 松廣寺에서 『地藏菩薩本願經』 간행에 大榮과 刻員으로 참여(일산 원각사 소장)

**늑행**(勒幸 : -1791-) 18세기 후반에 활동한 각수刻手이다. 1791년에 전남 순천 송광사에서 『지장보살본원경地藏菩薩本願經』 간행에 대영과 각원으로 참여하였다.

　∘1791년 전남 순천 松廣寺에서 『地藏菩薩本願經』 간행에 大榮과 刻員으로 참여(일산 원각사 소장) 願

**능계** 1(能戒 : -1663-) 17세기 중반에 활동한 각수刻手이다. 1663년에 전남 순천 정혜사에서 『예수시왕생칠재의찬요預修十王生七齋儀纂要』 간행에 민헌과 각수로 참여하였다.

◦ 1663년 전남 순천 定慧寺에서 『預修十王生七齋儀纂要(預修天王通儀 合綴)』 간행에 敏軒과 刻手로 참여(일산 원각사 소장)

**능계** 2(能戒 : -1665-) 17세기 중반에 활동한 주종장鑄鐘匠이다. 1665년에 전남 순천 대흥사 범종(여수 흥국사 소장) 조성에 유성과 각공장刻工匠으로 참여하였다.

◦ 1665년 전남 순천 大興寺 梵鐘 조성에 唯性과 工匠으로 참여(명문, 여수 흥국사 소장, 銘文)

**능상**(能祥 : -1661-) 17세기 중반에 활동한 각수刻手이다. 1661년 경남 밀양 영정사에서 『대방광원각수다라요의경大方廣圓覺修多羅了義經』에 이시일과 각수로 참여하였다.

◦ 1661년 경남 밀양 靈井寺에서 『大方廣圓覺修多羅了義經』에 李時一과 刻手로 참여(일산 원각사 소장)

**능신**(能信 : -1679-1709-)* 17세기 후반부터 18세기 전반까지 활동한 각수刻手이다. 울산 원적산 운흥사에서 1679년에 『금강경오가해金剛經五家解』 상권 간행에 각운과 각수로, 1681년에 『대혜보각선사서大慧普覺禪師書』 간행에 신종과 각자刻字로, 1690년 7월에 『이노행록二老行錄』을 발원 공덕하여 연희와 개판하고, 1709년에 경남 양산 상원암에서 개판하여 운흥사에 옮겨 보관한 『이노행적二老行蹟』에 공덕 각刻으로 참여하였다.

◦ 1679년 蔚山 圓寂山 雲興寺에서 『金剛經五家解』 上권 간행에 覺雲과 刻手로 참여(일산 원각사 소장)
◦ 1681년 蔚山 圓寂山 雲興寺에서 『大慧普覺禪師書』 간행에 信宗과 刻字로 참여(일산 원각사 소장)
◦ 1690년 7월 『二老行錄』을 發願功德하여 演熙와 개판(金相淏, 「朝鮮朝 寺刹板 刻手 研究」)
◦ 1709년 경남 양산 상원암에서 개판하여 운흥사에 옮겨 보관한 『二老行蹟』에 功德刻으로 참여(金相淏, 「朝鮮朝 寺刹板 刻手 研究」) 功德刻

# ㄷ

**단헌**(端憲 : -1612-) 17세기 전반에 활동한 야장冶匠이다. 1612년에 경남 합천 해인사 사명당유정대사비四溟堂惟政大師碑 건립에 선일과 야장으로 참여하였다.

　ㆍ1612년 경남 합천 海印寺 四溟堂 惟政大師碑 건립에 禪一과 冶匠으로 참여(『朝鮮金石總覽』과 智冠 編, 『韓國高僧碑文總集-朝鮮朝·近現代』)

**담민**(曇敏, 淡敏, 譚敏) 조선후기에 활동한 각수刻手이다. 전남 장흥 천관사에서 불서佛書 간행에 참여하였다.

　ㆍ전남 장흥 天冠寺에서 佛書 간행에 참여(金相淏, 「朝鮮朝 寺刹板 刻手 研究」)

**담연**(淡衍, 淡演 : -1667-1686-) 17세기 중반에서 후반까지 활동한 주종장鑄鐘匠이다. 주종장 사인과 1667년에 경북 고령 반룡사 범종(포항 보경사 서운암 소장)을, 1670년에 경북 문경 김룡사 범종(김천 직지사 성보박물관 소장)을, 1670년에 강원 홍천 수타사 범종을, 1674년에 경기 안성 청룡사 범종을, 1683년에 경북 풍기 희방사 범종을, 1686년에 경남 양산 통도사 범종을 조성하였다.

　ㆍ1667년 경북 고령 盤龍寺 梵鐘 조성에 思印과 片手로 참여(포항 보경사 서운암 소장, 安貴淑, 「朝鮮後期 鑄鐘匠 思印比丘에 관한 研究」)
　ㆍ1670년 경북 문경 金龍寺 梵鐘 조성에 思印과 片手로 참여(김천 직지사 성보박물관 소장, 安貴淑, 「朝鮮後期 鑄鐘匠 思印比丘에 관한 研究」)
　1670년 강원 홍천 壽陀寺 梵鐘 조성에 思印과 片手로 참여(安貴淑, 「朝鮮後期 鑄鐘匠 思印比丘에 관한 研究」)
　ㆍ1674년 경기 안성 靑龍寺 梵鐘 조성에 思印과 片手로 참여(安貴淑, 「朝鮮後期 鑄鐘匠 思印比丘에 관한 研究」)
　ㆍ1683년 경북 풍기 喜方寺 梵鐘 조성에 思印과 片手로 참여(서울 화계사 소장, 安貴淑, 「朝鮮後期 鑄鐘匠 思印比丘에 관한 研究」)
　ㆍ1686년 경남 양산 通度寺 梵鐘 조성에 思印과 片手로 참여(安貴淑, 「朝鮮後期 鑄鐘匠 思印比丘에 관한 研究」)

**담원**(淡元, 湛源 : -1633-1642-) 17세기 중반에 활동한 각수刻手이다. 전남 순천 송광사에서 신철과 1633년에 『대방광불화엄경大方廣佛華嚴經』과 1642년에 『천지명양수륙재의찬요天地冥陽水陸齋儀纂要』 간행에 각수로 참여하였다.

　ㆍ1633년 전남 순천 松廣寺에서 『大方廣佛華嚴經』 간행에 信哲과 刻字로 참여(일산 원각사 소장)

◦ 1642년 전남 순천 松廣寺에서 『天地冥陽水陸齋儀纂要』 간행에 信哲과 刻手로 참여(金相淏, 「朝鮮朝 寺刹板 刻手 研究」)

**담정**(淡正, 湛淨, 淡淨 : -1633-1642-) 17세기 중반에 활동한 각수刻手이다. 전남 순천 송광사에서 신철과 1633년에 『대방광불화엄경大方廣佛華嚴經』과 1642년에 『천지명양수륙재의찬요天地冥陽水陸齋儀纂要』 간행에 각수로 참여하였다.

◦ 1633년 전남 순천 松廣寺에서 『大方廣佛華嚴經』 간행에 信哲와 刻字로 참여(일산 원각사 소장)
◦ 1642년 전남 순천 松廣寺에서 『天地冥陽水陸齋儀纂要』 간행에 信哲과 刻手로 참여(金相淏, 「朝鮮朝 寺刹板 刻手 研究」)
◦ 인조연간 전남 순천 松廣寺에서 佛書 간행에 참여(金相淏, 「朝鮮朝 寺刹板 刻手 研究」)

**담행**(淡行 : -1667-1683-) 17세기 중반에서 후반까지 활동한 주종장鑄鐘匠이다. 주종장 사인과 1667년에 경북 고령 반룡사 범종을, 1670년에 경북 김천 김용사 범종을, 1670년에 강원 홍천 수타사 범종을, 1674년에 경기 안성 청룡사 범종을, 1683년에 경북 풍기 희방사 범종을 조성하였다.

◦ 1667년 경북 고령 盤龍寺 梵鐘 조성에 思印과 片手로 참여(대가야유물전시관 소장, 廉永夏, 「韓國梵鐘에 관한 연구(朝鮮朝鐘의 特徵)」)
◦ 1670년 경북 김천 金龍寺 梵鐘 조성에 思印과 片手로 참여(廉永夏, 「韓國梵鐘에 관한 연구(朝鮮朝鐘의 特徵)」)
◦ 1670년 강원 홍천 壽陀寺 梵鐘 조성에 思印과 片手로 참여(廉永夏, 「韓國梵鐘에 관한 연구(朝鮮朝鐘의 特徵)」)
◦ 1674년 경기 안성 靑龍寺 梵鐘 조성에 思印과 片手로 참여(廉永夏, 「韓國梵鐘에 관한 연구(朝鮮朝鐘의 特徵)」)
◦ 1683년 경북 풍기 喜方寺 梵鐘 조성에 思印과 片手로 참여(서울 화계사 소장, 廉永夏, 「韓國梵鐘에 관한 연구(朝鮮朝鐘의 特徵)」)

**대률**(大律 : -1721-) 18세기 전반에 활동한 각수刻手이다. 1721년에 경남 고성 와룡산 운흥사에서 『금강반야바라밀경金剛般若波羅密經』 간행에 김진창과 각수로 참여하였다.

◦ 1721년 경남 고성 와룡산 雲興寺에서 『金剛般若波羅密經(普賢行願品 合綴)』 간행에 金進昌과 刻手로 참여(일산 원각사 소장)

**대심**(大心 : -1663-) 17세기 중반에 활동한 각수刻手이다. 1663년에 전남 순천 정혜사에서 『예수시왕생칠재의찬요預修十王生七齋儀纂要』 간행에 민헌과 각수로 참여하였다.

◦ 1663년 전남 순천 定慧寺에서 『預修十王生七齋儀纂要(預修天王通儀 合綴)』 간행에 敏軒과 刻手로 참여(일산 원각사 소장)

**대언**(大言, 大彦 : -1750-1769-)* 18세기 중반에 활동한 민간 각수刻手이다. 1750년에 경북 영일 법광사 석가사리탑 중수에 □각□刻으로, 1769년에 경북 안동 봉정사에서 『기신론소필삭기起信論疏筆削記』 간행에 각수로 참여하였다.

◦ 1750년 경북 영일 法廣寺 釋迦舍利塔 重修에 □刻으로 참여(朴日薰, 「法廣寺址와 釋迦佛舍利塔碑」 『考古美術』 五卷 六·七號) □刻
◦ 1769년 경북 안동 鳳停寺에서 『起信論疏筆削記』 간행에 刻手로 참여(金相淏, 「朝鮮朝

寺刹板 刻手 研究」) 處士

**대영**(大榮 : -1791-) 18세기 후반에 활동한 각수刻手이다. 1791년에 전남 순천 송광사에서 『지장보살본원경地藏菩薩本願經』 간행에 각원으로 참여하였다

　◦ 1791년 전남 순천 松廣寺에서 『地藏菩薩本願經』 간행에 刻員으로 참여(일산 원각사 소장)

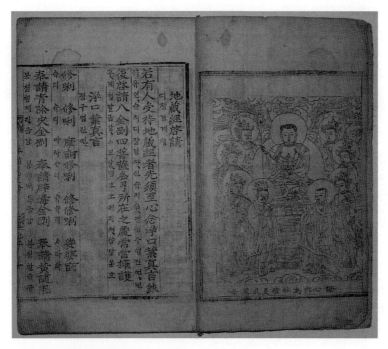

대영, 地藏菩薩本願經, 1791년, 순천 송광사 간행

**대원**(大元 : -1681-) 17세기 후반에 활동한 각수刻手이다. 1681년에 울산 원적산 운흥사에서 『대혜보각선사서大慧普覺禪師書』 간행에 신종과 각자刻字로 참여하였다.

　◦ 1681년 蔚山 圓寂山 雲興寺에서 『大慧普覺禪師書』 간행에 信宗과 刻字로 참여(일산 원각사 소장)

**대의**(大儀, 大義 : -1633-1642-) 17세기 중반에 활동한 각수刻手이다. 전남 순천 송광사에서 신철과 1633년에 『대방광불화엄경大方廣佛華嚴經』과 1642년에 『천지명양수륙재의찬요天地冥陽水陸齋儀纂要』 간행에 각수로 참여하였다.

　◦ 1633년 전남 순천 松廣寺에서 『大方廣佛華嚴經』 간행에 信哲와 刻字로 참여(일산 원각사 소장)
　◦ 1642년 전남 순천 松廣寺에서 『天地冥陽水陸齋儀纂要』 간행에 信哲과 刻手로 참여(金相淏, 「朝鮮朝 寺刹板 刻手 研究」)

**대통**(大通 : -1709-)* 18세기 전반에 활동한 각수刻手이다. 1709년에 승달산 법천사 범종 조성에 각수로 참여하였다.

◦ 1709년 僧達山 法泉寺 梵鐘 조성에 刻手로 참여(명문, 해남 대흥사 성보박물관 소장, 廉永夏, 「韓國梵鐘에 관한 연구(朝鮮朝鐘의 特徵)」) 刻手

**대휘**(大輝 : -1797-)* 18세기 후반에 활동한 연판鍊板이다. 1797년에 경남 함양 벽송암에서 『범망경梵網經』 개간에 연판으로 참여하였다.

◦ 1797년 경남 함양 碧松庵에서 『梵網經』 개간에 鍊板으로 참여(刊記) 鍊板

**덕기**(德奇 : -1636-)* 17세기 중반에 활동한 각수刻手이다. 1636년에 군자사에서 『묘법연화경妙法蓮華經』 간행에 각수로 참여하였다.

◦ 1636년 君子寺에서 『妙法蓮華經』 간행에 刻手로 참여(박도화, 「朝鮮時代 佛敎版畫의 樣式과 刻手」) 刻手

**덕언 1**(德彦 : -1791-)* 18세기 후반에 활동한 연판鍊板이다. 1791년에 전남 순천 송광사에서 『지장보살본원경地藏菩薩本願經』 간행에 연판으로 참여하였다

◦ 1791년 전남 순천 松廣寺에서 『地藏菩薩本願經』 간행에 鍊板으로 참여(일산 원각사 소장) 鍊板

**덕언 2**(德彦 : -1805-) 19세기 전반에 활동한 야장冶匠이다. 1805년에 전남 여수 흥국사 적묵당 중창에 야편수冶片手로 참여하였다.

◦ 1805년 전남 여수 興國寺 寂黙堂 重刱에 冶片手로 참여(眞玉, 「興國寺」) 冶片手

**덕우**(德牛 : -1635-) 17세기 중반에 활동한 각수刻手이다. 1635년에 삭령 용복사에서 『천지명양수륙잡문天地冥陽水陸雜文』 간행에 해선과 각수로 참여하였다.

◦ 1635년 朔寧 龍腹寺에서 『天地冥陽水陸雜文』 간행에 海先과 刻手으로 참여(일산 원각사 소장)

**덕운**(德云 : -1642-) 17세기 중반에 활동한 각수刻手이다. 1642년 전남 순천 송광사에서 『천지명양수륙재의찬요天地冥陽水陸齋儀纂要』 간행에 신철과 각수로 참여하였다.

◦ 1642년 전남 순천 松廣寺에서 『天地冥陽水陸齋儀纂要』 간행에 信哲과 刻手로 참여(金相淏, 「朝鮮朝 寺刹板 刻手 硏究」)

**덕원**(德元 : -1663-1681-) 17세기 중반에 활동한 각수刻手이다. 1663년에 경남 밀양 표훈사에서 『묘법연화경妙法蓮華經』 판각에 육행과 참여하고, 울산 원적산 운흥사에서 1679년에 『금강경오가해金剛經五家解』 상권 간행에 각운과 각수로, 1681년에 『대혜보각선사서大慧普覺禪師書』 간행에 신종과 각자刻字로 참여하였다. 그는 경상도 영정사, 통도사, 운흥사 등에서도 판각하였다.

◦ 1663년 경남 밀양 表訓寺에서 『妙法蓮華經』 板刻에 六行과 참여(金相淏, 「朝鮮朝 寺刹板 刻手 硏究」)
◦ 1679년 蔚山 圓寂山 雲興寺에서 『金剛經五家解』 上권 간행에 覺雲과 刻手로 참여(일산 원각사 소장)
◦ 1681년 蔚山 圓寂山 雲興寺에서 『大慧普覺禪師書』 간행에 信宗과 刻字로 참여(일산 원각사 소장)
◦ 경상도 靈井寺, 通度寺, 雲興寺 등에서 板刻에 참여하였다.

**덕진**(德眞 : -1661-) 17세기 중반에 활동한 각수刻手이다. 1661년 경남 밀양 영정사에서 『대방광원각수다라요의경大方廣圓覺修多羅了義經』에 이시일과 각수로 참여하였다.

◦ 1661년 경남 밀양 靈井寺에서 『大方廣圓覺修多羅了義經』에 李時一과 刻手로 참여(일산 원각사 소장)

**덕홍** 1(德弘 : -1804-) 19세기 전반에 활동한 주종장鑄鐘匠이다. 1804년에 충북 보은 법주사 범종 조성에 환징과 편수로 참여하였다.

◦ 1804년 충북 보은 法住寺 梵鐘 조성에 環澄과 片手로 참여(安貴淑, 「朝鮮後期 鑄鐘匠 思印比丘에 관한 硏究」과 廉永夏, 「韓國梵鐘에 관한 연구(朝鮮朝鐘의 特徵)」)

**도겸**(道兼 : -1667-1674-) 17세기 중반에 활동한 주종장鑄鐘匠이다. 의겸과 1667년에 경북 고령 반룡사 범종(포항 보경사 서운암 소장)을, 1670년에 경북 문경 김룡사 범종(김천 직지사 성보박물관 소장)을, 1670년에 강원 홍천 수타사 범종을, 1674년에 경기 안성 청룡사 범종 조성에 편수片手로 참여하였다.

◦ 1667년 경북 고령 盤龍寺 梵鐘 조성에 思印과 片手로 참여(포항 보경사 서운암 소장, 安貴淑, 「朝鮮後期 鑄鐘匠 思印比丘에 관한 硏究」)
◦ 1670년 경북 문경 金龍寺 梵鐘 조성에 思印과 片手로 참여(김천 직지사 성보박물관 소장, 安貴淑, 「朝鮮後期 鑄鐘匠 思印比丘에 관한 硏究」)
1670년 강원 홍천 壽陀寺 梵鐘 조성에 思印과 片手로 참여(安貴淑, 「朝鮮後期 鑄鐘匠 思印比丘에 관한 硏究」)
◦ 1674년 경기 안성 靑龍寺 梵鐘 조성에 思印과 片手로 참여(安貴淑, 「朝鮮後期 鑄鐘匠 思印比丘에 관한 硏究」)

**도겸**(道兼 : -1667-1674-) 17세기 중반에 활동한 주종장鑄鐘匠이다. 의겸과 1667년에 경북 고령 반룡사 범종을, 1670년에 경북 김천 김용사 범종을, 1670년에 강원 홍천 수타사 범종을, 1674년에 경기 안성 청룡사 범종 조성에 편수로 참여하였다.

◦ 1667년 경북 고령 盤龍寺 梵鐘 조성에 思印과 片手로 참여(대가야유물전시관 소장, 廉永夏, 「韓國梵鐘에 관한 연구(朝鮮朝鐘의 特徵)」)
◦ 1670년 경북 김천 金龍寺 梵鐘 조성에 思印과 片手로 참여(廉永夏, 「韓國梵鐘에 관한 연구(朝鮮朝鐘의 特徵)」)
◦ 1670년 강원 홍천 壽陀寺 梵鐘 조성에 思印과 片手로 참여(廉永夏, 「韓國梵鐘에 관한 연구(朝鮮朝鐘의 特徵)」)
◦ 1674년 경기 안성 靑龍寺 梵鐘 조성에 思印과 片手로 참여(廉永夏, 「韓國梵鐘에 관한 연구(朝鮮朝鐘의 特徵)」)

**도균** 1(道均, 道鈞 : -1648-1656-) 17세기 중반에 활동한 조각승이다. 수화승 해심과 1648년 전남 해남 도장사 목조석가불좌상과 보살좌상, 1653년에 전북 고창 문수사 목조지장보살좌상과 시왕상을 제작하였다. 1654년에 수화승 철학과 충남 부여 무량사 극락전 만수패를, 1656년에 수화승 무염과 전북 완주 송광사 목조석가삼존불좌상과 오백나한상을 제작하였다.

◦ 1648년 전남 해남 도장사 목조석가삼존불좌상 제작에 海心과 畵員으로 참여(문명대, 「조각승 無染, 道祐派 불상조각의 연구」)

◦ 1653년 전북 고창 문수사 목조지장보살좌상과 시왕상 제작에 海心과 畵員으로 참여(『한 국의 사찰문화재-전라북도·제주도』)
◦ 1654년 충남 부여 無量寺 극락전 萬壽牌 제작에 哲學과 畵員으로 참여(『韓國의 古建築』 22)
◦ 1656년 전북 완주 송광사 목조석가삼존불좌상과 오백나한상 제작에 無染과 畵員으로 참 여(韓國佛敎美術史學會, 『講座 美術史』 13)

**도매**(道梅 : -1604-) 17세기 전반에 활동한 각수刻手이다. 1604년에 쌍계사에 서 『대혜보각선사서大慧普覺禪師書』 간행에 태□와 각자刻字로 참여하였다.

◦ 1604년 쌍계사에서 『大慧普覺禪師書』 간행에 太□과 刻字로 참여(일산 원각사 소장)

**도순**(道淳 : -1663-) 17세기 중반에 활동한 연판鍊板이다. 1663년에 전남 순 천 정혜사에서 『예수시왕생칠재의찬요預修十王生七齋儀纂要』 간행에 인엄과 연판으로 참여하였다.

◦ 1663년 전남 순천 定慧寺에서 『預修十王生七齋儀纂要(預修天王通儀 合綴)』 간행에 印嚴 과 鍊板으로 참여(일산 원각사 소장)

**도신**(道信 : -1612-1613-)* 17세기 전반에 활동한 각수刻手이다. 1612년에 충 원 청룡사에서 『묘법연화경妙法蓮華經』 간행에 각수로 참여하여 1613년 8월 에 마쳤다.

◦ 1612년 忠原 靑龍寺에서 『妙法蓮華經』 간행에 刻手로 참여하여 1613년 8월 마침(金相淏, 「朝鮮朝 寺刹板 刻手 硏究」) 刻手 住持

**도연**(道演 : -1749-1755-)* 18세기 중반에 활동한 대목장이다. 경북 경주 불 국사에서 1749년에 광목당 중창에 이봉일과 양공으로, 1750년에 극락전 중 수에 삼해와 양공으로, 1755년에 경북 경주 기림사 대웅전(즉 대적광전) 개조에 대목大木으로 참여하였다.

◦ 1749년 경북 경주 佛國寺 光目堂 重創에 李奉日과 良工으로 참여(『佛國寺誌』)
◦ 1750년 경북 경주 佛國寺 極樂殿 重修에 三海와 良工으로 참여(『佛國寺誌』)
◦ 1755년 경북 경주 祇林寺 大雄殿(즉 大寂光殿) 改造에 大木으로 참여(이강근, 「경주지역 의 불교사원과 17·18세기의 재건역(再建役)」) 大木

**도영**(道英 : -1633-) 17세기 중반에 활동한 각수刻手이다. 1633년에 전남 순 천 송광사에서 『대방광불화엄경大方廣佛華嚴經』 간행에 신철과 각자刻字와 연 판鍊板으로 참여하였다.

◦ 1633년 전남 순천 松廣寺에서 『大方廣佛華嚴經』 간행에 信哲과 刻字 및 鍊板으로 참여 (일산 원각사 소장)

**도원**(道元 : -1898-) 19세기 후반에 활동한 각수刻手이다. 1898년 경남 밀양 표충사에서 『불설아미타경佛說阿彌陀經』 간행에 김인택과 각수로 참여하였다.

◦ 1898년 경남 밀양 表忠寺에서 『佛說阿彌陀經』 간행에 金仁澤과 刻手로 참여(일산 원각 사 소장) 副刻手

**도윤** 1(道允 : -1772-)* 18세기 후반에 경남 사천 다솔사를 중심으로 활동한 각수刻手이다. 1772년에 경남 사천 다솔사 『공수공덕찬양기供須功德贊揚記』

제작에 각수로 참여하였다.

　◦1772년 경남 사천 多率寺『供須功德贊揚記』제작에 刻手로 참여(「方丈山多率寺供須功德
　　贊揚記」, 鄭景柱, 「慶南地方 寺刹 金石文獻資料 調査硏究」) 山人

**도윤** 2(道閏 : -1832-)* 19세기 중반에 활동한 주종장鑄鐘匠이다. 1832년에
전남 여수 흥국사 남암 범종 조성에 각수로 참여하였다.

　◦1832년 전남 여수 興國寺 南庵 梵鐘 조성에 刻手로 참여(동국대학교 박물관 소장, 廉永
　　夏, 「韓國梵鐘에 관한 연구(朝鮮朝鐘의 特徵)」) 刻手

**도잠**(道岑 : -1661-) 17세기 중반에 활동한 각수刻手이다. 1661년 경남 밀양
영정사에서『대방광원각수다라요의경大方廣圓覺修多羅了義經』에 이시일과 각
수로 참여하였다.

　◦1661년 경남 밀양 靈井寺에서『大方廣圓覺修多羅了義經』에 李時一과 刻手로 참여(일산
　　원각사 소장)

**도희**(道熙 : -1701-1708-)* 18세기 전반에 활동한 각수刻手이다. 1701년에 경
남 고성 옥천사 대종 현판懸板에 각수로 언급되고, 1708년에 옥천사 대종 조
성에 각수로 참여하였다.

　◦1701년 경남 고성 玉泉寺 大鐘 懸板에 刻手로 언급(懸板「玉泉寺大鐘」『蓮華玉泉의 향기』)
　　刻手
　◦1708년 경남 고성 玉泉寺 大鐘 조성에 刻手로 참여(銘文『蓮華玉泉의 향기』) 刻手

**돈기**(頓機 : -1702-) 18세기 전반에 활동한 화공畵工이다. 1702년에 장안사
대웅전 중수에 윤탄과 화공으로 참여하였다.

　◦1702년 장안사 대웅전 중수에 允坦과 畵工으로 참여(金東旭, 『韓國建築工匠史硏究』)

**돈열**(頓悅 : -1779-) 18세기 후반에 활동한 각수刻手이다. 1779년에 전남 태
안사 대웅전 중창기에 기각記刻으로 언급되어 있다

　◦1779년 전남 泰安寺 大雄殿 중창기에 記刻으로 나옴(「大雄殿重創記」『泰安寺誌』)

**돈흡**(頓洽 : -1740-) 18세기 중반에 활동한 와장瓦匠이다. 1740년에 전남 장
흥 보림사에서 축삼과 3월에 기와 일을 시작하여 6월에 마치고 기와 70누리
를 교체하였다.

　◦1740년 전남 장흥 寶林寺에서 築森과 3월에 기와 일을 시작하여 6월에 마침(『譯註 寶林
　　寺重創記』) 副片手

**두안** 1(斗安 : -1678-1684-)* 17세기 후반에 활동한 와장瓦匠이다. 1678년에
전남 장흥 보림사 기와 60여 누리와 1684년에 기와 70누리 교체에 토수土手
로 참여하였다.

　◦1678년 전남 장흥 寶林寺 기와 60여 누리(訥) 교체에 土手로 참여(『譯註 寶林寺重創記』)
　　土手
　◦1684년 전남 장흥 寶林寺 기와 70누리 교체에 土手로 참여(『譯註 寶林寺重創記』) 土手

**득남**(得男 : -1630-) 17세기 중반에 활동한 주종장鑄鐘匠이다. 1630년에 경남
거창 고견사 범종 조성에 천보와 편수片手로 참여하였다.

◦ 1630년 경남 거창 古見寺 梵鐘 조성에 天寶와 片手로 참여(安貴淑, 「朝鮮後期 鑄鐘匠 思印比丘에 관한 研究」)

**득일**(得一 : -1630-) 17세기 전반에 활동한 주종장鑄鐘匠이다. 1630년에 경남 거창 고견사 범종 조성에 천보와 편수片手로 참여하였다.

◦ 1630년 경남 거창 古見寺 梵鐘 조성에 天寶와 片手로 참여(安貴淑, 「朝鮮後期 鑄鐘匠 思印比丘에 관한 研究」)

**득화**(得和 : -1779-) 조선후기에 활동한 각수刻手이다. 1779년에 경남 사천 다솔사 팔상전 중건기重建記 제작에 철운과 각자刻字로 참여하였다.

◦ 1779년 경남 사천 多率寺 八相殿 重建記 제작에 喆雲과 刻字로 참여(「昆陽郡智異山多率寺八相殿重建記」, 鄭景柱, 「慶南地方 寺刹 金石文獻資料 調査研究」)

**등성**(等性, 登聖 : -1773-1777-) 18세기 후반에 활동한 목공이다. 1773년에 전남 여수 흥국사 선당禪堂 수집修緝에 어식과 목공으로, 1777년에 전남 여수 흥국사 은적암 중창에 설찬과 편수로 참여하였다.

◦ 1773년 전남 여수 興國寺 禪堂 修緝에 語湜과 木工으로 참여(眞玉, 『興國寺』) 僧
◦ 1777년 전남 여수 興國寺 隱寂菴 重創에 雪贊과 片手로 참여(眞玉, 『興國寺』) 僧

**등원**(等願 : -1641-) 17세기 중반에 활동한 주종장鑄鐘匠이다. 1641년에 지리산 쌍계사 대종을 조성하였다.

◦ 1641년 경남 하동 雙溪寺 大鐘 조성(銘文)

**마차복**(馬次福)* 조선후기에 경북 봉화에서 활동한 각수刻手이다. 을사년 경북 상주 김룡사에서 『운달산김룡사적雲達山金龍事蹟』 간행에 각수로 참여하였다.

　◦乙巳年 경북 상주 金龍寺에서 『雲達山金龍事蹟』 간행에 刻手로 참여(金相淏,「朝鮮朝 寺刹板 刻手 硏究」) 奉化 刻手

**막성**(漠性 : -1735-) 18세기 중반에 활동한 석편수石片手이다. 1735년에 경북 김천 직지사 대웅전 중창에 원신과 석편수로 참여하였다.

　◦1735년 경북 김천 直指寺 大雄殿 중창에 圓信과 石片手로 참여(『直指寺誌』와 金東旭, 『韓國建築工匠史硏究』)

**만붕**(萬鵬 : -1791-)* 18세기 후반에 활동한 연판鍊板이다. 1791년에 전남 순천 송광사에서 『불설천지팔양신주경佛說天地八陽神呪經』 간행에 연판으로 참여하였다.

　◦1791년 전남 순천 松廣寺에서 『佛說天地八陽神呪經』 간행에 鍊板으로 참여(일산 원각사 소장) 鍊板

**만상**(萬詳 : -1723-)* 18세기 전반에 활동한 편수片手이다. 1723년에 전남 장흥 보림사 신법당 아래층과 식당의 동쪽 기와를 고쳤다.

　◦1723년 전남 장흥 寶林寺 新法堂 아래층과 食堂의 동쪽 기와를 片手로 고침(『譯註 寶林 寺重創記』) 片手

**만원**(萬源 : -1705-)* 18세기 전반에 활동한 각수刻手이다. 1705년에 징광사에서 『다비문茶毘文』 간행에 각원으로 참여하였다.

　◦1705년 澄光寺에서 『茶毘文』 간행에 刻員으로 참여(金相淏,「朝鮮朝 寺刹板 刻手 硏究」) 刻員 嘉善

**만일**(萬一 : -1701-) 18세기 전반에 활동한 각수刻手이다. 1701년에 봉암사에서 『선원제전집도서禪源諸詮集都序』, 『법집별행록절요정입사기法集別行錄節要井入私記』, 『고봉화상선요高峰和尙禪要』 간행에 각수로 참여하였다.

　◦1701년 鳳岩寺에서 3種(『禪源諸詮集都序』,『法集別行錄節要井入私記』,『高峰和尙禪要』) 간행에 刻手로 참여(金相淏,「朝鮮朝 寺刹板 刻手 硏究」)

**만혜**(晩慧 : -1853-)\* **양운당**(兩運堂) 19세기 중반에 활동한 도편수都片手이다. 1853년에 대구 동화사 성보박물관 소장 금고 제작에 도편수로 참여하였다.

- 1853년 대구 동화사 성보박물관 함풍3년명 금고 제작에 都片手로 참여(『한국의 사찰문화재 –대구/경북 I』) 都片手

**만화**(萬和 : -1713-1723-)\* 18세기 전반에 활동한 와장瓦匠이다. 전남 장흥 보림사에서 1713년에 기와 일을 시작하는데 동쪽 기와 제작을 맡고, 1718년 봄 2월 14일에 번와燔瓦를 시작하여 5월 14일 50누리정도의 기와를 도편수로 제작하였으며, 1723년에 편수로 2월부터 시작하여 6월 13일에 기와 제작을 마쳤다.

- 1713년 전남 장흥 寶林寺 양쪽(兩邊) 기와 일을 시작하는데 동쪽 기와 제작을 맡음(『譯註 寶林寺重創記』) 邊手
- 1718년 전남 장흥 寶林寺에서 봄 2월 14일에 燔瓦를 시작하여 5월 14일 50누리정도의 기와를 都片手로 제작(『譯註 寶林寺重創記』) 都片手
- 1723년 전남 장흥 보림사 기와 제작에 片手로 2월부터 시작하여 6월 13일에 마침(『譯註 寶林寺重創記』) 片手

**명간**(明侃 : -1701-) 18세기 전반에 활동한 주종장鑄鐘匠이다. 1701년에 서울 봉은사 범종 조성(의왕 청계사 소장)에 사인과 편수로 참여하였다.

- 1701년 서울 奉恩寺 梵鐘 조성에 思印과 片手로 참여(의왕 청계사 소장, 安貴淑, 「朝鮮後期 鑄鐘匠 思印比丘에 관한 硏究」)

**명선 1**(命善 : -1684-) 17세기 후반에 활동한 연판鍊板이다. 1684년에 운흥사판 『선종영가집禪宗永嘉集』 간행에 마판磨板으로 참여하였다.

- 1684년 운흥사판 『禪宗永嘉集』 간행에 磨板으로 참여(金相淏, 「朝鮮朝 寺刹板 刻手 硏究」)

**명선 2**(明善 : -1702-) 18세기 전반에 활동한 주종장鑄鐘匠이다. 1702년에 사자산 봉림사 범종(영광 불갑사 소장) 조성에 김수원과 편수로 참여하였다.

- 1702년 獅子山 鳳林寺 梵鐘 조성에 金水元과 片手로 참여(명문, 영광 불갑사 소장, 『한국의 사찰문화재 – 광주/전남』)

**명학**(明學 : -1779-) 18세기 후반에 활동한 각수刻手이다. 1779년에 전남 태안사 대웅전 중창기에 돈열과 기각記刻으로 언급되어 있다

- 1779년 전남 泰安寺 大雄殿 중창기에 頓悅과 記刻으로 나옴(「大雄殿重創記」『泰安寺誌』)

**묘안**(妙安 : -1632-1634-) 17세기 중반에 활동한 각수刻手이다. 1632년에 『묘법연화경妙法蓮華經』 간행에 일현과 각자刻字로, 1632년부터 1634년까지 함경 안변 석왕사에서 여러 불서의 판각에 참여하였다.

- 1632년 『妙法蓮華經』 간행에 一玄과 刻字로 참여(일산 원각사 소장)
- 1632년과 1634년 함경 안변 釋王寺에서 諸書 板刻에 참여(金相淏, 「朝鮮朝 寺刹板 刻手 硏究」)

**묘익**(妙益) 18세기 전반에 율곡사栗谷寺에서 활동한 각수刻手이다. 본관本貫은 나주羅州이고, 그의 부친父親은 정병正兵 신천용申千龍이다.

◦ 1729년(56세) 丹城縣戶籍에 栗谷寺 승려로 納粟하여 通政大夫의 爵號를 받음(金相淏,「朝鮮朝 寺刹板 刻手 硏究」)

**묘잠**(妙岑 : -1711-) 18세기 전반까지 활동한 주종장鑄鐘匠이다. 1711년에 인천 강화 종鐘 조성에 조신과 편수片手로 참여하였다.

◦ 1711년 인천 강화 鐘 조성에 祖信과 片手로 참여(安貴淑,「朝鮮後期 鑄鐘匠 思印比丘에 관한 硏究」와『江華金石文集』)

**묘정**(妙淨 : -1607-) 17세기 전반에 활동한 각수刻手이다. 1607년에 전남 순천 송광사에서『선가구감禪家龜鑑』간행에 홍언과 각수로 참여하였다.

◦ 1607년 전남 순천 松廣寺에서『禪家龜鑑』간행에 弘彦과 刻手로 참여(일산 원각사 소장)

**묘협**(妙冾 : -1660-)* 17세기 중반에 활동한 와장瓦匠이다. 1660년에 전남 해남 미황사 대웅전 기와에 대목大木으로 나와 있다.

◦ 1660년 전남 해남 美黃寺 大雄殿 기와 銘文에 大木으로 나옴(『美黃寺 應眞殿 修理報告書』) 大木

**묘환**(妙環 : -1604-) 17세기 전반에 활동한 각수刻手이다. 1604년에 쌍계사에서『대혜보각선사서大慧普覺禪師書』간행에 태□와 각자刻字로 참여하였다.

◦ 1604년 쌍계사에서『大慧普覺禪師書』간행에 太□과 刻字로 참여(일산 원각사 소장)

**문경순**(文敬淳 : -1853-)* 19세기 중반에 활동한 각수刻手이다. 1853년에 경기 삼각산 내원암에서『관무량수불경觀無量壽佛經』간행에 각수로 참여하였다.

◦ 1853년에 경기 삼각산 內院庵에서『觀無量壽佛經』간행에 刻手로 참여(刊記) 刻手

**문건**(文建 : -1612-) 17세기 전반에 활동한 야장冶匠이다. 1612년에 경남 합천 해인사 사명당유정대사비四溟堂惟政大師碑 건립에 선일과 야장으로 참여하였다.

◦ 1612년 경남 합천 海印寺 四溟堂 惟政大師碑 건립에 禪一과 冶匠으로 참여(『朝鮮金石總覽』과 智冠 編,『韓國高僧碑文總集-朝鮮朝·近現代』)

**문기순**(文棋淳 : -1853-) 19세기 중반에 활동한 각수刻手이다. 1853년에 경기 삼각산 내원암에서『관무량수불경觀無量壽佛經』간행에 문경순과 각수로 참여하였다.

◦ 1853년에 경기 삼각산 內院庵에서『觀無量壽佛經』간행에 文敬淳과 각수로 참여(刊記)

**문성원**(文成元 : -1911-)* 20세기 전반에 활동한 토수土手이다. 1911년에 경남 사천 다솔사 백련당 중창에 토수로 참여하였다.

◦ 1911년 경남 사천 多率寺 白蓮堂 重創에 土手로 참여(「昆陽多率寺白蓮堂重創記」, 鄭景柱,「慶南地方 寺刹 金石文獻資料 調査硏究」) 土手

**문성언**(文成彦 : -1907-)* 20세기 전반에 활동한 토수土手이다. 1907년 경남 사천 다솔사 명부전 중창에 토수로 참여하였다.

◦ 1907년 경남 사천 多率寺 冥府殿 重創에 土手로 참여(「慶尙南道昆陽方丈山多率寺冥府殿重創記」, 鄭景柱,「慶南地方 寺刹 金石文獻資料 調査硏究」) 土手

**문세철**(文世喆 : -1781-) 18세기 후반에 활동한 편수片手이다. 1781년에 경기 포천 백운사 중수에 충의와 철물편수鐵物片手로 참여하였다.

- 1781년 경기 포천 白雲寺 중수에 忠義와 鐵物片手로 참여(現在 興龍寺,『畿內寺院誌』)

**문영**(文穎 : -1730-) 18세기 중반에 활동한 각수刻手이다. 1730년에 전남 순천 대흥사에서 『장수멸죄호제동자다라니경長壽滅罪護諸童子陀羅尼經』 간행에 탁매와 각원으로 참여하였다.

- 1730년 전남 순천 大興寺에서 『長壽滅罪護諸童子陀羅尼經』 간행에 卓梅와 刻員으로 참여(일산 원각사 소장)

**문원**(文遠 : -1679-) 17세기 후반에 활동한 각수刻手이다. 1679년에 울산 원적산 운흥사에서 『금강경오가해金剛經五家解』 상권 간행에 각운과 각수로 참여하였다.

- 1679년 蔚山 圓寂山 雲興寺에서 『金剛經五家解』 上권 간행에 覺雲과 刻手로 참여(일산 원각사 소장)

**문전**(文佺 : -1898-1907-)* 눌암당訥庵堂 19세기 후반부터 20세기 전반까지 활동한 와장瓦匠이다. 1898년에 경남 하동 쌍계사 명부전 중건에 개와편수蓋瓦片手로, 1907년에 경남 사천 다솔사 명부전 중창에 개와蓋瓦로 참여하였다.

- 1898년 경남 하동 雙溪寺 冥府殿 중건에 蓋瓦片手로 참여(「慶尙南道河東郡三神山雙溪寺冥府殿重建與十王改彩并丹雘記」『三神山 雙溪寺誌』) 蓋瓦片手
- 1907년 경남 사천 多率寺 冥府殿 重創에 蓋瓦로 참여(「慶尙南道昆陽方丈山多率寺冥府殿重創記」, 鄭景柱, 「慶南地方 寺刹 金石文獻資料 調査研究」) 蓋瓦

**문찬**(文粲 : -1692-) 17세기 후반에 활동한 각수刻手이다. 1692년에 용흥사에서 『수능엄경首楞嚴經』 변상도變相圖 각수로 참여하였다.

- 1692년 龍興寺에서 『首楞嚴經』 變相圖 板刻에 刻手로 참여(金相淏, 「朝鮮朝 寺刹板 刻手 研究」)

**문학주**(文學周 : -1853-) 19세기 중반에 활동한 각수刻手이다. 1853년에 경기 삼각산 내원암에서 『관무량수불경觀無量壽佛經』 간행에 문경순과 각수로 참여하였다.

- 1853년에 경기 삼각산 內院庵에서 『觀無量壽佛經』 간행에 文敬淳과 각수로 참여(刊記)

**문호**(文浩 : -1642-) 17세기 중반에 활동한 각수刻手이다. 1642년 전남 순천 송광사에서 『천지명양수륙재의찬요天地冥陽水陸齋儀纂要』 간행에 신철과 각수로 참여하였다.

- 1642년 전남 순천 松廣寺에서 『天地冥陽水陸齋儀纂要』 간행에 信哲과 刻手로 참여(金相淏, 「朝鮮朝 寺刹板 刻手 研究」)

**민언**(敏彦 : -1748-) 18세기 중반에 활동한 철장鐵匠이다. 1748년에 경북 영주 부석사 종각 중수에 주돌립과 철장으로 참여하였다.

- 1748년 경북 영주 浮石寺 鐘閣 重修에 周乭立과 鐵匠으로 참여(「浮石寺資料」, 『佛教美術』3)

**민오**(敏悟 : -1681-) 17세기 후반에 활동한 각수刻手이다. 1681년에 울산 원

ㅁ

적산 운흥사에서 『대혜보각선사서大慧普覺禪師書』 간행에 신종과 각자刻字로
참여하였다.

> ◦ 1681년 蔚山 圓寂山 雲興寺에서 『大慧普覺禪師書』 간행에 信宗과 刻字로 참여(일산 원
> 각사 소장)

**민원**(敏元 : -1753-) 18세기 중반에 활동한 연판鍊板이다. 1753년에 대구 동화
사에서 『불설아미타경佛說阿彌陀經』 간행에 초한과 부판浮
板으로 참여하였다.

> ◦ 1753년 대구 桐華寺에서 『佛說阿彌陀經(王郞返魂傳, 臨終正念訣
> 合綴)』 간행에 楚閑과 浮板으로 참여(일산 원각사 소장)

**민헌**(敏軒 : -1663-)* 17세기 중반에 활동한 각수刻手이다.
1663년에 전남 순천 定慧寺에서 『예수시왕생칠재의찬요預
修十王生七齋儀纂要』 간행에 각수로 참여하였다.

> ◦ 1663년 전남 순천 定慧寺에서 『預修十王生七齋儀纂要(預修天王
> 通儀 合綴)』 간행에 刻手로 참여(일산 원각사 소장) 刻手

**민현**(旻賢 : -1791-)* 18세기 후반에 활동한 각수刻手이다.
전남 순천 송광사에서 1791년에 『지장보살본원경地藏菩薩
本願經』 간행에 대영과 각원으로, 1791년에 『불설천지팔양
신주경佛說天地八陽神呪經』 간행에 각수로 참여하였다.

> ◦ 1791년 전남 순천 松廣寺에서 『地藏菩薩本願經』 간행에 大榮과
> 刻員으로 참여(일산 원각사 소장) 願
> 1791년 전남 순천 松廣寺에서 『佛說天地八陽神呪經』 간행에 刻
> 手로 참여(일산 원각사 소장) 願刻爲父母

민헌, 預修十王生七齋儀纂要, 1662년, 순천
정혜사 개판

**민호**(敏浩 : -1712-) 18세기 전반에 활동한 연판鍊板이다.
1712년에 전남 구례 『해동호남도대화엄사사적海東湖南道
大華嚴寺事蹟』에 연판으로 참여하였다.

> ◦ 1712년 전남 구례 『海東湖南道大華嚴寺事蹟』에 鍊板으로 참여
> (『海東湖南道大華嚴寺事蹟』)

**민화**(敏和 : -1655-) 17세기 중반에 활동한 주종장鑄鐘匠이
다. 1655년에 충청 사자산 안곡사 범종(공주 마곡사 소장) 조
성에 보은과 편수로 참여하였다.

> ◦ 1655년 충청 獅仔山 安谷寺 梵鐘 조성에 寶訔과 片手로 참여(공
> 주 마곡사 소장, 安貴淑, 「朝鮮後期 鑄鐘匠 思印比丘에 관한 硏
> 究」)

**밀연**(密衍 : -1622-) 17세기 전반에 활동한 야장冶匠이다.
1622년에 자인慈仁 수양사壽兩寺 목조비로자나삼신불좌상
조성에 성옥과 야장으로 참여하였다.

> ◦ 1622년 慈仁壽兩寺 木造毘盧遮那三身佛坐像 造成에 性玉과 冶匠
> 으로 참여(서울 지장암 봉안, 문명대, 「17세기 전반기 조각승 玄眞

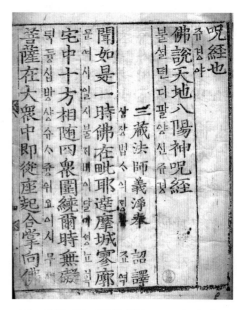

민현, 佛說天地八陽神呪經, 1791년, 순천 송
광사 간행

派의 성립과 지장암 木 毘盧遮那佛坐像의 研究」)

**밀영**(密英 : -1627-)* 17세기 전반에 활동한 조각승이다. 1627년에 인천 강화 전등사 목조업경대 1점 제작에 목화원木畵員으로, 목조업경대 1점 제작에 천기와 화원으로 참여하였다.

□ 1627년 인천 강화 傳燈寺 木造業鏡臺 제작에 木畵員으로 참여(墨書) 木畵員
  1627년 인천 강화 傳燈寺 木造業鏡臺 제작에 天琦와 畵員으로 참여(墨書)

**밀응**(密應 : -1791-) 18세기 후반에 활동한 각수刻手이다. 1791년 전남 순천 송광사에서 『지장보살본원경地藏菩薩本願經』 간행에 대영과 각원으로 참여하였다.

□ 1791년 전남 순천 松廣寺에서 『地藏菩薩本願經』 간행에 大榮과 刻員으로 참여(일산 원각사 소장)

**밀현**(密玄 : -1632-1635-) 17세기 중반에 활동한 각수刻手이다. 1632년 『묘법연화경妙法蓮華經』 간행에 일현과 각자로, 경기 삭녕 용복사에서 1633년에 『선가귀감禪家龜鑑』 간행에 조운과 각수로, 1635년에 『천지명양수륙잡문天地冥陽水陸雜文』 간행에 해선과 각수로 참여하였다.

□ 1632년 『妙法蓮華經』 간행에 一玄과 刻字로 참여(일산 원각사 소장)
□ 1633년 경기 삭녕 龍腹寺에서 『禪家龜鑑』 간행에 祖云과 刻手로 참여(일산 원각사 소장)
□ 1635년 朔寧 龍腹寺에서 『天地冥陽水陸雜文』 간행에 海先과 刻手으로 참여(일산 원각사 소장)

ㅂ

**박구이금**(朴九伊金, 朴求里金 : -1754-) 18세기 중반에 활동한 두석장豆錫匠이다. 1754
년에 경남 고성 옥천사 상련上輦 제작에 윤득재와 두석편수로 참여하였다.

　▫1754년 경남 고성 玉泉寺 上輦 제작에 尹得載과 豆錫片手로 참여(銘文, 『蓮華玉泉의 향
　　기』)

**박귀만**(朴貴滿 : -1671-) 17세기 후반에 활동한 야장冶匠이다. 1671년에 강원
고성 유점사 춘파당쌍언대사비春坡堂雙彦大師碑 건립에 야장으로 참여하였다.

　▫1671년 강원 고성 楡岾寺 春坡堂 雙彦大師碑 건립에 冶匠으로 참여(『朝鮮金石總覽』과
　　智冠 編, 『韓國高僧碑文總集-朝鮮朝·近現代』)

**박난□**(朴亂□ : -1708-) 18세기 전반에 활동한 주종장鑄鐘匠이다. 1708년에
경남 고성 옥천사 범종 조성에 김성원과 편수로 참여하였다.

　▫1708년 경남 고성 玉泉寺 梵鐘 조성에 金成元과 片手로 참여(廉永夏, 「韓國梵鐘에 관한
　　연구(朝鮮朝鐘의 特徵)」)

**박남일**(朴男一 : -1678-)* 17세기 후반에 활동한 야장冶匠이다. 1678년에 전
남 순천 송광사 보조국사탑비普照國師塔碑 개립改立에 야장으로 참여하였다.

　▫1678년 전남 순천 松廣寺 普照國師塔碑 改立에 冶匠으로 참여(『朝鮮金石總覽』 下) 冶匠

**박덕남**(朴德男 : -1788-)* 18세기 후반에 활동한 야장冶匠이다. 1788년 강원
고성 신계사 나운당거하대사비懶雲堂擧遐大師碑 건립에 야장으로 참여하였다.

　▫1788년 강원 고성 神溪寺 懶雲堂 擧遐大師碑 건립에 冶匠으로 참여(『楡岾寺本末寺誌』와
　　智冠 編, 『韓國高僧碑文總集-朝鮮朝·近現代』) 冶匠

**박돌룡**(朴乭龍 : -1654-)* 17세기 중반에 활동한 철장鐵匠이다. 1654년에 경
북 청도 대운암 목조관음보살좌상 제작에 철장선수鐵匠善手로 참여하였다.

　▫1654년 경북 청도 대운암 목조관음보살좌상 제작에 鐵匠善手로 참여(송은석, 「17세기 朝
　　鮮王朝의 彫刻僧과 佛像」) 鐵匠善手

**박동식**(朴東植 : -1816-) 19세기 전반에 활동한 각수刻手이다. 1816년에 경북
영천 은해사 영파당성규대사비影波堂聖奎大師碑 건립에 정문학과 각수로 참여
하였다.

　▫1816년 경북 영천 銀海寺 影波堂 聖奎大師碑 건립에 鄭文學과 刻手로 참여(『韓國金石文
　　大系』와 智冠 編, 『韓國高僧碑文總集-朝鮮朝·近現代』)

**박동엽**(朴東曄 : -1828-1830-) 19세기 전반에 활동한 각수刻手이다. 1828년에 경남 창령 관룡사 산영각 창건 현판 제작에 각자刻字로, 1830년 원음각 중수에 필각筆刻으로 참여하였다.

> ◦ 1828년 경남 창령 觀龍寺 山靈閣 창건 현판 제작에 刻字로 참여(「山靈閣創建聖像造成奉安記」, 鄭景柱, 「慶南地方 寺刹 金石文獻資料 調査研究」) 刻字
> ◦ 1830년 경남 창령 觀龍寺 圓音閣 중수기에 筆刻으로 참여(「嶺左昌寧縣東九龍山觀龍寺圓音閣重修有功記」, 鄭景柱, 「慶南地方 寺刹 金石文獻資料 調査研究」) 筆刻

**박동인**(朴同仁 : -1801-)* 19세기 전반에 활동한 와장瓦匠이다. 1801년에 경남 양산 신흥사 대웅전 중수에 와장으로 참여하였다.

> ◦ 1801년 경남 양산 新興寺 大雄殿 重修에 瓦匠으로 참여(『新興寺 大光殿 修理報告書』) 蓋瓦

**박만욱**(朴萬旭 : -1791-) 18세기 후반에 활동한 각수刻手이다. 1791년 전남 순천 송광사에서 『지장보살본원경地藏菩薩本願經』 간행에 대영과 각원으로 참여하였다.

> ◦ 1791년 전남 순천 松廣寺에서 『地藏菩薩本願經』 간행에 大榮과 刻員으로 참여(일산 원각사 소장) 願

**박만제**(朴萬濟 : -1802-) 19세기 전반에 활동한 야장冶匠이다. 1802년에 서울 승가사 성월당철학대사비城月堂哲學大師碑 건립에 정덕필과 야장으로 참여하였다.

> ◦ 1802년 서울 僧伽寺 城月堂 哲學大師碑 건립에 鄭德弼과 冶匠으로 참여(『韓國金石文大系』와 智冠 編, 『韓國高僧碑文總集-朝鮮朝·近現代』)

**박말론**(朴末論 : -1631-) 17세기 중반에 활동한 와장瓦匠이다. 1631년에 전북 완주 화암사 기와 제작에 정덕성과 대목으로 참여하였다.

> ◦ 1631년 전북 완주 화암사 기와 제작에 鄭德成과 大木으로 참여(金東旭, 『韓國建築工匠史研究』)

**박무금**(朴無金 : -1656-)* 17세기 중반에 활동한 야장冶匠이다. 1656년에 전북 완주 송광사 목조석가삼존불좌상과 오백나한상 제작에 야장으로 참여하였다.

> ◦ 1656년 전북 완주 松廣寺 木造釋迦三尊佛坐像과 五百羅漢像 제작에 冶匠으로 참여(박도화, 「松廣寺 五百羅漢殿의 羅漢像」) 冶匠

**박백룡**(朴白龍 : -1722-)* 18세기 전반에 활동한 주종장鑄鐘匠이다. 1722년에 유마사 범종(구례 화엄사 대웅전 소장) 개주改鑄에 김효건과 편수片手로 참여하였다.

> ◦ 1722년 維摩寺 梵鐘 改鑄에 金孝建과 片手로 참여(구례 화엄사 대웅전 소장, 安貴淑, 「朝鮮後期 鑄鐘匠 思印比丘에 관한 研究」) 大施主副片手

**박복희**(朴卜稀 : -1809-)* 19세기 전반에 활동한 와장瓦匠이다. 1809년에 경북 안동 봉정사 법당 중수에 와장으로 참여하였다.

> ◦ 1809년 경북 안동 鳳停寺 兩法堂 중수에 瓦匠으로 참여(「兩法堂重修記」, 『鳳停寺 極樂殿 修理工事報告書』) 瓦

**박사성**(朴士成 : -1765-)* 18세기 중반에 활동한 야장冶匠이다. 1765년에 전
남 영광 불갑사 중창에 야장으로 참여하였다.
　　▫1765년 전남 영광 佛甲寺 중창에 冶匠으로 참여(金東旭,『韓國建築工匠史研究』) 冶匠

**박선봉**(朴善奉 : -1720-) 18세기 전반에 활동한 주종장鑄鐘匠이다. 1720년에
전남 진도 쌍계사 범종 개주改鑄에 박선화와 편수로 참여하였다.
　　▫1720년 전남 진도 雙溪寺 梵鐘 改鑄에 朴善花와 片手로 참여(安貴淑,「朝鮮後期 鑄鐘匠
　　思印比丘에 관한 硏究」)

**박선화**(朴善花 : -1720-)* 18세기 전반에 활동한 도편수都片手이다. 1720년에
전남 진도 쌍계사 범종 개주改鑄에 철장鐵匠로 참여하였다.
　　▫1720년 전남 진도 雙溪寺 梵鐘 改鑄에 都片手로 참여(安貴淑,「朝鮮後期 鑄鐘匠 思印比
　　丘에 관한 硏究」) 鑄匠

**박성장**(朴聖章 : -1752-) 18세기 중반에 활동한 각수刻手이다. 1752년에 경남
고성 옥천사 봉향각 중수 현판懸板 제작에 낭박과 각자로 참여하였다.
　　▫1752년 경남 고성 玉泉寺 奉香閣 重修 懸板 제작에 浪薄과 刻字로 참여(「奉香閣重修丹
　　雘記」『蓮華玉泉의 향기』)

**박성□**(朴成□ : -1625-) 17세기 전반에 활동한 와장瓦匠이다. 1625년에 전북
완주 화암사 기와 제작에 박한복과 와장으로 참여하였다.
　　▫1625년 전북 완주 화암사 기와 제작에 朴閑卜과 瓦匠으로 참여(金東旭,『韓國建築工匠
　　史研究』)

**박수전**(朴秀全 : -1707-)* 18세기 전반에 활동한 야장冶匠이다. 1707년에 전
남 순천 선암사 중수비 건립에 야장으로 참여하였다.
　　▫1707년 전남 순천 仙巖寺 重修碑 건립에 冶匠으로 참여(『朝鮮金石總覽』下) 冶匠

**박시성**(朴時聲 : -1796-) 18세기 후반에 활동한 각공이다. 1796년에 대둔사
『도서과목병입사기都序科目幷入私記』간행에 정진과 각공으로 참여하였다.
　　▫1796년 대둔사『都序科目幷入私記』간행에 靜振과 刻工으로 참여(일산 원각사 소장)

**박신□**(朴信□ : -1708-) 18세기 전반에 활동한 주종장鑄鐘匠이다. 1708년에
경남 고성 옥천사 범종 조성에 김성원과 편수로 참여하였다.
　　▫1708년 경남 고성 玉泉寺 梵鐘 조성에 金成元과 片手로 참여(廉永夏,「韓國梵鐘에 관한
　　연구(朝鮮朝鐘의 特徵)」)

**박영남**(朴永男) 조선후기 활동한 각수刻手이다. 경기 용복사, 불암사 등에서
판각에 참여하였다.
　　▫경기 龍腹寺, 佛岩寺 등에서 板刻에 참여(金相淏,「寺刹板의 鍊板과 諸 役員에 관한 考察」)

**박영립**(朴英立 : -1681-1684-)* 17세기 후반에 활동한 야장冶匠이다. 1681년
에 전남 강진 백련사 사적비 건립과 1684년에 강진 정수사 나한전 목조석가
여래좌상과 나한상 제작에 야장으로 참여하였다.
　　▫1681년 전남 강진 白蓮寺 事蹟碑 건립에 冶匠으로 참여(『全南의 寺刹 Ⅰ』) 冶匠

◦ 1684년 전남 강진 淨水寺 羅漢殿 木造釋迦如來坐像과 羅漢像 제작에 冶匠으로 참여(崔仁善, 「康津 玉蓮寺 木造釋迦如來坐像과 腹藏」) 冶匠

**박응하**(朴應河 : -1682-)* 17세기 후반에 활동한 각수刻手이다. 1682년에 묘향산 보현사에서 『금강반야경소론찬요조현록金剛般若經疏論纂要助顯錄』 간행에 각수로 참여하였다.

◦ 1682년 묘향산 普賢寺에서 『金剛般若經疏論纂要助顯錄』 간행에 刻手로 참여(金相淏, 「朝鮮朝 寺刹板 刻手 研究」) 刻工

**박일선**(朴日先 : -1701-) 18세기 전반에 활동한 주종장鑄鐘匠이다. 1701년에 경남 고성 옥천사 대종 조성에 김상립과 편수로 참여하였다.

◦ 1701년 경남 고성 玉泉寺 大鐘 懸板에 金尙立과 片手로 언급(懸板 「玉泉寺大鐘」 『蓮華玉泉의 향기』)

**박재춘**(朴再春 : -1780-)* 18세기 후반에 활동한 야장冶匠이다. 1780년에 전남 장흥 보림사 천왕과 금강 등 제작에 야장으로 참여하였다.

◦ 1780년 전남 장흥 寶林寺 天王과 金剛 등 제작에 冶匠으로 참여(『譯註 寶林寺重創記』) 冶匠

**박정탄**(朴正坦 : -1697-)* 17세기 후반에 활동한 야장冶匠이다. 1697년에 전남 고흥 금탑사 괘불궤 제작에 야공으로 참여하였다.

◦ 1697년 전남 고흥 金塔寺 掛佛櫃 제작에 冶工으로 참여(『掛佛調査報告書 II』) 冶工

**박준손**(朴俊孫 : -1762-) 18세기 중반에 활동한 야장冶匠이다. 1762년에 전남 강진 백련사 대법당 중수에 김중기와 야장으로 참여하였다.

◦ 1762년 전남 강진 白蓮寺 大法堂 중수에 金重己와 冶匠으로 참여(「白蓮寺大法堂重修記」 『全南의 寺刹 I』)

**박중군**(朴中軍 : -1865-)* 19세기 중반에 활동한 와장瓦匠이다. 1865년에 경기 안성 석남사 영산전 중수에 개와편수盖瓦片手로 참여하였다.

◦ 1865년 경기 안성 石南寺 靈山殿 重修에 盖瓦片手로 참여(『安城 石南寺 靈山殿 解體實測·修理報告書』) 盖瓦片手

**박한복**(朴閑卜 : -1625-)* 17세기 전반에 활동한 와공瓦工이다. 1625년에 전북 완주 화암사 기와 제작에 와공으로 참여하였다.

◦ 1625년 전북 완주 화암사 기와 제작에 瓦工으로 참여(金東旭, 『韓國建築工匠史研究』) 大木

**박홍기**(朴弘起 : -1614-) 17세기 전반에 활동한 각수刻手이다. 1614년에 충남 논산 쌍계사에서 『경덕전등록景德傳燈錄』 간행에 쌍정과 각수로 참여하였다.

◦ 1614년 충남 논산 쌍계사에서 『景德傳燈錄』 간행에 双淳과 刻手로 참여(일산 원각사 소장)

**박홍적**(朴弘迪 : -1679-) 17세기 후반에 활동한 각수刻手이다. 1679년에 울산 원적산 운흥사에서 『금강경오가해金剛經五家解』 상권 간행에 각운과 각수로 참여하였다.

◦ 1679년 蔚山 圓寂山 雲興寺에서『金剛經五家解』上권 간행에 覺雲과 刻手로 참여(일산 원각사 소장)

**박□리금**(朴□里金 : -1677-)* 17세기 후반에 활동한 야장冶匠이다. 1677년에 전북 부안 개암사 나한상 제작에 야장으로 참여하였다.

◦ 1677년 전북 부안 開巖寺 羅漢像 制作에 冶匠으로 참여(김정희,「開巖寺 應眞殿 16羅漢 像考」) 冶匠

**방률**(芳律, 方律 : -1745-1752-) 18세기 중반에 활동한 각수刻手이다. 1745년에 경남 고성 옥천사「법당성조단확기法堂成造丹雘記」현판의 개간改刊에 낭순과 참여하고, 1752년에 경남 고성 옥천사 봉향각 중수 현판 제작에 낭박과 각자로 참여하였다.

◦ 1745년 경남 고성 玉泉寺「法堂成造丹雘記」懸板 改刊에 浪淳과 참여(「法堂造成丹雘記」 『蓮華玉泉의 향기』)
◦ 1752년 경남 고성 玉泉寺 奉香閣 重修 懸板 제작에 浪薄과 刻字로 참여(「奉香閣重修丹 雘記」『蓮華玉泉의 향기』)

**방육**(方六 : -1682-) 17세기 후반에 활동한 각수刻手이다. 1682년에 묘향산 보현사에서『금강반야경소론찬요조현록金剛般若經疏論纂要助顯錄』간행에 박응하와 각수로 참여하였다..

◦ 1682년 묘향산 普賢寺에서『金剛般若經疏論纂要助顯錄』간행에 朴應河와 刻手로 참여 (金相淏,「朝鮮朝 寺刹板 刻手 研究」)

**배구**(裵仇 : -1777-)* 18세기 하반에 활동한 야장冶匠이다. 1777년에 전남 여수 흥국사 은적암 중창에 야장으로 참여하였다.

◦ 1777년 전남 여수 興國寺 隱寂菴 重創에 冶匠으로 참여(眞玉,『興國寺』) 突岩面

**백덕□**(白德□ : -1770-) 18세기 후반에 활동한 주종장鑄鐘匠이다. 1770년에 덕산 가야사 범종(서울 봉원사 소장) 조성에 이만돌과 편수로 참여하였다.

◦ 1770년 德山 伽倻寺 梵鐘 조성에 李萬乭과 片手로 참여(서울 봉원사 소장, 安貴淑,「朝鮮 後期 鑄鐘匠 思印比丘에 관한 研究」)

**백봉익**(白鳳翊 : -1785-)* 18세기 후반에 활동한 주종장鑄鐘匠이다. 1785년 전남 순천 송광사 천자암 범종 조성에 편수로 참여하였다.

◦ 1785년 전남 순천 松廣寺 天子庵 梵鐘 조성에 片手로 참여(순천 송광사 성보박물관 소 장, 安貴淑,「朝鮮後期 鑄鐘匠 思印比丘에 관한 研究」과 염영하,「韓國梵鐘에 관한 연구 (朝鮮朝鐘의 特徵)」및『한국의 사찰문화재 - 광주/전남』) 片手

**백세위**(白世位 : -1768-)* 18세기 중반에 활동한 와장瓦匠이다. 1768년에 경 북 김천 직지사 천불전 기와 제작에 참여하였다.

◦ 1768년 경북 김천 直指寺 千佛殿 기와 제작에 蓋瓦로 참여(「金陵黃嶽山直指寺千佛殿上 樑」『直指寺誌』) 蓋瓦

**백여적**(白汝積 : -1770-)* 18세기 중·후반에 활동한 주성장鑄成匠이다. 1770 년에 전남 고흥 능가사에서 금기金器를 편수로 주성鑄成하여 태안사 대지전大 持殿에 봉안하였다.

◦ 1770년 전남 고흥 楞伽寺에서 金器를 片手로 鑄成하여 태안사 大持殿에 봉안(「桐裡山泰安寺事蹟」)『泰安寺誌』) 片手

**백예적**(白詣適 : -1776-) 18세기 후반에 활동한 편수片手이다. 1776년에 경남 고성 옥천사 범종 개주改鑄에 이만중과 편수로 참여하였다.

◦ 1776년 경남 고성 玉泉寺 梵鐘 改鑄에 李萬重과 片手로 참여(安貴淑,「朝鮮後期 鑄鐘匠 思印比丘에 관한 硏究」와『蓮華玉泉의 향기』)

**백용주**(白龍周 : -1865-)* 19세기 중반에 활동한 와장瓦匠이다. 1865년에 서울 봉은사 화엄판전華嚴版殿 건립에 개와편수蓋瓦片手로 참여하였다.

◦ 1865년 서울 奉恩寺 華嚴版殿 建立에 蓋瓦片手로 참여(「京畿左道廣州修道山奉恩寺華嚴版殿新建記」『奉恩寺 –수도산 봉은사 지표조사보고서』) 蓋瓦片手

**백흥모**(白興模 : -1760-)* 18세기 중반에 활동한 편수片手이다. 1760년에 고산 대둔산 안심사 범종 조성(星州城內鑄鐘, 보석사 소장)에 편수로 참여하였다.

◦ 1760년 高山 大屯山 安心寺 梵鐘 조성에 片手로 참여 (星州城內鑄鐘, 보석사 소장, 廉永夏,「韓國梵鐘에 관한 연구(朝鮮朝鐘의 特徵)」) 片手

**법령** 1(法令 : -1638-)* 17세기 중반에 활동한 각수刻手이다. 1638년에 경남 밀양 재악산 영정사靈井寺에서『묘법연화경妙法蓮華經』간행에 각자刻字로 참여하였다.

◦ 1638년 경남 밀양 載岳山 靈井寺에서『妙法蓮華經』간행에 刻字로 참여(일산 원각사 소장) 刻字

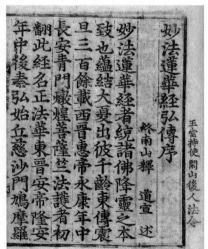

법령, 妙法蓮華經 卷1 變相圖,　　　　법령, 妙法蓮華經 卷1, 1638년,
　　1638년, 밀양 영정사 개간　　　　　　　밀양 영정사 개간

**법령** 2(法玲 : -1749-1750-) 18세기 중반에 활동한 각수刻手이다. 관북 안변 석왕사에서 1749년에『선문오종강요禪門五宗綱要』간행에 신위와 1750년에

『성상통설性相通說』 간행에 신위와 각수로 참여하였다.
 · 1749년 관북 안변 釋王寺에서 『禪門五宗綱要』 간행에 信位와 刻手로 참여(일산 원각사
   소장)
 · 1750년 관북 안변 釋王寺에서 『性相通說(大乘百法明門論)』 간행에 信位와 刻手로 참여
   (일산 원각사 소장)

**법림**(法林 : -1694-)* 17세기 후반에 활동한 토수土手이다. 1694년에 전남 장흥 보림사에서 기와 20여 누리 제작에 토수土手로 참여하였다.
 · 1694년 전남 장흥 寶林寺 기와 20여 누리 제작에 土手로 참여(『譯註 寶林寺重創記』) 土手

**법삼**(法森 : -1711-)* 18세기 전반에 활동한 와공이다. 1711년에 전남 고흥 능가사 대웅전 기와 제작에 수공首工으로 참여하였다.
 · 1711년 전남 고흥 楞伽寺 大雄殿 기와 제작에 首工으로 참여(『楞伽寺 大雄殿 實測調査報
   告書』) 首工

**법상**(法常 : -1612-) 17세기 전반에 활동한 야장冶匠이다. 1612년에 경남 합천 해인사 사명당유정대사비四溟堂惟政大師碑 건립에 선일과 야장으로 참여하였다.
 · 1612년 경남 합천 海印寺 四溟堂 惟政大師碑 건립에 禪一과 冶匠으로 참여(『朝鮮金石總
   覽』과 智冠 編, 『韓國高僧碑文總集-朝鮮朝·近現代』)

**법선**(法先 : -1635-) 17세기 중반에 활동한 각수刻手이다. 1635년에 삭령 용복사에서 『천지명양수륙잡문天地冥陽水陸雜文』 간행에 해선과 각수로 참여하였다.
 · 1635년 朔寧 龍腹寺에서 『天地冥陽水陸雜文』 간행에 海先과 刻手로 참여(일산 원각사
   소장)

**법이**(法爾 : -1633-) 17세기 중반에 활동한 각수刻手이다. 1633년에 광주 증심사에서 『묘법연화경妙法蓮華經』 간행에 경종과 각수로 참여하였다.
 · 1633년 광주 證心寺에서 『妙法蓮華經』 간행에 敬宗과 刻手로 참여(일산 원각사 소장)

**법종**(法宗 : -1661-) 17세기 중반에 활동한 각수刻手이다. 1661년 경남 밀양 영정사에서 『대방광원각수다라요의경大方廣圓覺修多羅了義經』에 이시일과 각수로 참여하였다.
 · 1661년 경남 밀양 靈井寺에서 『大方廣圓覺修多羅了義經』에 李時一과 刻手로 참여(일산
   원각사 소장)

**법진**(法眞 : -1882-)* 쌍명당雙明堂 19세기 후반에 활동한 와장瓦匠이다. 1882년에 경남 창령 관룡사 중수에 번와燔瓦로 참여하였다.
 · 1882년 경남 창령 觀龍寺 重修에 燔瓦로 참여(「觀龍寺重修記」, 鄭景柱, 「慶南地方 寺刹
   金石文獻資料 調査研究」) 燔瓦

**법철**(法哲 : -1630-1632-) 17세기 중반에 활동한 각수刻手이다. 1630년에 『청허집淸虛集』 간행에 각수로, 1632년에 『묘법연화경妙法蓮華經』 간행에 일현과 각자刻字로, 1633년에 경기 삭령 용복사에서 『선가귀감禪家龜鑑』 간행에 조

운과 각수로 참여하였다. 그는 광해군과 인종연간에 경기 삭녕 용복사에서 판각板刻에 참여하였다.

- 1630년『淸虛集』 간행에 刻手로 참여(金相淏,「朝鮮朝 寺刹板 刻手 硏究」)
- 1632년『妙法蓮華經』 간행에 一玄과 刻字로 참여(일산 원각사 소장)
- 1633년 경기 삭녕 龍腹寺에서『禪家龜鑑』 간행에 祖云과 刻手로 참여(일산 원각사 소장)
- 광해군과 인종연간에 경기 삭녕 龍腹寺에서 板刻에 참여(金相淏,「朝鮮朝 寺刹板 刻手 硏究」)

**법총** 1(法摠 : -1610-)* 17세기 전반에 활동한 와장瓦匠이다. 1610년에 전남 해남 미황사 응진전 기와 명문銘文에 대목大木으로 나온다.

- 1610년 전남 해남 美黃寺 應眞殿 기와 銘文에 大木으로 나옴(『美黃寺 應眞殿 修理報告書』) 大木

**법행**(法行 : -1679-) 17세기 후반에 활동한 각수刻手이다. 1679년에 울산 원적산 운흥사에서『금강경오가해金剛經五家解』 상권 간행에 각운과 각수로 참여하였다.

- 1679년 蔚山 圓寂山 雲興寺에서『金剛經五家解』 上권 간행에 覺雲과 刻手로 참여(일산 원각사 소장)

**법현** 1(法玄 : -1655-) 17세기 중반에 활동한 주종장鑄鐘匠이다. 1655년에 충청 사자산 안곡사 범종 조성(공주 마곡사 소장)에 보은과 편수로 참여하였다.

- 1655년 충청 獅仔山 安谷寺 梵鐘 조성에 寶訔과 片手로 참여(공주 마곡사 소장, 安貴淑,「朝鮮後期 鑄鐘匠 思印比丘에 관한 硏究」)

**법현** 2(法賢 : -1783-)* 18세기 후반에 활동한 주종장鑄鐘匠이다. 1783년에 경기 남양주 불암사 범종 조성에 편수로 참여하였다.

- 1783년 경기 남양주 佛岩寺 梵鐘 조성에 片手로 참여(「佛巖寺重修記」 付鐘銘,『奉先本寺寺誌』) 片手

**법호**(法浩) 17세기 전반에 활동한 각수刻手이다. 17세기 초 황해 수회사 불시佛書 각판刻板에 참여하었나.

- 17세기초 황해 修會寺 佛書 刻板에 참여(金相淏,「朝鮮朝 寺刹板 刻手 硏究」)

**벽산**(碧山 : -1864-1866-)* 19세기 중반에 활동한 민간 각수刻手이다. 1864년에 삼각산 도선암에서『태상현영북두본명연생진경太上玄靈北斗本命延生眞經』 간행에 각자刻字로, 1866년에 황해 구월산 월출암月出庵에서 여러 불서佛書 판각板刻에 성전과 참여하였다.

- 1864년 三角山 道詵庵에서『太上玄靈北斗本命延生眞經』 간행에 刻字로 참여(일산 원각사 소장) 刻字信士
- 1866년 황해 구월산 月出庵에서 여러 佛書 板刻에 性典과 참여(金相淏,「朝鮮朝 寺刹板 刻手 硏究」) 信士

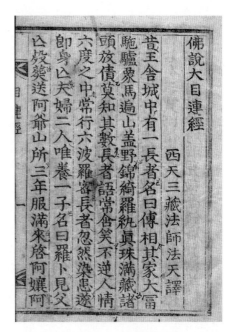

벽산, 太上玄靈北斗本命延生眞經, 1864년, 서울 봉은사 간행

**별훈**(別訓 : -1729-1740-)\* 18세기 전반에 활동한 각수刻手이다. 1732년에 평안 묘향산 보현사에서 『운수단의문雲水壇儀文』 간행에 각자로, 1729년부터 1740년까지 평안 보현사에서 5종種 불서佛書 각판刻板에 참여하였다.

  ▫ 1732년 평안 妙香山 普賢寺에서 『雲水壇儀文』 간행에 刻字로 참여((『韓國佛教儀禮資料叢書』 3) 施功刻字通政
  ▫ 1729년~1740년 평안 普賢寺에서 5種 佛書 刻板에 참여(金相淏, 「朝鮮朝 寺刹板 刻手 研究」) 前僧將

**보경**(寶敬 : -1635-) 17세기 중반에 활동한 각수刻手이다. 1635년에 삭령 용복사에서 『천지명양수륙잡문天地冥陽水陸雜文』 간행에 해선과 각수로 참여하였다.

  ▫ 1635년 朔寧 龍腹寺에서 『天地冥陽水陸雜文』 간행에 海先과 刻手로 참여(일산 원각사 소장)

**보명** 2(寶明)\* 조선후기에 활동한 각수刻手이다. 제작연대를 알 수 없는 『육경합부六經合部』 간행에 변상각수變相刻手로 참여하였다.

  ▫ 연대미상 『六經合部』 간행에 變相刻手로 참여(박도화, 「조선시대 金剛經板畫의 圖像」) 刻手

**보성**(寶性 : -1783-) 18세기 후반에 활동한 주종장鑄鐘匠이다. 1783년에 경기 남양주 불암사 범종 조성에 편수로 참여하였다.

  ▫ 1783년 경기 남양주 佛岩寺 梵鐘 조성에 法賢과 片手로 참여(「佛岩寺重修記」 付鐘銘, 『奉先本寺寺誌』)

**보언**(普彦 : -1679-1681-) 17세기 후반에 활동한 각수刻手이다. 울산 원적산 운홍사에서 1679년에 『금강경오가해金剛經五家解』 상권 간행에 각운과 각수로, 1681년에 『대혜보각선사서大慧普覺禪師書』 간행에 신종과 각자刻字로 참여하였다.

  ▫ 1679년 蔚山 圓寂山 雲興寺에서 『金剛經五家解』 上권 간행에 覺雲과 刻手로 참여(일산 원각사 소장)
  ▫ 1681년 蔚山 圓寂山 雲興寺에서 『大慧普覺禪師書』 간행에 信宗과 刻字로 참여(일산 원각사 소장)

**보용**(普蛹 : -1701-)\* 18세기 전반에 활동한 조각승이다. 1701년에 수화승으로 서울 국립중앙박물관 소장 목패를 제작하였다.

  ▫ 1701년 서울 국립중앙박물관 소장 목패 제작에 畵員으로 참여(『2000 새천년 새유물 展』) 畵員

**보운**(普雲 : -1735-) 18세기 중반에 경북 김천 직지사에서 활동한 석편수이다. 1735년에 경북 김천 직지사 대웅전 중창에 원신과 석편수로 참여하였다.

  ▫ 1735년 경북 김천 直指寺 大雄殿 중창에 圓信과 石片手로 참여(『直指寺誌』와 金東旭, 『韓國建築工匠史研究』) 本寺

**보은**(寶訔 : -1655-)\* 17세기 중반에 활동한 화원畵員이다. 1655년에 충청 사자산 안곡사 범종 조성(공주 마곡사 소장)에 화원으로 참여하였다.

◦ 1655년 충청 獅仔山 安谷寺 梵鐘 조성에 畵員으로 참여(공주 마곡사 소장, 安貴淑,「朝鮮後期 鑄鐘匠 思印比丘에 관한 研究」) 畵員

**보응**(寶應 : -1633-) 17세기 중반에 활동한 각수刻手이다. 1633년에 광주 중심사에서『묘법연화경妙法蓮華經』간행에 경종과 각수로 참여하였다.

◦ 1633년 광주 證心寺에서『妙法蓮華經』간행에 敬宗과 刻手로 참여(일산 원각사 소장)

**보학**(寶學 : -1711-) 18세기 전반에 활동한 조각승이다. 1711년 전남 장흥 보림사 대상大象을 전평과 개조改造하였다

◦ 1711년 전남 장흥 寶林寺 大象을 典坪과 개조(『譯註 寶林寺重創記』)

**보협** 2(宝洽 : -1666-)* 17세기 중반에 활동한 와장瓦匠이다. 1666년에 경북 예천 용문사 대장전 기와 제작에 편수로 참여하였다.

◦ 1666년 경북 예천 龍門寺 大藏殿 기와 제작에 片手로 참여(『龍門寺』) 片手

**봉인** 1(奉仁 : -1798-)* 18세기 후반에 서봉사瑞鳳寺에서 활동한 와장瓦匠이다. 1798년에 전남 장흥 보림사에서 편수로 50누리를 삼천구요에서 번와하였다.

보은, 마곡사종, 1654년

◦ 1798년 전남 장흥 寶林寺에서 片手로 50누리를 三川舊窯에서 燔瓦에 참여(『譯註 寶林寺 重創記』) 片手 瑞鳳寺

**봉생**(奉生, 鳳生 : -1627-) 17세기 전반에 활동한 화원이다. 1627년에 인천 강화 전등사 목조업경대木造業鏡臺를 천기 및 밀영과 제작하였다.

◦ 1627년 인천 강화 傳燈寺 木造業鏡臺 1점 제작에 天琦와 畵員으로 참여(墨書)
◦ 1627년 인천 강화 傳燈寺 木造業鏡臺 1점 제작에 密英과 畵員으로 참여(墨書)

**봉수**(奉守 : -1805-)* 19세기 전반에 활동한 도편수이다. 1805년에 전북 고창 문수사 문수전 중창에 도편수로 참여하었나.

◦ 1805년 전북 고창 文殊寺 文殊殿 重創에 都片手로 참여(『上樑文集(補修時 發見된 上樑文)』) 都片手

**봉연**(奉衍 : -1864-)* 19세기 중반에 활동한 화원畵員이다. 1864년에 삼각산 도선암에서『태상현영북두본명연생진경太上玄靈北斗本命延生眞經』간행에 화사畵師로 참여하였다.

◦ 1864년 三角山 道詵庵에서『太上玄靈北斗本命延生眞經』간행에 畵師로 참여(일산 원각사 소장) 畵師

**부정**(付淨 : -1744-) 18세기 중반에 활동한 주종장鑄鐘匠이다. 1744년에 강원 원주 상원사 범종 조성에 초하와 편수로 참여하였다.

◦ 1744년 강원 원주 상원사 梵鐘 조성에 楚荷와 편수로 참여(『한국의 사찰문화재 – 강원』)

**붕우**(朋羽, 鵬羽 : -1701-) 18세기 전반에 활동한 각수僧匠이다. 1701년에 경

북 문경 봉암사에서 『선원제전집도서禪源諸詮集都序』 간행에 태순과 각수로 참여하였다.

> ◦ 1701년 경북 문경 鳳岩寺에서 『禪源諸詮集都序』 간행에 泰淳과 刻手로 참여(金相淏, 「朝鮮朝 寺刹板 刻手 研究」)

**붕원**(鵬遠, 鵬垣 : -1751-1759-)* 18세기 중반에 활동한 단청화원이다. 1751년에 경남 사천 다솔사에서 대웅전과 선승당禪僧堂 중창에 관형과 단확丹艧으로, 1754년에 경남 고성 옥천사 상찬上鑽 제작에 도화원으로 참여하였다. 1759년에 수화승 오관과 경기 가평 현등사 극락전 목조아미타불좌상을 개금하면서 영산회상도를 그렸다.

> ◦ 1751년 경남 사천 多率寺 大雄殿과 禪僧堂 중창에 寬泂과 丹艧 片手로 참여(「昆陽郡智異山多率寺大雄殿禪僧堂重創兼丹艧記」, 鄭景柱, 「慶南地方 寺刹 金石文獻資料 調査研究」)
> ◦ 1754년 경남 고성 玉泉寺 上鑽 제작에 都畵員으로 참여(銘文, 『蓮華玉泉의 향기』) 都畵員
> ◦ 1759년 경기 가평 懸燈寺 阿彌陀會上圖 제작에 수화승 悟寬과 畵員으로 참여(畵記)
>   1759년 경기 가평 懸燈寺 極樂殿 木造阿彌陀佛坐像 개금에 悟寬과 畵員으로 참여(佛畵 畵記)

人

**사석**(思釋 : -1711-) 18세기 전반에 활동한 주종장鑄鐘匠이다. 1711년에 인천 강화 종鐘 조성에 조신과 편수로 참여하였다.

　◦1711년 인천 강화 鐘 조성에 祖信과 片手로 참여(『江華金石文集』)

**사성**(思性 : -1767-1773-)* 18세기 중·후반에 활동한 편수片手이다. 1767년 에 경북 영주 부석사 미타존상 개금기改金記에 채순과 각수로, 1773년에 경 북 영주 부석사 개와기改瓦記에 각수로 참여하였다.

　◦1767년 경북 영주 浮石寺 彌陀尊像 改金記에 彩淳과 刻手로 참여(「浮石寺資料」『佛敎美 術』3)
　◦1773년 경북 영주 浮石寺 改瓦記에 刻手로 참여(「浮石寺資料」『佛敎美術』3) 刻手

**사익** 1(思益 : -1615-) 17세기 전반에 활동한 각수刻手이다. 1615년에 전남 순천 송광사에서 『묘법연화경妙法蓮華經』 간행에 홍언과 각수로 참여하였다.

　◦1615년 전남 순천 松廣寺에서 『妙法蓮華經』 간행에 弘彦과 刻手로 참여(刊記)

**사익** 2(思?益 : -1711-) 18세기 전반에 활동한 주종장鑄鐘匠이다. 1711년에 인천 강화 종鐘 조성에 조신과 편수로 참여하였다.

　◦1711년 인천 강화 鐘 조성에 祖信과 片手로 참여(安貴淑,「朝鮮後期 鑄鐘匠 思印比丘에 관한 硏究」와 『江華金石文集』)

**사인** 1(思印, 思忍 : -1614-1656-)* 17세기 전·중반에 활동한 조각승이다. 1614년에 수화승 현진과 전남 구례 천은사 목조보살좌상을, 1639년에 수화 승 수연과 전북 남원 풍국사 목조삼세불좌상(예산 수덕사 봉안)을, 1649년에 수 화승으로 회문산 만일사 목조석가불좌상을, 순치연간順治年間에 계훈과 전북 완주 송광사 목패를, 1656년에 수화승 무염과 완주 송광사 목조석가삼존불좌 상과 오백나한상을 제작하였다.

　◦1614년 전남 구례 천은사 목조보살좌상 제작을 玄眞과 조성(發願文)
　◦1639년 전북 남원 풍국사 목조삼세불좌상 제작을 守衍과 조성(예산 수덕사 제작)
　◦1649년 회문산 만일사 목조석가불좌상 제작에 수화승으로 참여(發願文) 畵員
　◦順治年間 전북 완주 松廣寺 木牌 制作에 戒勳과 畵員으로 참여(임영애,「完州 松廣寺 木牌와 17세기 조선시대 불교)」)
　◦1656년 전북 완주 松廣寺 木造釋迦三尊佛坐像과 五百羅漢像 제작에 無染과 畵員으로 참여(박도화,「松廣寺 五百羅漢殿의 羅漢像」)

**사인** 2(思印 : -1667-1711-)* 17세기 후반부터 18세기 전반까지 활동한 주종장鑄鐘匠이다. 1667년에 경북 고령 반룡사 범종(포항 보경사 서운암 소장)을, 1670년에 경북 문경 김룡사 범종(김천 직지사 성보박물관 소장)과 강원 홍천 수타사 범종을, 1674년에 경기 안성 청룡사 범종을, 1676년에 함남 이원 정광사 범종과 운판을, 1683년에 경북 풍기 희방사 범종을, 1686년에 경남 양산 통도사 범종을, 1687년 또는 1688년에 인천 강화 종鐘을, 1701년에 서울 봉은사 범종(의왕 청계사 소장) 조성에 화원으로 참여하였다. 1711년에 가선 조신과 인천

사인, 태행 반룡사종, 1667년

사인, 태행, 수타사종, 1670년

사인, 지준, 태행, 청룡사종, 1674년

사인, 담연, 통도사종, 1686년

강화 종을 조성하였다.

◦ 1667년 경북 고령 盤龍寺 梵鐘 조성에 畵員으로 참여(포항 보경사 서운암 소장, 安貴淑, 「朝鮮後期 鑄鐘匠 思印比丘에 관한 硏究」) 畵員
◦ 1670년 경북 문경 金龍寺 梵鐘 조성에 畵員으로 참여(김천 직지사 성보박물관 소장, 安貴淑, 「朝鮮後期 鑄鐘匠 思印比丘에 관한 硏究」) 鑄鐘畵員
1670년 강원 홍천 壽陀寺 梵鐘 조성에 畵員으로 참여(安貴淑, 「朝鮮後期 鑄鐘匠 思印比丘에 관한 硏究」) 鑄鐘畵員
◦ 1674년 경기 안성 靑龍寺 梵鐘 조성에 畵員으로 참여(安貴淑, 「朝鮮後期 鑄鐘匠 思印比丘에 관한 硏究」) 畵員
◦ 1676년 함남 이원 定光寺 梵鐘과 雲版 조성에 都片手로 참여(『조선사찰사료』)
◦ 1683년 경북 풍기 喜方寺 梵鐘 조성에 畵員으로 참여(서울 화계사 소장, 安貴淑, 「朝鮮後期 鑄鐘匠 思印比丘에 관한 硏究」) 畵員
◦ 1686년 경남 양산 通度寺 梵鐘 조성에 畵員으로 참여(安貴淑, 「朝鮮後期 鑄鐘匠 思印比丘에 관한 硏究」) 畵員 通政
◦ 1687년 또는 1688년 인천 강화 鐘 조성에 畵員으로 참여(安貴淑, 「朝鮮後期 鑄鐘匠 思印比丘에 관한 硏究」와 『江華金石文集』)
◦ 1701년 서울 奉恩寺 梵鐘 조성에 畵員으로 참여(의왕 청계사 소장, 安貴淑, 「朝鮮後期 鑄鐘匠 思印比丘에 관한 硏究」) 通政畵員
◦ 1711년 인천 강화 鐘 조성에 참여(銘文)
* 참고문헌
安貴淑, 「朝鮮後期 鑄鐘匠 思印比丘에 관한 연구」, 『佛敎美術』 9(동국대박물관, 1988.11).

**사정**(思淨 : -1661-1663-) 17세기 중반에 활동한 각수刻手이다. 1661년 경남 밀양 영정사에서 『대방광원각수다라요의경大方廣圓覺修多羅了義經』에 이시일과 각수로, 1663년에 경남 밀양 표훈사에서 『묘법연화경妙法蓮華經』 판각板刻에 참여하였다. 그는 경상도 영정사, 통도사, 운홍사 등에서 판각에 참여하였다.

◦ 1661년 경남 밀양 靈井寺에서 『大方廣圓覺修多羅了義經』에 李時一과 刻手로 참여(일산 원각사 소장)
◦ 1663년 경남 밀양 表訓寺에서 『妙法蓮華經』 板刻에 참여(金相淏, 「朝鮮朝 寺刹板 刻手 硏究」)
◦ 경상도 靈井寺, 通度寺, 雲興寺 등에서 板刻에 참여하였다.

**사택**(巳擇 : -1679-) 17세기 후반에 활동한 각수刻手이다. 1679년에 울산 원적산 운홍사에서 『금강경오가해金剛經五家解』 상권 간행에 각운과 각수로 참여하였다.

◦ 1679년 蔚山 圓寂山 雲興寺에서 『金剛經五家解』 上권 간행에 覺雲과 刻手로 참여(일산 원각사 소장)

**사흘**(思訖, 思屹 : -1679-1681-) 17세기 후반에 활동한 각수刻手이다. 울산 원적산 운홍사에서 1679년에 『금강경오가해金剛經五家解』 상권 간행에 각운과 각수로, 1681년에 『대혜보각선사서大慧普覺禪師書』 간행에 신종과 각자刻字로 참여하였다.

◦ 1679년 蔚山 圓寂山 雲興寺에서 『金剛經五家解』 上권 간행에 覺雲과 刻手로 참여(일산 원각사 소장)
◦ 1681년 蔚山 圓寂山 雲興寺에서 『大慧普覺禪師書』 간행에 信宗과 刻字로 참여(일산 원각사 소장)

**삼언**(三彥 : -1680-)* 17세기 후반에 활동한 각수刻手이다. 1680년에 평안 영변 보현사에서 『금강경金剛經』 간행에 변상각수變相刻手로 참여하였다.

　▫1680년 평안 영변 普賢寺에서 『金剛經』 刊行에 變相刻手로 참여(박도화, 「朝鮮時代 金剛經板畵의 圖像」) 刻手

**삼택**(三澤 : -1664-) 17세기 중반에 활동한 연판鍊板이다. 1664년에 전남 여수 영취산 흥국사에서 『묘법연화경妙法蓮華經』 간행에 연판鍊板으로 참여하였다.

　▫1664년 전남 여수 靈鷲山 興國寺에서 『妙法蓮華經』 간행에 鍊板으로 참여(일산 원각사 소장) 鍊板

**삼학**(三學 : -1748-) 18세기 중반에 활동한 철장鐵匠이다. 1748년에 경북 영주 부석사 종각 중수에 주돌립과 철장으로 참여하였다.

　▫1748년 경북 영주 浮石寺 鐘閣 重修에 周乭立과 鐵匠으로 참여(「浮石寺資料」)『佛敎美術』3)

**삼현**(三玄 : -1661-)* 17세기 중반에 활동한 연판鍊板이다. 1661년 경남 밀양 영정사에서 『대방광원각수다라요의경大方廣圓覺修多羅了義經』에 유선과 연판으로 참여하였다.

　▫1661년 경남 밀양 靈井寺에서 『大方廣圓覺修多羅了義經』에 唯禪과 鍊板으로 참여(일산 원각사 소장) 鍊板

**상매**(尙梅 : -1711-)* 18세기 전반에 활동한 각자이다. 1711년에 운흥사 범종(구례 화엄사 소장) 조성에 각자刻子로 참여하였다.

　▫1711년 雲興寺 梵鐘 조성에 刻子로 참여(구례 화엄사 소장, 『한국의 사찰문화재 – 광주/전남』) 刻子

**상민**(尙敏 : -1711-)* 18세기 전반에 활동한 각수刻手이다. 1711년에 운흥사 범종(구례 화엄사 소장) 조성에 각자刻子로 참여하였다.

　▫1711년 雲興寺 梵鐘 조성에 刻字로 참여(구례 화엄사 소장, 廉永夏, 「韓國梵鐘에 관한 연구(朝鮮朝鐘의 特徵)」와 『한국의 사찰문화재 – 광주/전남』) 刻字

**상순**(惕淳 : -1762-)* 18세기 중반에 활동한 각수刻手이다. 1762년에 전남 강진 백련사 대법당 중수기 제작에 각수刻手로 참여하였다.

　▫1762년 전남 강진 白蓮寺 大法堂 重修記 제작에 刻手로 참여(「白蓮寺大法堂重修記」『全南의 寺刹 Ⅰ』) 刻手

**상엄**(尙嚴 : -1635-) 17세기 중반에 활동한 각수刻手이다. 1635년에 삭령 용복사에서 『천지명양수륙잡문天地冥陽水陸雜文』 간행에 해선과 각수로 참여하였다.

　▫1635년 朔寧 龍腹寺에서 『天地冥陽水陸雜文』 간행에 海先과 刻手으로 참여(일산 원각사 소장)

**상준**(尙俊 : -1635-) 17세기 중반에 활동한 연판鍊板이다. 1635년에 송광사에서 『십지경론十地經論』 간행에 연판鍊板으로 참여하였다.

▫1635년 松廣寺에서『十地經論』간행에 鍊板으로 참여(金相淏,「寺刹板의 鍊板과 諸 役
　員에 관한 考察」)

**상행**(尙行 : -1701-)* 18세기 전반에 활동한 각수刻手이다. 1701년에 전북 김
제 금산사에서『태상현영북두본명연생진경太上玄靈北斗本命延生眞經』간행에
각수로 참여하였다.

▫1701년 전북 金溝 母岳山 金山寺에서『太上玄靈北斗本命延生眞經』간행에 刻手로 참여
　(일산 원각사 소장) 刻手

상행, 太上玄靈北斗本命延生眞經　　　상행, 太上玄靈北斗本命延生眞經,
　　變相圖, 1701년, 김제 금산　　　　　1701년, 김제 금산사 간행
　　사 간행

**상현**(尙玄 : -1661-) 17세기 중반에 활동한 각수刻手이다. 1661년 경남 밀양
영정사에서『대방광원각수다라요의경大方廣圓覺修多羅了義經』에 이시일과 각
수로 참여하였다.

▫1661년 경남 밀양 靈井寺에서『大方廣圓覺修多羅了義經』에 李時一과 刻手로 참여(일산
　원각사 소장)

**서명**(瑞明 : -1733-)* 18세기 전반에 묘향산 보현사에서 활동한 각수刻手이
다. 1733년에 영변 묘향산 보현사에서『옥추경玉樞經』간행에 각공으로 참여
하였다.

▫1733년 寧邊 妙香山 普賢寺에서『玉樞經(九天應元雷聲普化天尊說玉樞寶經)』간행에 刻
　工으로 참여(일산 원각사 소장) 刻工

**서봉운**(徐鳳雲 : -1863-) 19세기 중반에 활동한 각수刻手이다. 1863년에『불
설고왕관세음경佛說高王觀世音經』간행에 각수로 참여하였다.

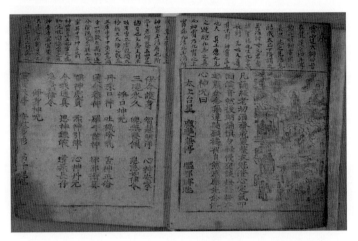

서명, 玉樞經 , 1733년, 영변 보현사 간행

▫ 1863년 『佛說高王觀世音經』 간행에 刻手로 참여(金相淏, 「朝鮮朝 寺刹板 刻手 研究」)

**서석연**(徐石連 : -1690-)* 17세기 후반에 활동한 야장冶匠이다. 1690년에 전남 곡성 도림사 명부전 목조지장보살좌상과 시왕상 제작에 야장으로 참여하였다.

▫ 1690년 전남 곡성 道林寺 冥府殿 木造地藏菩薩坐像과 十王像 制作에 冶匠으로 참여(『곡성군의 불교유적』) 冶匠

**서욱**(瑞旭 : -1644-)* 17세기 중반에 활동한 각수刻手이다. 1644년 부산 금정산 범어사에서 『불정심관세음보살대다라니경佛頂心觀世音菩薩大陀羅尼經』 간행에 각자로 참여하였다.

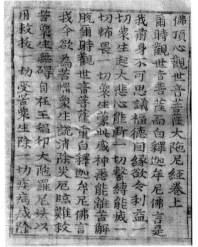

서욱, 佛頂心觀世音菩薩大陀羅尼經 變相圖, 1644년, 부산 범어사 간행

서욱, 佛頂心觀世音菩薩大陀羅尼經, 1644년, 부산 범어사 간행

∘ 1644년 부산 金井山 梵魚寺에서 『佛頂心觀世音菩薩大陀羅尼經』 간행에 刻字로 참여(일산 원각사 소장) 刻字

**서인주**(徐仁周 : -1890-) 19세기 후반에 활동한 편수이다. 1890년에 경남 사천 다솔사 대웅전과 소향각燒香閣 중건에 조진주와 편수로 참여하였다.

∘ 1890년 경남 사천 多率寺 大雄殿과 燒香閣 중건에 趙進周과 片手로 참여(「昆陽郡智異山多率寺大雄殿燒香閣重修記」, 鄭景柱, 「慶南地方 寺刹 金石文獻資料 調査硏究」)

**서일산**(徐日山 : -1703-) 18세기 전반에 활동한 주종장鑄鐘匠이다. 1703년에 청룡산 보적사 범종(해남 대흥사 소장) 개주改鑄에 우성과 편수로 참여하였다.

∘ 1703년 靑龍山 寶積寺 梵鐘 改鑄에 試成과 片手로 참여(해남 대흥사 소장, 安貴淑, 「朝鮮後期 鑄鐘匠 思印比丘에 관한 硏究」)

**서자근노미**(徐者斤老味 : -1797-)* 18세기 후반에 활동한 토수土手이다. 1797년에 관음사 중수에 토변수土邊手로 참여하였다.

∘ 1797년 관음사 중수에 土邊手로 참여(金東旭, 『韓國建築工匠史硏究』) 土邊手

**서정석**(徐正碩 : -1707-) 18세기 전반에 활동한 야장冶匠이다. 1707년에 전남 순천 선암사 중수비重修碑 건립에 박수전과 야장으로 참여하였다.

∘ 1707년 전남 순천 仙巖寺 重修碑 건립에 朴秀全과 冶匠으로 참여(『朝鮮金石總覽』 下)

**서종**(瑞宗 : -1752-) 18세기 중반에 경남 사천 다솔사에서 활동한 각수刻手이다. 1752년에 경남 사천 다솔사에서 불상 삼존과 지장상 개금기改金記에 각수로 나와 있다.

∘ 1752년 경남 사천 多率寺 佛像 三尊과 地藏像 改金記에 鍊板으로 참여(「昆陽郡智異山多率寺佛像三位及地藏像改金記」, 鄭景柱, 「慶南地方 寺刹 金石文獻資料 調査硏究」)

**서필성**(徐必成 : -1709-) 18세기 전반에 활동한 주종장鑄鐘匠이다. 1709년에 승달산 법천사 범종 조성(해남 대흥사 성보박물관 소장)에 윤상백과 편수片手로 참여하였다.

∘ 1709년 僧達山 法泉寺 梵鐘 조성에 尹尙伯과 片手로 참여(해남 대흥사 성보박물관 소장, 安貴淑, 「朝鮮後期 鑄鐘匠 思印比丘에 관한 硏究」)

**석인**(釋仁 : -1706-) 18세기 전반에 활동한 각수刻手이다. 1706년에 『中峯和尙三時繫念儀範文』 간행에 각공刻工으로 참여하였다.

∘ 1706년에 『中峯和尙三時繫念儀範文』 간행에 刻工으로 참여(『韓國佛敎儀禮資料叢書』 2)

**석탄**(碩坦 : -1753-)* 18세기 중반에 활동한 연판鍊板이다. 1753년에 대구 동화사에서 『불설아미타경佛說阿彌陀經』 간행에 연판으로 참여하였다.

∘ 1753년 대구 桐華寺에서 『佛說阿彌陀經(王郎返魂傳, 臨終正念訣 合綴)』 간행에 鍊板으로 참여(일산 원각사 소장) 鍊板

**선담**(善湛 : -1686-) 17세기 후반에 활동한 각수刻手이다. 1686년에 영각사에서 『대방광불화엄경소大方廣佛華嚴經疏』 간행에 판각板刻으로 참여하였다.

∘ 1686년 靈覺寺에서 『大方廣佛華嚴經疏』 간행에 板刻으로 참여(金相淏, 「朝鮮朝 寺刹板刻手 硏究」)

**선일**(禪一 : -1612-)* 17세기 전반에 활동한 야장冶匠이다. 1612년에 경남 합천 해인사 사명당유정대사비四溟堂惟政大師碑 건립에 야장으로 참여하였다.

○ 1612년 경남 합천 海印寺 四溟堂 惟政大師碑 건립에 冶匠으로 참여(『朝鮮金石總覽』과 智冠 編, 『韓國高僧碑文總集-朝鮮朝·近現代』) 冶匠

**선정**(禪淨 : -1745-)* 18세기 중반에 활동한 연판鍊板이다. 1745년에 경남 고성 옥천사 「법당성조단확기法堂成造丹艧記」 현판의 개간改刊에 연판으로 참여하였다.

○ 1745년 경남 고성 玉泉寺 「法堂成造丹艧記」 懸板 改刊에 鍊板으로 참여(「法堂造成丹艧記」『蓮華玉泉의 향기』) 鍊板 刌司

**선찬**(先贊 : -1794-)* 18세기 후반에 활동한 도편수都片手이다. 1794년에 복흥암 대웅전 중수에 도편수로 참여하였다.

○ 1794년 복흥암 大雄殿 重修에 都片手로 참여(金東旭, 『韓國建築工匠史研究』) 都片手

**선찰**(禪察 : -1715-) 18세기 전반에 활동한 주종장鑄鐘匠이다. 1715년에 전남 용담 숭암사 범종(구례 천은사 소장) 조성에 계일과 편수片手로 참여하였다.

○ 1715년 전남 용담 崇岩寺 梵鐘 조성에 戒日과 片手로 참여(구례 천은사 소장, 安貴淑, 「朝鮮後期 鑄鐘匠 思印比丘에 관한 硏究」)

**선행**(善行 : -1614-) 17세기 전반에 활동한 각수刻手이다. 1614년에 충남 논산 쌍계사에서 『경덕전등록景德傳燈錄』 간행에 쌍정과 각수로 참여하였다.

○ 1614년 충남 논산 쌍계사에서 『景德傳燈錄』 간행에 双淳과 刻手로 참여(일산 원각사 소장)

**선화**(善和 : -1633-) 17세기 중반에 활동한 각수刻手이다. 1633년에 전남 순천 송광사에서 『대방광불화엄경大方廣佛華嚴經』 간행에 신철과 각자刻字로 참여하였다.

○ 1633년 전남 순천 松廣寺에서 『大方廣佛華嚴經』 간행에 信哲과 刻字로 참여(일산 원각사 소장)

**설매**(雪梅 : -1626-1653-) 17세기 전반에 활동한 조각승이다. 1626년에 수화승 현진과 충북 보은 법주사 소조삼신불좌상을 제작하고, 1653년에 경북 경주 불국사 극락전 후불도를 조성하며, 상련上輦, 삼전위패三殿位牌, 삼단위패三壇位牌를 제작하였다.

○ 1626년 충북 보은 법주사 소조삼신불좌상 제작(『문화재위원회 회의』) 수화승 玄眞
○ 1653년 경북 경주 佛國寺 極樂殿 後佛圖 造成(「佛國寺古今創記」『佛國寺誌』)
1653년 경북 경주 佛國寺 上輦, 三殿位牌, 三壇位牌 造成(「佛國寺古今創記」『佛國寺誌』)

**설오**(雪悟: -1797-)* 18세기 후반에 활동한 이장泥匠이다. 1797년에 석림사 삼소각기에 이장泥匠로 참여하였다.

○ 1797년 석림사 삼소각기에 泥匠으로 언급(金東旭, 『韓國建築工匠史研究』) 泥匠

**설옥**(雪玉 : -1683-) 17세기 후반에 활동한 주종장鑄鐘匠이다. 1683년에 경북 풍기 희방사 범종 조성(서울 화계사 소장)에 사인과 편수片手로 참여하였다.

▫ 1683년 경북 풍기 喜方寺 梵鐘 조성에 思印과 片手로 참여(서울 화계사 소장, 安貴淑, 『朝鮮後期 鑄鐘匠 思印比丘에 관한 硏究』)

**설원**(雪元 : -1661-) 17세기 중반에 활동한 각수刻手이다. 1661년 경남 밀양 영정사에서 『대방광원각수다라요의경大方廣圓覺修多羅了義經』에 이시일과 각수로 참여하였다.

▫ 1661년 경남 밀양 靈井寺에서 『大方廣圓覺修多羅了義經』에 李時一과 刻手로 참여(일산 원각사 소장)

**설호**(雪浩 : -1633-1635-) 17세기 전·중반에 활동한 각수刻手이다. 1633년에 경기 삭녕 용복사에서 『선가귀감禪家龜鑑』 간행에 조운과 각수로, 1632년에 『묘법연화경妙法蓮華經』 간행에 일현과 각자刻字로, 1635년에 삭녕 용복사에서 『천지명양수륙잡문天地冥陽水陸雜文』 간행에 해선과 각수로 참여하였다.

▫ 1633년 경기 삭녕 龍腹寺에서 『禪家龜鑑』 간행에 祖云과 刻手로 참여(일산 원각사 소장)
▫ 1635년 朔寧 龍腹寺에서 『天地冥陽水陸雜文』 간행에 海先과 刻手으로 참여(일산 원각사 소장)
▫ 1632년 『妙法蓮華經』 간행에 一玄과 刻字로 참여(일산 원각사 소장)

**설훈**(雪熏 : -1679-) 17세기 후반에 활동한 각수刻手이다. 1679년에 울산 원적산 운흥사에서 『금강경오가해金剛經五家解』 상권 간행에 각운과 각수로 참여하였다.

▫ 1679년 蔚山 圓寂山 雲興寺에서 『金剛經五家解』 上권 간행에 覺雲과 刻手로 참여(일산 원각사 소장)

**섬능**(暹凌 : -1791-) 18세기 후반에 활동한 각수刻手이다. 1791년 전남 순천 송광사에서 『지장보살본원경地藏菩薩本願經』 간행에 대영과 각원으로 참여하였다.

▫ 1791년 전남 순천 松廣寺에서 『地藏菩薩本願經』 간행에 大榮과 刻員으로 참여(일산 원각사 소장)

**성감**(性甘 : -1632-1635-) 17세기 중반에 활동한 각수刻手이다. 1632년과 1634년에 함경 안변 석왕사에서 여러 불전 판각板刻에, 1633년에 경기 삭녕 용복사에서 『선가귀감禪家龜鑑』 간행에 조운과 각수로 참여하고, 1635년에 삭녕 용복사에서 『천지명양수륙잡문天地冥陽水陸雜文』 간행에 해선과 각수로 참여하였다.

▫ 1632년과 1634년 함경 안변 釋王寺에서 諸書 板刻에 참여(金相淏, 『朝鮮朝 寺刹板 刻手 硏究』)
▫ 1633년 경기 삭녕 龍腹寺에서 『禪家龜鑑』 간행에 祖云과 刻手로 참여(일산 원각사 소장)
▫ 1635년 朔寧 龍腹寺에서 『天地冥陽水陸雜文』 간행에 海先과 刻手으로 참여(일산 원각사 소장)

**성견**(性堅 : -1669-)* 17세기 중반에 활동한 와장瓦匠이다. 1669년에 전남 장흥 보림사에서 기와 40누리(訥)를 교체할 때 편수로 참여하였다.

◦1669년 전남 장흥 보림사에서 기와 40누리(訥)를 교체할 때 片手로 참여(『譯註 寶林寺重創記』) 土手

**성률**(性律 : -1748-) 18세기 중반에 활동한 철장鐵匠이다. 1748년에 경북 영주 부석사 종각 중수에 주돌립과 철장으로 참여하였다.

◦1748년 경북 영주 浮石寺 鐘閣 重修에 周乭立과 鐵匠으로 참여(「浮石寺資料」)『佛敎美術』3)

**성매**(性梅 : -1607-)* 17세기 전반에 활동한 각수刻手이다. 1607년에 전남 순천 송광사에서 『묘법연화경妙法蓮華經』 간행에 각수로, 제작연대 미상인 수연사에서 『묘법연화경』 간행에 변상각수變相刻手로 참여하였다.

◦1607년 전남 순천 松廣寺에서 『妙法蓮華經』 간행에 刻手로 참여(金相淏, 「朝鮮朝 寺刹板 刻手 硏究」)
◦수연사에서 『妙法蓮華經』 간행에 變相刻手로 참여(박도화, 「朝鮮時代 佛敎版畵의 樣式과 刻手」) 畵刊

**성밀**(成密 : -1721-) 18세기 전반에 활동한 각수刻手이다. 1721년에 경남 고성 와룡산 운흥사에서 『금강바야바라밀경金剛般若波羅密經』 간행에 김진창과 각수로 참여하였다.

◦1721년 경남 고성 와룡산 雲興寺에서 『金剛般若波羅密經(普賢行願品 合綴)』 간행에 金進昌과 刻手로 참여(일산 원각사 소장)

**성민**(性敏 : -1663-) 17세기 중반에 활동한 각수刻手이다. 1663년에 전남 순천 정혜사에서 『예수시왕생칠재의찬요預修十王生七齋儀纂要』 간행에 민헌과 각수로 참여하였다.

◦1663년 전남 순천 定慧寺에서 『預修十王生七齋儀纂要(預修天王通儀 合綴)』 간행에 敏軒과 刻手로 참여(일산 원각사 소장)

**성봉당**(聖峯堂) 만겸萬兼 참조

**성오**(性悟) 조선후기에 활동한 각수刻手이다. 경기 용복사와 불암사 등에서 판각板刻에 참여하였다.

◦연대미상 경기 龍腹寺, 佛岩寺 등에서 板刻에 참여(金相淏, 「寺刹板의 鍊板과 諸 役員에 관한 考察」)

**성옥** 1(性玉 : -1604-) 17세기 전반에 활동한 각수刻手이다. 1604년에 쌍계사에서 『대혜보각선사서大慧普覺禪師書』 간행에 태□와 각자刻字로 참여하였다.

◦1604년 쌍계사에서 『大慧普覺禪師書』 간행에 太□과 刻字로 참여(일산 원각사 소장)

**성옥** 2(性玉 : -1622-)* 17세기 전반에 활동한 야장冶匠이다. 1622년에 자인 수양사慈仁壽兩寺 목조비로자나삼신불좌상 조성에 야장으로 참여하였다.

◦1622년 慈仁壽兩寺 木造毘盧遮那三身佛坐像 조성에 冶匠으로 참여(서울 지장암 봉안, 문명대, 「17세기 전반기 조각승 玄眞派의 성립과 지장암 木 毘盧遮那佛坐像의 硏究」) 冶匠

**성이**(晟頤 : -1752-1754-) 18세기 중반에 활동한 각수刻手이다. 1752년에 경남 고성 옥천사 봉향각 중수 현판懸板 제작에 낭박과 각자刻字로, 1754년에

경남 고성 옥천사 현판懸板 삼련기三輦記에 임변과 각자로
참여하였다.

- 1752년 경남 고성 玉泉寺 奉香閣 重修 懸板 제작에 浪薄과 刻字로
  참여(「奉香閣重修丹雘記」, 『蓮華玉泉의 향기』)
- 1754년 경남 고성 玉泉寺 懸板 三輦記에 任卞과 刻字로 참여(「昆
  陽多率寺白蓮堂重創記」, 鄭景柱, 「慶南地方 寺刹 金石文獻資料 調
  查研究」)

**성인**(性仁 : -1644-)* 17세기 중반에 활동한 각수刻手이다.
1644년에 전남 창평 용구산 용흥사에서 『운수단가사雲水壇
歌詞』 간행에 각수로 참여하였다.

- 1644년 전남 昌平 龍龜山 龍興寺에서 『雲水壇歌詞』 간행에 刻手
  로 참여(일산 원각사 소장) 刻手

**성전**(性典 : -1861-1866-)* 19세기 중반에 활동한 각수刻手
이다. 1861년에 강원 간성 건봉사에서 『불설무량수경佛說
無量壽經』 간행에 각공刻工 편수片手로 참여하고, 1866년에
황해 구월산 월출암에서 여러 불서佛書 판각板刻에 참여하
였다.

- 1861년 강원 간성 乾鳳寺에서 『佛說無量壽經』 간행에 刻工 片手
  로 참여(일산 원각사 소장본과 金相淏, 「朝鮮朝 寺刹板 刻手 研
  究」) 刻工 片手
- 1866년 황해 구월산 月出庵에서 여러 佛書 板刻에 참여(金相淏,
  「朝鮮朝 寺刹板 刻手 研究」)

**성종**(性宗 : -1710-) 18세기 전반에 활동한 주종장鑄鐘匠이
다. 1710년에 추월산 만수사 범종(광주 원효사 무등선원 소장)
조성에 김성원과 편수로 참여하였다.

- 1710년 秋月山 萬壽寺 梵鐘 조성에 金成元과 片手로 참여(광주 원
  효사 무등선원 소장, 安貴淑, 「朝鮮後期 鑄鐘匠 思印比丘에 관한
  研究」)

**성천을**(成天乙 : -1797-) 18세기 후반에 활동한 각수刻手이다. 1797년에 경남
함양 벽송암에서 『범망경梵網經』 개간에 한방철과 각수로 참여하였다.

- 1797년 경남 함양 碧松庵에서 『梵網經』 개간에 韓邦喆과 刻手로 참여(刊記)

**성해**(性海 : -1800-) 19세기 전반에 활동한 각수刻手이다. 1800년에 전남 해
남 미황사 현판 제작에 순삼과 각수로 참여하였다.

- 1800년 전남 해남 美黃寺 현판 제작에 順三과 刻手로 참여(『美黃寺 應眞殿 修理報告書』)

**성현**(性玄 : -1635-)* 17세기 중반에 활동한 각수刻手이다. 1635년에 전남 순천
송광사에서 『대방광불화엄경소大方廣佛華嚴經疏』 간행에 각수로 참여하였다.

- 1635년 전남 순천 松廣寺에서 『大方廣佛華嚴經疏』 간행에 刻手로 참여(金相淏, 「朝鮮朝
  寺刹板 刻手 研究」) 刻手

성인, 雲水壇歌詞, 1644년, 담양 용흥사 개간

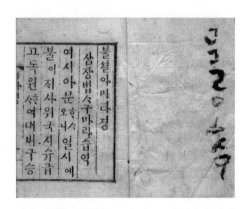

성전, 佛說無量壽經, 1861년, 고성 건봉사 간행

人

**성협**(性洽 : -1635-) 17세기 중반에 활동한 각수刻手이다. 1635년에 삭령 용복사에서 『천지명양수륙잡문天地冥陽水陸雜文』 간행에 해선과 각수로 참여하였다.

　◦1635년 朔寧 龍腹寺에서 『天地冥陽水陸雜文』 간행에 海先과 刻手으로 참여(일산 원각사 소장)

**성호**(性浩 : -1630-1632-) 17세기 전반에 활동한 각수刻手이다. 1630년에 『청허당淸虛集』 간행에 각수로, 1632년에 『묘법연화경妙法蓮華經』 간행에 일현과 각자刻字로 참여하였다.

　◦1630년 『淸虛集』 간행에 刻手로 참여(金相淏,「朝鮮朝 寺刹板 刻手 研究」)
　◦1632년 『妙法蓮華經』 간행에 一玄과 刻字로 참여(일산 원각사 소장)
　◦광해군과 인종연간에 경기 삭녕 龍腹寺에서 판각에 참여(金相淏,「朝鮮朝 寺刹板 刻手 研究」)

**세안**(世安 : -1718-) 18세기 전반에 활동한 와장瓦匠이다. 1718년에 전남 여수 진남관 기와 제작에 윤준과 편수로 참여하였다.

　◦1718년 전남 여수 鎭南館 기와 제작에 允俊과 邊手로 참여(崔容完,「麗水 鎭南館 上樑文」『考古美術』 六卷 十·十一號)

**세익**(世益 : -1791-) 18세기 후반에 활동한 각수刻手이다. 1791년에 전남 순천 송광사에서 『지장보살본원경地藏菩薩本願經』 간행에 대영과 각원으로 참여하였다.

　◦1791년 전남 순천 松廣寺에서 『地藏菩薩本願經』 간행에 大榮과 刻員으로 참여(일산 원각사 소장)

**소귀동**(蘇貴同 : -1750-)* 18세기 중반에 활동한 야장冶匠이다. 1750년에 전남 고흥 능가사 사적비事蹟碑 건립에 야장으로 참여하였다.

　◦1750년 전남 고흥 楞伽寺事蹟碑 건립에 冶匠으로 참여(碑文,『楞伽寺 大雄殿 實測調査報告書』) 冶匠

**소립**(小立 : -1636-) 17세기 중반에 활동한 주종장鑄鐘匠이다. 1635년에 전북 남원 대복사 범종 조성에 정우와 편수片手로 참여하였다.

　◦1635년 전북 남원 大福寺 梵鐘 조성에 淨祐와 畵員으로 참여(김수현,「조선후기 범종과 주종장 연구」)

**손계하**(孫啓夏 : -1767-)* 18세기 중반에 활동한 주종장鑄鐘匠이다. 1767년에 전남 장흥 천관사 범종(나주 다보사 소장) 조성에 각수로 참여하였다.

　◦1767년 전남 장흥 天冠寺 梵鐘 조성에 刻手로 참여(나주 다보사 소장, 廉永夏,「韓國梵鐘에 관한 연구(朝鮮朝鐘의 特徵)」) 刻手

**송만명**(宋萬明 : -1735-)* 18세기 중반에 활동한 야장冶匠이다. 1735년에 경북 김천 직지사 대웅전 중창에 야장으로 참여하였다.

　◦1735년 경북 김천 直指寺 大雄殿 중창에 冶匠으로 참여(『直指寺誌』와 金東旭,『韓國建築工匠史研究』) 本寺

**송억이**(宋億伊 : -1813-) 19세기 전반에 활동한 주종장鑄鐘匠이다. 1813년에 경북 안동 봉정사 범종 조성에 권중록과 편수片手로 참여하였다.

▫ 1813년 경북 안동 鳳停寺 梵鐘 조성 權重祿과 片手로 참여(安貴淑, 「朝鮮後期 鑄鐘匠 思印比丘에 관한 硏究」)

**송완성**(宋完成 : -1804-) 19세기 전반에 활동한 주종장鑄鐘匠이다. 1804년에 충북 보은 법주사 범종 조성에 환징과 편수片手로 참여하였다.

▫ 1804년 충북 보은 法住寺 梵鐘 조성에 環澄과 片手로 참여(安貴淑, 「朝鮮後期 鑄鐘匠 思印比丘에 관한 硏究」과 廉永夏, 「韓國梵鐘에 관한 연구(朝鮮朝鐘의 特徵)」)

**송진관**(宋振寬 : -1785-) 18세기 후반에 활동한 편수片手이다. 1785년에 서울 봉은사 금고金鼓 조성에 이영길과 편수로 참여하였다.

▫ 1785년 서울 奉恩寺 金鼓 조성에 李永吉과 片手로 참여(『奉恩本末寺誌』)

**송천운**(宋千云 : -1813-) 19세기 전반에 활동한 주종장鑄鐘匠이다. 1813년에 경북 안동 봉정사 범종 조성에 권중록과 편수片手로 참여하였다.

▫ 1813년 경북 안동 鳳停寺 梵鐘 조성에 權重祿과 片手로 참여(安貴淑, 「朝鮮後期 鑄鐘匠 思印比丘에 관한 硏究」)

**송태신**(宋泰臣 : -1750-) 18세기 중반에 활동한 와장瓦匠이다. 1750년에 황해 봉산 성불사 응진전 중수에 鄭朴과 개장盖匠으로 참여하였다.

▫ 1750년 황해 봉산 成佛寺 應眞殿 중수에 鄭朴과 盖匠으로 참여(申榮勳 編, 『韓國古建物 上樑記文集』)

**송흥일**(宋興馹 : -1853-) 19세기 중반에 활동한 각수刻手이다. 1853년에 경기 삼각산 내원암에서 『관무량수불경觀無量壽佛經』 간행에 문경순과 각수로 참여하였다.

▫ 1853년에 경기 삼각산 內院庵에서 『觀無量壽佛經』 간행에 文敬淳과 각수로 참여(刊記)

**수민**(守敏 : -1711-) 18세기 전반까지 활동한 주종장鑄鐘匠이다. 1711년에 인천 강화 종鐘 조성에 조신과 편수片手로 참여하였다.

▫ 1711년 인천 강화 鐘 조성에 祖信과 片手로 참여(安貴淑, 「朝鮮後期 鑄鐘匠 思印比丘에 관한 硏究」의 『江華金石文集』)

**수백**(秀白 : -1743-) 18세기 중반에 활동한 편수片手이다. 1743년에 성수암 사적에 근교와 편수로 언급되어 있다.

▫ 1743년 성수암 사적에 謹敎와 片手로 언급(金東旭, 『韓國建築工匠史硏究』) 副片手比丘

**수열**(守悅 : -1748-) 18세기 중반에 활동한 철장鐵匠이다. 1748년에 경북 영주 부석사 종각 중수에 주돌립과 철장으로 참여하였다.

▫ 1748년 경북 영주 浮石寺 鐘閣 重修에 周乭立과 鐵匠으로 참여(「浮石寺資料」, 『佛敎美術』3)

**수인**(守仁 : -1634-)* 17세기 중반에 활동한 각수刻手이다. 1634년에 충남 논산 불명산 쌍계사에서 『오대진언五大眞言』 간행에 각수로 참여하였다

수인, 五大眞言, 1634년, 논산 쌍계사 간행

∘1634년 충남 논산 佛明山 雙溪寺에서『五大眞言』간행에 刻手로 참여(일산 원각사 소장) 刻手

**수진**(守眞 : -1631-)* 17세기 전반에 활동한 와장瓦匠이다. 1631년에 전북 완주 화암사 기와 제작에 와장瓦匠으로 참여하였다.

∘1631년 전북 완주 화암사 기와 제작에 瓦匠으로 참여(홍사준,「화암사범종」) 盖瓦造成

**수한**(守汗 : -1711-) 18세기 전반까지 활동한 주종장鑄鐘匠이다. 1711년에 인천 강화 鐘鍾 조성에 조신과 편수片手로 참여하였다.

∘1711년 인천 강화 鐘 조성에 祖信과 片手로 참여(安貴淑,「朝鮮後期 鑄鐘匠 思印比丘에 관한 研究」와『江華金石文集』)

**수행**(秀行 : -1660-)* 17세기 중반에 활동한 각수刻手이다. 1660년에 대구 팔공산 부인사에서『선문조사례참의문禪門祖師禮懺儀文』간행에 각수로 참여하였다.

∘1660년 대구 八公山 夫人寺에서『禪門祖師禮懺儀文』간행에 刻手로 참여(일산 원각사 소장) 刻

  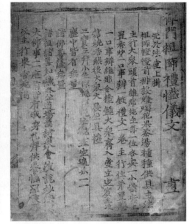

수행, 禪門祖師禮懺儀文 變相圖, 1660년, 대구 부인사 개판 　수행, 禪門祖師禮懺儀文 變相圖 2, 1660년, 대구 부인사 개판 　수행, 禪門祖師禮懺儀文, 1660년, 대구 부인사 개판

**수헌**(守軒 : -1682-) 17세기 후반에 활동한 각수刻手이다. 1682년에 묘향산 보현사에서『금강반야경소론찬요조현록金剛般若經疏論纂要助顯錄』간행에 박응하와 각수로 참여하였다.

∘1682년 묘향산 普賢寺에서『金剛般若經疏論纂要助顯錄』간행에 朴應河와 刻手로 참여(金相淏,「朝鮮朝 寺刹板 刻手 研究」)

**숙인**(叔仁) 조선후기에 활동한 각수刻手이다. 제작연대를 알 수 없는『예념왕생문禮念往生文』간행에 체언과 각공刻工으로 참여하였다.

∘연대미상『禮念往生文』간행에 體言과 각공刻工으로 참여(『韓國佛敎儀禮資料叢書』3)

**순근**(順根 : -1679-1681-) 17세기 후반에 활동한 각수刻手이다. 울산 원적산 운흥사에서 1679년에『금강경오가해金剛經五家解』상권 간행에 각운과 각수로, 1681년에『대혜보각선사서大慧普覺禪師書』간행에 신종과 각자刻字로 참여하였다.

  ▫ 1679년 蔚山 圓寂山 雲興寺에서『金剛經五家解』上권 간행에 覺雲과 刻手로 참여(일산 원각사 소장)
  ▫ 1681년 蔚山 圓寂山 雲興寺에서『大慧普覺禪師書』간행에 信宗과 刻字로 참여(일산 원각사 소장)

**순열**(淳悅 : -1661-) 17세기 중반에 활동한 각수刻手이다. 1661년 경남 밀양 영정사에서『대방광원각수다라요의경大方廣圓覺修多羅了義經』에 이시일과 각수로 참여하였다.

  ▫ 1661년 경남 밀양 靈井寺에서『大方廣圓覺修多羅了義經』에 李時一과 刻手로 참여(일산 원각사 소장)

**순옥**(淳玉 : -1604-) 17세기 전반에 활동한 각수刻手이다. 1604년에 쌍계사에서『선원제전집도서禪源諸詮集都序』간행에 응준,『대혜보각선사서大慧普覺禪師書』간행에 태□와 각자刻字로 참여하였다.

  ▫ 1604년 쌍계사에서『禪源諸詮集都序』간행에 應俊,『大慧普覺禪師書』간행에 太□와 刻字로 참여(일산 원각사 소장)

**순일** 1(淳一, 淳日 : -1633-1660-) 17세기 중반에 활동한 조각승이다. 1633년에 수화승 무염의 전북 고창 선운사 대웅보전 목조삼신불좌상을, 1648년에 수화승 인균과 전남 여수 흥국사 무사전 목조지장보살좌상과 시왕상을, 순치연간順治年間에 수화승 계훈과 전북 완주 송광사 목비를, 1660년에 수화승 승일과 동학산 용밀사 지장보살좌상과 시왕상(서울 청룡사 봉안)을 제작하였다.

  ▫ 1633년 전북 고창 禪雲寺 大雄寶殿 木造三身佛坐像 制作에 無染과 畵員으로 참여(이기선,「高敞 禪雲寺에서 새로 발견된 造像 資料」자료 2)
  ▫ 1648년 전남 여수 興國寺 無私殿 木造地藏菩薩坐像과 十王像 制作에 印均과 畵員으로 참여(손영문,「조각승 인균파 불상조각의 연구」)
  ▫ 順治年間 전북 완주 松廣寺 木牌 制作에 戒勳과 畵員으로 참여(임영애,「完州 松廣寺 木牌와 17세기 조선시대 불교」)
  ▫ 1660년 동학산 용밀사 지장보살좌상과 시왕상 제작에 勝一과 畵員으로 참여(서울 청룡사 봉안, 문명대,「조각승 無染, 道祐派 불상조각의 연구」)

**순일** 2(舜日 : -1681-)* 17세기 후반에 활동한 각수刻手이다. 1681년에 충남 논산 불명산 쌍계사에서『불설대보부모은중경佛說大報父母恩重經』간행에 각수로 참여하였다.

  ▫ 1681년 충남 논산 佛明山 雙溪寺에서『佛說大報父母恩重經(佛說小涅槃經合綴)』간행에 刻手로 참여(일산 원각사 소장) 刻手

**순삼**(順三 : -1800-)* 18세기 후반부터 19세기 전반까지 활동한 각수刻手이다. 1800년에 전남 해남 미황사 현판 제작에 각수로 참여하였다.

순일, 佛說大報父母恩重經 變相圖, 1681년, 논산 쌍계사 간행

순일, 佛說大報父母恩重經 變相圖 1, 1681년, 논산 쌍계사 간행

순일, 佛說大報父母恩重經 變相圖 3, 1681년, 논산 쌍계사 간행

▫ 1800년 전남 해남 美黃寺 현판 제작에 刻手로 참여(『美黃寺 應眞殿 修理報告書』) 刻手

**순선**(順善 : -1730-) 18세기 중반에 활동한 각수刻手이다. 1730년에 전남 순천 대홍사에서 『장수멸죄호제동자다라니경長壽滅罪護諸童子陀羅尼經』 간행에 탁매와 각원으로 참여하였다.

▫ 1730년 전남 순천 大興寺에서 『長壽滅罪護諸童子陀羅尼經』 간행에 卓梅와 刻員으로 참여(일산 원각사 소장)

**순성**(順性 : -1799-) 18세기 중반에 활동한 각수刻手이다. 1799년에 전남 해남 미황사에서 간행하여 해남 대홍사로 이운한 『연담대사임하록蓮潭大師林下錄』 간행에 연관과 각공刻工으로 참여하였다.

▫ 1799년 전남 해남 美黃寺에서 간행하여 海南 大芚寺로 이운한 『蓮潭大師林下錄』 간행에 演寬과 刻工으로 참여(일산 원각사 소장)

**순진**(順眞 : -1661-) 17세기 중반에 활동한 각수刻手이다. 1661년 경남 밀양 영정사에서 『대방광원각수다라요의경大方廣圓覺修多羅了義經』에 이시일과 각수로 참여하였다.

▫ 1661년 경남 밀양 靈井寺에서 『大方廣圓覺修多羅了義經』에 李時一과 刻手로 참여(일산 원각사 소장)

**순학**(順鶴 : -1660-) 17세기 중반에 활동한 각수刻手이다. 1660년에 대구 팔공산 부인사에서 『선문조사례참의문禪門祖師禮懺儀文』 간행에 수행과 각수로 참여하였다.

▫ 1660년 대구 八公山 夫人寺에서 『禪門祖師禮懺儀文』 간행에 秀行과 刻手로 참여(일산 원각사 소장)

**숭우**(崇祐 : -1630-)* 17세기 전반에 경기도에서 활동한 각수刻手로 주지住持를 역임하였다. 1630년에 성천 영천사에서 『고봉화상선요高峰和尙禪要』와 『대혜보각선사서大慧普覺禪師書』의 각수로 참여하고, 석왕사에서 『묘법연화경妙法蓮華經』과 『법집별행록절요병입사기法集別行錄節要幷入私記』등의 판각板刻에 참여하였다.

▫ 1630년 成川 靈泉寺에서 『高峰和尙禪要』와 『大慧普覺禪師書』의 刻手로 참여(金相淏,「朝鮮朝 寺刹板 刻手 硏究」) 刻手
▫ 연대미상 釋王寺에서 『妙法蓮華經』와 『法集別行錄節要幷入私記』등 板刻에 참여(金相淏,「朝鮮朝 寺刹板 刻手 硏究」)

**숭찬**(崇贊 : -1773-) 18세기 후반에 활동한 와장瓦匠이다. 1773년에 경북 영주 부석사 개와改瓦를 김옥돌과 편수片手로 제작하였다.

▫ 1773년 경북 영주 浮石寺 改瓦를 金玉咄과 片手로 제작(「浮石寺資料」『佛敎美術』3)

**승수**(勝修, 勝秀 : -1773-1777-) 18세기 후반에 활동한 목공이다. 1773년에 전남 여수 홍국사 선당禪堂 수집修緝에 어식과 목공으로, 1777년에 전남 여수 홍국사 은적암 중창에 설찬과 편수로 참여하였다.

▫ 1773년 전남 여수 興國寺 禪堂 修緝에 語湜과 木工으로 참여(眞玉, 『興國寺』)

◦1777년 전남 여수 興國寺 隱寂菴 重創에 雪贊과 片手로 참여(眞玉, 『興國寺』) 僧

**승안** 1(勝安 : -1615-) 17세기 전반에 활동한 각수刻手이다. 1615년에 전남 순천 송광사에서 『묘법연화경妙法蓮華經』 간행에 홍언과 각수로 참여하였다.

◦1615년 전남 순천 松廣寺에서 『묘법연화경妙法蓮華經』 간행에 弘彦과 刻手로 참여(刊記)

**승안** 2(勝安 : -1719-1724-)* 18세기 전반에 활동한 각수刻手이다. 1719년에 경남 합천 해인사에서 『운수단가사雲水壇歌詞』 간행에 각수로, 1724년에 『자능문절차조예仔菱文節次條例』 간행에 각수로 참여하였다.

◦1719년 경남 합천 海印寺에서 『雲水壇歌詞』 간행에 刻手로 참여(金相淏, 「朝鮮朝 寺刹板 刻手 硏究」) 刻員 大首頭
◦1724년 『仔菱文節次條例』 간행에 刻手로 참여(金相淏, 「朝鮮朝 寺刹板 刻手 硏究」) 大首頭

**승은**(勝블 : -1607-) 17세기 전반에 활동한 각수刻手이다. 1607년에 전남 순천 송광사에서 『선가구감禪家龜鑑』 간행에 홍언과 각수로 참여하였다.

◦1607년 전남 순천 松廣寺에서 『禪家龜鑑』 간행에 弘彦과 刻手로 참여(일산 원각사 소장)

**승일**(勝一 : -1622-) 17세기 전반에 활동한 야장冶匠이다. 1622년에 자인수양사慈仁壽兩寺 목조비로자나삼신불좌상 조성에 성옥과 야장으로 참여하였다.

◦1622년 慈仁壽兩寺 木造毘盧遮那三身佛坐像 造成에 性玉과 冶匠으로 참여(서울 지장암 봉안, 문명대, 「17세기 전반기 조각승 玄眞派의 성립과 지장암 木 毘盧遮那佛坐像의 硏究」)
* 조각승 勝一일 가능성이 매우 높다

**승철** 1(勝徹 : -1604-1607-) 17세기 전반에 활동한 각수刻手이다. 1604년에 쌍계사에서 『대혜보각선사서大慧普覺禪師書』 간행에 태□와 각자刻字로, 1607년에 전남 순천 송광사에서 『묘법연화경妙法蓮華經』 간행에 각수로 참여하였다.

◦1604년 쌍계사에서 『大慧普覺禪師書』 간행에 太□과 刻字로 참여(일산 원각사 소장)
•1007년 전남 순천 松廣寺에서 『妙法蓮華經』 간행에 刻手로 참여(金相淏, 「朝鮮朝 寺刹板 刻手 硏究」)

**승철** 2(勝徹 : -1607-) 17세기 전반에 활동한 각수刻手이다. 1607년에 전남 순천 송광사에서 『묘법연화경妙法蓮華經』 간행에 각수로 참여하였다. 당시 동명이인이 있어 소승철小勝徹로 적어놓았다.

◦1607년 전남 순천 松廣寺에서 『妙法蓮華經』 간행에 刻手로 참여(金相淏, 「朝鮮朝 寺刹板 刻手 硏究」) 小勝徹

**승한**(勝閑 : -1661-) 17세기 중반에 활동한 연판鍊板이다. 1661년 경남 밀양 영정사에서 『대방광원각수다라요의경大方廣圓覺修多羅了義經』에 유선과 연판으로 참여하였다.

◦1661년 경남 밀양 靈井寺에서 『大方廣圓覺修多羅了義經』에 唯禪과 鍊板으로 참여(일산 원각사 소장) 鍊板

**승헌**(勝軒 : -1661-) 17세기 중반에 활동한 각수刻手이다. 1661년 경남 밀양 영정사에서 『대방광원각수다라요의경大方廣圓覺修多羅了義經』에 이시일과 각수로 참여하였다.

　　◦1661년 경남 밀양 靈井寺에서 『大方廣圓覺修多羅了義經』에 李時一과 刻手로 참여(일산 원각사 소장)

**승환**(勝環 : -1607-) 17세기 전반에 활동한 각수刻手이다. 1607년에 전남 순천 송광사에서 『묘법연화경妙法蓮華經』 간행에 각수로 참여하였다.

　　◦1607년 전남 순천 松廣寺에서 『妙法蓮華經』 간행에 刻手로 참여(金相淏, 「朝鮮朝 寺刹 板 刻手 硏究」)

**승희**(勝熙 : -1604-) 17세기 전반에 활동한 각수刻手이다. 1604년에 쌍계사에 서 『고봉화상선요高峰和尙禪要』과 『선원제전집도서禪源諸詮集都序』 간행에 응준과 각자刻字로, 『대혜보각선사서大慧普覺禪師書』 간행에 태□과 각자로 참여하였다.

　　◦1604년 쌍계사에서 『高峰和尙禪要』과 『禪源諸詮集都序』 간행에 應俊과 刻字로 참여(일 산 원각사 소장)
　　◦1604년 쌍계사에서 『大慧普覺禪師書』 간행에 太□과 刻字로 참여(일산 원각사 소장)

**시연**(時衍, 時演 : -1707-)* 18세기 전반에 활동한 각수刻手이면서 야장冶匠이 다. 1703년에 전남 여수 흥국사 중수사적비重修事蹟碑 건립에 각자刻字로, 1707년에 전남 순천 선암사 중수비重修碑 건립에 박수전과 야장으로 참여하 였다. 1712년에 전남 구례 「해동호남도대화엄사사적海東湖南道大華嚴寺事蹟」 에 각수로 참여하였다.

　　◦1703년 전남 여수 興國寺 重修事蹟碑 건립에 刻字 片手로 참여(眞玉, 『興國寺』) 刻字片 手
　　◦1707년 전남 순천 仙巖寺 重修碑 건립에 朴秀全과 冶匠으로 참여(『朝鮮金石總覽』 下)
　　◦1712년 전남 구례 「海東湖南道大華嚴寺事蹟」에 刻手로 나옴(「海東湖南道大華嚴寺事蹟」) 刻手

**신감**(神感 : -1676-)* 17세기 후반에 활동한 와장瓦匠이다. 1676년에 경남 산 청 율곡사 대웅전 기와 제작에 편수로 참여하였다.

　　◦1676년 경남 산청 栗谷寺 大雄殿 기와 제작에 邊□로 참여(『栗谷寺 大雄殿 해체보수공 사 보고서』) 邊□

**신경남**(辛慶男 : -1674-)* 17세기 후반에 활동한 주성장인鑄成匠人이다. 1674 년에 청동제은입사'통도사'명향로靑銅製銀入絲'通度寺'銘香爐 제작에 주성장인 鑄成匠人으로 참여하였다.

　　◦1674년 靑銅製銀入絲 '通度寺' 銘香爐 제작에 鑄成匠人으로 참여(『入絲工藝』와 黃壽 永, 『금석유문』) 鑄成匠人

**신덕필**(申德必 : -1759-) 18세기 중반에 활동한 주종장鑄鐘匠이다. 1759년에 충남 당진 영랑사 범종 조성에 이만석과 편수로 참여하였다.

　　◦1759년 충남 당진 影浪寺 梵鐘 조성에 李万石과 片手로 참여(廉永夏, 「韓國梵鐘에 관한

연구(朝鮮朝鐘의 特徵)」)

**신률**(信律 : -1721-) 18세기 전반에 활동한 각수刻手이다. 1721년에 경남 고성 와룡산 운홍사에서 『금강반야바라밀경金剛般若波羅密經』 간행에 김진창과 각수로 참여하였다.

> ◦ 1721년 경남 고성 와룡산 雲興寺에서 『金剛般若波羅密經(普賢行願品 合綴)』 간행에 金進昌과 刻手로 참여(일산 원각사 소장)

**신삼**(愼森 : -1799-) 18세기 후반에 활동한 각수刻手이다. 1799년에 전남 해남 미황사에서 간행하여 해남 대흥사로 이운한 『연담대사임하록蓮潭大師林下錄』 간행에 연관과 각공刻工으로 참여하였다.

> ◦ 1799년 전남 해남 美黃寺에서 간행하여 海南 大芚寺로 이운한 『蓮潭大師林下錄』 간행에 演寬과 刻工으로 참여(일산 원각사 소장)

**신안태**(申安泰 : -1782-)* 18세기 후반에 활동한 주종장鑄鐘匠이다. 1782년에 경기 안성 칠장사 범종 조성에 편수로 참여하였다.

> ◦ 1782년 경기 안성 七長寺 梵鐘 조성에 片手로 참여(廉永夏, 「韓國梵鐘에 관한 연구(명문, 朝鮮朝鐘의 特徵)」) 片手

**신영**(信英 : -1686-) 17세기 후반에 활동한 주종장鑄鐘匠이다. 1686년에 경남 양산 통도사 범종 조성에 사인과 편수片手로 참여하였다.

> ◦ 1686년 경남 양산 通度寺 梵鐘 조성에 思印과 片手로 참여(安貴淑, 「朝鮮後期 鑄鐘匠 思印比丘에 관한 研究」)

**신오**(信悟 : -1633-1642-) 17세기 중반에 활동한 각수刻手이다. 전남 순천 송광사에서 1633년에 『대방광불화엄경大方廣佛華嚴經』 간행에 신철과 각자刻字로, 1642년에 『천지명양수륙재의찬요天地冥陽水陸齋儀纂要』 간행에 신철과 각수로 참여하였다.

> ◦ 1633년 전남 순천 松廣寺에서 『大方廣佛華嚴經』 간행에 信哲과 刻字로 참여(일산 원각사 소장)
> ◦ 1642년 전남 순천 松廣寺에서 『天地冥陽水陸齋儀纂要』 간행에 信哲과 刻手로 참여(金相淏, 「朝鮮朝 寺刹板 刻手 研究」)

**신원 1**(信元 : -1625-1636-)* 17세기 전반에 활동한 주종장鑄鐘匠이다. 1625년에 경기 안양 삼막사 범종 조성에 죽창과 참여하고, 정우와 1635년에 전북 남원 대복사 범종과 1636년에 충남 부여 무량사 범종 조성에 화원畵員으로 참여하였다.

> ◦ 1625년 경기 안양 三幕寺 梵鐘 조성에 竹淐과 畵員으로 참여(燒失, 安貴淑, 「朝鮮後期 鑄鐘匠 思印比丘에 관한 研究」)
> ◦ 1635년 전북 남원 大福寺 梵鐘 조성에 淨祐와 畵員으로 참여(安貴淑, 「朝鮮後期 鑄鐘匠 思印比丘에 관한 研究」)
> ◦ 1636년 충남 부여 無量寺 梵鐘 조성에 淨祐와 畵員으로 참여(安貴淑, 「朝鮮後期 鑄鐘匠 思印比丘에 관한 研究」과 『韓國의 古建築』 22)

**신원 2**(信元 : -1661-)* 17세기 중반에 활동한 연관鍊板이다. 1661년 경남 밀양 영정사에서 『대방광원각수다라요의경大方廣圓覺修多羅了義經』에 유선과 연판으로 참여하였다.

▫ 1661년 경남 밀양 靈井寺에서 『大方廣圓覺修多羅了義經』에 唯禪과 鍊板으로 참여(일산 원각사 소장) 鍊板

**신위**(信位 : -1749-1750-)* 18세기 중반에 활동한 각수刻手이다. 관북 안변 釋王寺에서 1749년에 『선문오종강요禪門五宗綱要』와 1750년에 『성상통설性相通說』 간행에 각수로 참여하였다.

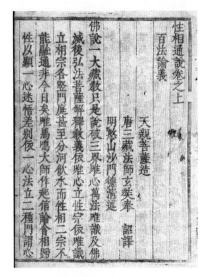 

신위, 性相通說(大乘百法明門論), 1750년, 안변 석왕사 간행   신위, 性相通說(大乘百法明門論), 1750년, 안변 석왕사 간행

▫ 1749년 관북 안변 釋王寺에서 『禪門五宗綱要』 간행에 刻手로 참여(일산 원각사 소장) 刻手
▫ 1750년 관북 안변 釋王寺에서 『性相通說(大乘百法明門論)』 간행에 刻手로 참여(일산 원각사 소장) 刻手

**신일**(神日 : -1679-1681-) 17세기 후반에 활동한 각수刻手이다. 울산 원적산 운흥사에서 1679년에 『금강경오가해金剛經五家解』 상권 간행에 각운과 각수로, 1681년에 『대혜보각선사서大慧普覺禪師書』 간행에 신종과 각자로 참여하였다.

▫ 1679년 蔚山 圓寂山 雲興寺에서 『金剛經五家解』 上권 간행에 覺雲과 刻手로 참여(일산 원각사 소장)
▫ 1681년 蔚山 圓寂山 雲興寺에서 『大慧普覺禪師書』 간행에 信宗과 刻字로 참여(일산 원각사 소장)

**신종**(信宗 : -1661-1681-)* 17세기 후반에 활동한 각수刻手이다. 1661년 경남 밀양 영정사에서 『대방광원각수다라요의경大方廣圓覺修多羅了義經』에 이시일과 각수로, 1681년 4월에 『선원제전집도서禪源諸詮集都序』, 5월에 『법집별행

록절요병입사기法集別行錄節要幷入私記』, 6월에 『고봉화상선요高峰和尙禪要』와
『대혜보각선사서大慧普覺禪師書』를 연희와 개판改版에 참여하였다. 1681년에
울산 원적산 운흥사에서 『대혜보각선사서大慧普覺禪師書』 간행에 각자刻字로
참여하였다

> ◦ 1661년 경남 밀양 靈井寺에서 『大方廣圓覺修多羅了義經』에 李時一과 刻手로 참여(일산
> 원각사 소장)
> ◦ 1681년 4월에 『禪源諸詮集都序』, 5월에 『法集別行錄節要幷入私記』, 6월에 『高峰和尙禪
> 要』와 『大慧普覺禪師書』를 演熙와 改版에 참여(金相淏, 「朝鮮朝 寺刹板 刻手 硏究」)
> ◦ 1681년 蔚山 圓寂山 雲興寺에서 『大慧普覺禪師書』 간행에 刻字로 참여(일산 원각사 소
> 장) 刻字 首頭

**신철**(信哲 : -1633-1642-)* 17세기 중반에 활동한 각수刻手이다. 1633년에 전
남 순천 송광사에서 『대방광불화엄경大方廣佛華嚴經』 간행에 각자刻字로,
1642년에 『천지명양수륙재의찬요天地冥陽水陸齋儀纂要』 간행에 刻手로 참여하
였다. 그는 전남 순천 선암사, 여수 흥국사 등에서 불서佛書 판각板刻에 참여
하였다.

> ◦ 1633년 전남 순천 松廣寺에서 『大方廣佛華嚴經』 간행에 刻字로 참여(일산 원각사 소장)
> 刻字
> ◦ 1642년 전남 순천 松廣寺에서 『天地冥陽水陸齋儀纂要』 간행에 刻手로 참여(金相淏, 「朝
> 鮮朝 寺刹板 刻手 硏究」) 刻手
> ◦ 17세기 중반 전남 仙巖寺, 興國寺, 松廣寺 등에서 佛書 板刻에 참여(金相淏, 「朝鮮朝 寺
> 刹板 刻手 硏究」)

**신총영**(申叢靈 : -1728-) 18세기 전반에 활동한 주종장鑄鐘匠이다. 1728년에
경남 함안 여항산 범종(부산 범어사 소장) 조성에 김성원과 편수로 참여하였다.

> ◦ 1728년 경남 함안 餘航山 梵鐘 조성 金成元과 片手로 참여(부산 범어사 소장, 廉永夏, 「韓
> 國梵鐘에 관한 연구(朝鮮朝鐘의 特徵)」)

**신축생**(愼丑生 : -1667-)* 17세기 후반에 활동한 야장冶匠이다. 1667년에 인
천 강화 정수사 법당 오중창五重創에 야장으로 참여하였다.

> ▪ 1667년 인천 깅화 淨水寺 法堂 五重創에 冶匠으로 참여(尹武炳, 「淨水寺法堂 上樑文」『考
> 古美術』 二卷 六號) 冶匠

**신태영**(申泰榮 : -1853-) 19세기 중반에 활동한 각수刻手이다. 1853년에 경기
삼각산 내원암에서 『관무량수불경觀無量壽佛經』 간행에 문경순과 각수로 참
여하였다.

> ◦ 1853년에 경기 삼각산 內院庵에서 『觀無量壽佛經』 간행에 文敬淳과 각수로 참여(刊記)

**신해**(信海 : -1639-) 17세기 중반에 활동한 각수刻手이다. 1639년에 경상 곤
양 서봉사에서 『묘법연화경妙法蓮華經』 간행에 인호와 각수로 참여하였다.

> ◦ 1639년 경상 昆陽 栖鳳寺에서 『妙法蓮華經』 간행에 印浩와 刻手로 참여(일산 원각사 소
> 장)

**신후전**(申厚全 : -1702-) 18세기 전반에 활동한 주종장鑄鐘匠이다. 1702년에
사자산 봉림사 범종(영광 불갑사 소장) 조성에 김수원과 편수로 참여하였다.

　。1702년 獅子山 鳳林寺 梵鐘 조성에 金水元과 片手로 참여(명문, 영광 불갑사 소장, 『한국
　　의 사찰문화재 – 광주/전남』) 片手

**심인**(心印 : -1644-) 17세기 중반에 활동한 각수刻手이다. 1644년에 전남 창
평 용구산 용흥사에서 『운수단가사雲水壇歌詞』 간행에 성인과 각수로 참여하
였다.

　。1644년 전남 昌平 龍龜山 龍興寺에서 『雲水壇歌詞』 간행에 性仁과 刻手로 참여(일산 원
　　각사 소장)

**쌍경**(雙鏡) 18세기 중반에 활동한 조각승이다. 18세기 중반에 경남 창녕 관
룡사 목어木魚 제작에 참여하였다.

　。18세기 중반 경남 창녕 觀龍寺 木魚 제작에 참여(「嶺南昌寧縣火王山觀龍寺事蹟」 『觀龍
　　寺 大雄殿 修理報告書』)

**쌍순**(双淳, 雙淳, 雙順 : -1604-1614-)* 17세기 전반에 활동한 각수刻手이다.
1604년에 쌍계사에서 『고봉화상선요高峰和尙禪要』과 『선원제전집도서禪源諸
詮集都序』 간행에 응준과 『대혜보각선사서大慧普覺禪師書』 간행에 태□과 각
자刻字로, 1614년에 충남 논산 쌍계사에서 『경덕전등록景德傳燈錄』 간행에 각
수로 참여하였다.

　。1604년 쌍계사에서 『高峰和尙禪要』과 『禪源諸詮集都序』 간행에 應俊과 刻字로 참여(일
　　산 원각사 소장)
　　1604년 쌍계사에서 『大慧普覺禪師書』 간행에 太□과 刻字로 참여(일산 원각사 소장)
　。1614년 충남 논산 쌍계사에서 『景德傳燈錄』 간행에 刻手로 참여(일산 원각사 소장) 刻手

**쌍인**(双印 : -1661-) 17세기 중반에 활동한 각수刻手이다. 1661년 경남 밀양
영정사에서 『대방광원각수다라요의경大方廣圓覺修多羅了義經』에 이시일과 각
수로 참여하였다.

　。1661년 경남 밀양 靈井寺에서 『大方廣圓覺修多羅了義經』에 李時一과 刻手로 참여(일산
　　원각사 소장)

**쌍행**(雙行 : -1633-) 17세기 전반에 활동한 각수刻手이다. 1633년에 광주 증
심사에서 『묘법연화경妙法蓮華經』 간행에 경종과 각수로 참여하였다.

　。1633년 광주 證心寺에서 『妙法蓮華經』 간행에 敬宗과 刻手로 참여(일산 원각사 소장)
　　* 雙衍일 가능성도 있음.

**안형수**(安亨壽 : -1853-) 19세기 중반에 활동한 각수刻手이다. 1853년에 경기 삼각산 내원암에서『관무량수불경觀無量壽佛經』간행에 문경순과 각수로 참여하였다.

　◦ 1853년에 경기 삼각산 內院庵에서『觀無量壽佛經』간행에 文敬淳과 각수로 참여(刊記)

**약섬**(若暹 : -1721-) 18세기 전반에 활동한 각수刻手이다. 1721년에 경남 고성 와룡산 운홍사에서『금강반야바라밀경金剛般若波羅密經』간행에 김진창과 각수로 참여하였다.

　◦ 1721년 경남 고성 와룡산 雲興寺에서『金剛般若波羅密經(普賢行願品 合綴)』간행에 金進昌과 刻手로 참여(일산 원각사 소장)

**양기**(良機, 良己 : -1604-) 17세기 전반에 활동한 연판鍊板이다. 1604년에 쌍계사에서『고봉화상선요高峰和尙禪要』과『대혜보각선사서大慧普覺禪師書』간행에 연판과 대시주로 참여하였다.

　◦ 1604년 쌍계사에서『大慧普覺禪師書』간행에 鍊板과 大施主으로 참여(일산 원각사 소장)
　1604년 쌍계사에서『高峰和尙禪要』간행에 鍊板으로 참여(일산 원각사 소장)

**양언**(良彦 : -1713-) 18세기 전반에 활동한 각수刻手이다. 1713년에 안락와安樂窩에서『영명수선사물외산거시永明壽禪師物外山居詩』간행에 각공으로 참여하였다.

　◦ 1713년 安樂窩에서『永明壽禪師物外山居詩』간행에 刻工으로 참여(金相淏,「朝鮮朝 寺刹板 刻手 硏究」)

**양윤룡**(梁尹龍 : -1653-)* 17세기 중반에 활동한 편수片手이다. 1653년에 대구 동화사 은사향로銀絲香爐 제작에 장사匠司로 참여하였다.

　◦ 1653년 대구 桐華寺 銀絲香爐 제작에 匠司로 참여(鄭明鎬,「桐華寺의 在銘香爐二座」와 黃壽永,『금석유문』) 匠司

**양철구**(梁鐵九 : -1716-)* 18세기 전반에 활동한 야장冶匠이다. 1716년에 경북 울진 불영사 영산전 중창에 야장으로 참여하였다.

　◦ 1716년 경북 울진 佛影寺 靈山殿 重創에 冶匠으로 참여(『上樑文集(補修時 發見된 上樑文)』) 冶匠

**양철귀**(梁哲貴 : -1725-)* 18세기 전반에 활동한 야장冶匠이다. 1725년에 경북 울진 불영사 대웅전 중건에 야장편수冶匠片手로 참여하였다.

　　◦1725년 경북 울진 佛影寺 大雄殿 중건에 冶匠片手로 참여(『佛影寺 大雄寶殿 實測調査報告書』) 冶匠片手

**양현**(梁現 : -1655-)* 17세기 중반에 활동한 야장冶匠이다. 1655년에 경북 구미 자운사비慈雲寺碑 건립에 야장로 참여하였다.

　　◦1655년 경북 구미 慈雲寺碑 건립에 冶匠으로 참여(『朝鮮金石總覽』下) 冶匠

**엄기**(嚴基 : -1843-)* 19세기 중반에 활동한 각수刻手이다. 1843년에 충남 공주 마곡사 천불전 중수문重修文에 각刻으로 언급되어 있다.

　　◦1843년 충남 공주 麻谷寺 千佛殿 重修文에 刻으로 언급(「泰華山麻谷寺千佛殿重修文」『麻谷寺 實測調査報告書』) 刻

**여명**(呂明 : -1614-) 17세기 전반에 활동한 각수刻手이다. 1614년에 충남 논산 쌍계사에서 『경덕전등록景德傳燈錄』 간행에 쌍순과 각수로 참여하였다.

　　◦1614년 충남 논산 쌍계사에서 『景德傳燈錄』 간행에 双淳과 刻手로 참여(일산 원각사 소장)

**여석**(餘釋, 呂釋 : -1701-1711-) 18세기 전반에 활동한 주종장鑄鐘匠이다. 1701년에 서울 봉은사 범종(의왕 청계사 소장) 조성에 사인과 편수片手로, 1711년에 인천 강화 종鐘 조성에 조신과 편수片手로 참여하였다.

　　◦1701년 서울 奉恩寺 梵鐘 조성에 思印과 片手로 참여(의왕 청계사 소장, 安貴淑, 「朝鮮後期 鑄鐘匠 思印比丘에 관한 研究」)
　　◦1711년 인천 강화 鐘 조성에 祖信과 片手로 참여(安貴淑, 「朝鮮後期 鑄鐘匠 思印比丘에 관한 研究」와 『江華金石文集』)

**여식**(呂湜 : -1721-)* 18세기 전반에 활동한 연판鍊板이다. 1721년에 경남 고성 와룡산 운흥사에서 『금강반야바라밀경金剛般若波羅密經』 간행에 연판으로 참여하였다.

　　◦1721년 경남 고성 와룡산 雲興寺에서 『金剛般若波羅密經(普賢行願品 合綴)』 간행에 鍊板으로 참여(일산 원각사 소장) 鍊板

**여총**(呂摠 : -1681-) 17세기 후반에 활동한 각수刻手이다. 1681년에 울산 원적산 운흥사에서 『대혜보각선사서大慧普覺禪師書』 간행에 신종과 각자刻字로 참여하였다.

　　◦1681년 蔚山 圓寂山 雲興寺에서 『大慧普覺禪師書』 간행에 信宗과 刻字로 참여(일산 원각사 소장)

**연관**(演寬 : -1788-1799-)* 18세기 후반에 활동한 각수刻手이다. 1788년에 전남 해남 미황사 오봉당부도午峯堂浮屠 건립에 각수로 참여하고, 1799년 전남 해남 미황사에서 간행하여 해남 대흥사로 이운한 『연담대사임하록蓮潭大師林下錄』 간행에 각공으로 참여하였다.

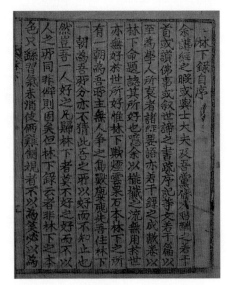

연관, 蓮潭大師林下錄, 1799년, 해남 미황사 개간 移鎭 대둔사

◦ 1788년 전남 해남 美黃寺 午峯堂浮屠 건립에 刻手로 참여(朴春圭, 「美黃寺의 浮屠」와
『美黃寺 應眞殿 修理報告書』) 刻手
◦ 1799년 전남 해남 美黃寺에서 간행하여 海南 大興寺로 이운한『蓮潭大師林下錄』간행에
刻工으로 참여(일산 원각사 소장) 刻工

**연희**(演熙 : -1668-1690-)* 17세기 중·후반에 경북 울산(원래 학성鶴城) 사람으
로 운흥사雲興寺를 중심으로 활동한 각수刻手이다. 1668년에 모친을 위하여
『법화경法華經』과『은중경恩重經』을 간행하고, 1669년에 가을에 호남 덕유산
에 들어가 연판鍊板하고 판목板木을 배로 운반하여 원적산에서 3년 동안『수
능엄경首楞嚴經』을 판각하였다. 1672년에『대불정여래밀인수증요의제보살만
행수능엄경大佛頂如來密因修證了義諸菩薩萬行首楞嚴經』간행에 발원자수판자개
간장두겸發願自修板子開刊粧頭兼과 공덕각수功德刻手로 참여한 후, 1678년에
덕유산에 들어가 수백의 판본板本을 연판鍊板하고, 1679년에 울산 원적산 운
흥사에서『금강경오가해金剛經五家解』상권 간행에 각운과 각수로 참여하였
다. 1681년에『대승기신논소大乘起信論疏』를 여러 각수들과 개판開板하고, 4
월에『선원제전집도서禪源諸詮集都序』을, 5월에『법집별행록절요병입사기法
集別行錄節要幷入私記』을, 6월에『고봉화상선요高峰和尚禪要』와『대혜보각선사
서大慧普覺禪師書』를 신종과 개판改版하였다. 1681년에 울산 원적산 운흥사에
서『대혜보각선사서大慧普覺禪師書』간행에 신종과 각자刻字로 참여하였다.
1684년 2월에『선종영가집禪宗永嘉集』을 재연각자겸장두再鍊刻字兼粧頭로 개
판한 후, 1690년 7월에『이노행록二老行錄』을 개판하였다.

◦ 1668년 모친을 위해『法華經』과『恩重經』을 간행(金相淏, 「朝鮮朝 寺刹板 刻手 研究」)
◦ 1669년 가을에 湖南 德裕山에 들어가 鍊板하고 板木을 배로 운반하여 圓寂山에서 3년
동안 판각한 끝에『首楞嚴經』을 인출(金相淏, 「朝鮮朝 寺刹板 刻手 研究」)
◦ 1672년『大佛頂如來密因修證了義諸菩薩萬行首楞嚴經』간행에 發願自修板子開刊粧頭兼
과 功德刻手로 참여(金相淏, 「朝鮮朝 寺刹板 刻手 研究」) 發願自修板子開刊粧頭兼과 功
德刻手
◦ 1678년 덕유산에 들어가 수 백의 板本을 鍊板으로 참여(金相淏, 「朝鮮朝 寺刹板 刻手 研
究」)
◦ 1679년 蔚山 圓寂山 雲興寺에서 覺雲이 刻手로『金剛經五家解』上권을 刊行할 때 變相刻
手로 참여(일산 원각사 소장, 박도화, 「朝鮮時代 金剛經板畵의 圖像」)
◦ 1681년『大乘起信論疏』를 여러 刻手들과 開板(金相淏, 「朝鮮朝 寺刹板 刻手 研究」)
1681년 4월에『禪源諸詮集都序』, 5월에『法集別行錄節要幷入私記』, 6월에『高峰和尚
禪要』와『大慧普覺禪師書』를 信宗과 改版에 참여(金相淏, 「朝鮮朝 寺刹板 刻手 研究」)
◦ 1681년 蔚山 圓寂山 雲興寺에서『大慧普覺禪師書』간행에 信宗과 刻字로 참여(일산 원
각사 소장)
◦ 1684년 2월에『禪宗永嘉集』을 再鍊刻字兼粧頭로 개판(金相淏, 「朝鮮朝 寺刹板 刻手 研
究」)
◦ 1690년 7월에『二老行錄』을 개판(金相淏, 「朝鮮朝 寺刹板 刻手 研究」) 浮板狀頭兼刻
* 참고문헌
金相淏, 「朝鮮朝 寺刹板 刻手 研究」『圖書館學』20, 韓國圖書館學會, 1991.6.
박도화, 「雲興寺 刻手 演熙의 板刻 양식」, 『강좌미술사』26, 韓國佛敎美術史學會,
2006.6.

**영가**(英假 : -1635-) 17세기 중반에 활동한 각수刻手이다. 1635년에 삭령 용복사에서 『천지명양수륙잡문天地冥陽水陸雜文』 간행에 해선과 각수로 참여하였다.

> ◦ 1635년 朔寧 龍腹寺에서 『天地冥陽水陸雜文』 간행에 海先과 刻手로 참여(일산 원각사 소장)

**영규**(靈圭 : -1631-)* 17세기 전반에 활동한 각수刻手이다. 1631년에 경북 청도 구룡산 수암사에서 『묘법연화경妙法蓮華經』 간행에 변상도變相圖 각수로 참여하였다.

 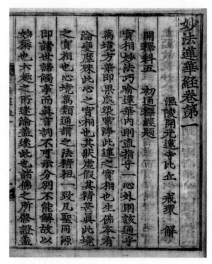

영규, 妙法蓮華經 권1 變相圖, 　　　　영규, 妙法蓮華經 권1, 1631년, 청도 구룡
　　　1631년, 청도 구룡산 수암사　　　　　산 수암사

> ◦ 1631년 경북 청도 九龍山 水岩寺에서 『妙法蓮華經』 간행에 變相圖 刻手로 참여(일산 원각사 소장) 刻

**영서**(靈瑞 : -1604-) 17세기 전반에 활동한 각수刻手이다. 1604년에 쌍계사에서 『고봉화상선요高峰和尙禪要』 간행에 응준과 각자刻字로, 『대혜보각선사서大慧普覺禪師書』 간행에 태□과 각자로 참여하였다.

> ◦ 1604년 쌍계사에서 『高峰和尙禪要』 간행에 應俊과 刻字로 참여(일산 원각사 소장)
> 　 1604년 쌍계사에서 『大慧普覺禪師書』 간행에 太□과 刻字로 참여(일산 원각사 소장)

**영수**(令守 : -1633-) 17세기 전반에 활동한 목수木手이다. 1633년에 경기 삭녕 용복사에서 『선가귀감禪家龜鑑』 간행에 해선과 목수로 참여하였다.

> ◦ 1633년 경기 삭녕 龍腹寺에서 『禪家龜鑑』 간행에 海禪과 木手로 참여(일산 원각사 소장)

**영언**(靈彦 : -1635-1642-) 17세기 중반에 활동한 각수刻手이다. 전남 순천 송광사에서 1635년에 성현과 『대방광불화엄경소大方廣佛華嚴經疏』를, 1642년에

신철과 『천지명양수륙재의찬요天地冥陽水陸齋儀纂要』 간행에 각수로 참여하
였다.

   ▫ 1635년 전남 순천 松廣寺에서 『大方廣佛華嚴經疏』 간행에 性玄과 刻手로 참여(金相淏, 『朝鮮朝 寺刹板 刻手 研究』)
   ▫ 1642년 전남 순천 松廣寺에서 『天地冥陽水陸齋儀纂要』 간행에 信哲과 刻手로 참여(金相淏, 「朝鮮朝 寺刹板 刻手 研究」)

**영종**(靈宗 : -1748-) 18세기 중반에 활동한 철장鐵匠이다. 1748년에 경북 영주 부석사 종각 중수에 주돌립과 철장으로 참여하였다.

   ▫ 1748년 경북 영주 浮石寺 鐘閣 重修에 周亙立과 鐵匠으로 참여(「浮石寺資料」) 『佛敎美術』3)

**영준**(英俊 : -1632-) 17세기 중반에 활동한 편수片手이다. 1632년에 동증銅甑을 제작하였다.

   ▫ 1632년 銅甑 제작(黃壽永, 『금석유문』)

**영찬**(靈贊 : -1679-) 17세기 후반에 활동한 각수刻手이다. 1679년에 울산 원적산 운흥사에서 『금강경오가해金剛經五家解』 상권 간행에 각운과 각수로 참여하였다.

   ▫ 1679년 蔚山 圓寂山 雲興寺에서 『金剛經五家解』 上권 간행에 覺雲과 刻手로 참여(일산 원각사 소장)

**영택** 1(靈擇 : -1679-1681-) 17세기 후반에 활동한 각수刻手이다. 울산 원적산 운흥사에서 1679년에 『금강경오가해金剛經五家解』 상권 간행에 각운과 각수로, 1681년에 『대혜보각선사서大慧普覺禪師書』 간행에 신종과 각자刻字로 참여하였다.

   ▫ 1679년 蔚山 圓寂山 雲興寺에서 『金剛經五家解』 上권 간행에 覺雲과 刻手로 참여(일산 원각사 소장)
   ▫ 1681년 蔚山 圓寂山 雲興寺에서 『大慧普覺禪師書』 간행에 信宗과 刻字로 참여(일산 원각사 소장)

**영택** 2(永澤 : -1720-) 18세기 진반에 활동한 각수刻手이다. 1720년 임천 태실 비석이 손상되어 백납을 써서 떨어진 획을 보수하였다.

   ▫ 1720년 林川 胎室 碑石이 손상되어 白蠟을 써서 떨어진 획을 보수(『國譯 胎封勝錄』)

**영호**(靈浩 : -1632-) 17세기 중반에 활동한 각수刻手이다. 1632년에 『묘법연화경妙法蓮華經』 간행에 일현과 각자刻字로 참여하였다.

   ▫ 1632년 『妙法蓮華經』 간행에 一玄과 刻字로 참여(일산 원각사 소장)

**영휴**(塋休 : -1703-1707-) 18세기 전반에 활동한 야장冶匠이다. 1703년에 전남 여수 흥국사 중수사적비重修事蹟碑 건립에 시연과 각자로 참여하고, 1707년에 전남 순천 선암사 중수비重修碑 건립에 박수전과 야장으로 참여하였다.

   ▫ 1703년 전남 여수 興國寺 重修事蹟碑 건립에 時衍과 刻字로 참여(眞玉, 『興國寺』)
   ▫ 1707년 전남 순천 仙巖寺 重修碑 건립에 朴秀全과 冶匠으로 참여(『朝鮮金石總覽』 下)

**영흡**(令冶 : -1633-) 17세기 전반에 활동한 목수木手이다. 1633년에 경기 삭

녕 용복사에서 『선가귀감禪家龜鑑』 간행에 해선과 목수로 참여하였다.

‣ 1633년 경기 삭녕 龍腹寺에서 『禪家龜鑑』 간행에 海禪과 木手로 참여(일산 원각사 소장)

**예욱**(禮旭 : -1686-) 17세기 후반에 활동한 주종장鑄鐘匠이다. 1686년에 경남 양산 통도사 범종 조성에 사인과 편수片手로 참여하였다.

‣ 1686년 경남 양산 通度寺 梵鐘 조성에 思印과 片手로 참여(安貴淑, 「朝鮮後期 鑄鐘匠 思印比丘에 관한 硏究」)

**오국량**(吳國良 : -1797-) 18세기 후반에 단성현丹城縣 법물야면法勿也面 상법촌上法寸에서 거주한 각수刻手이다. 1797년에 경남 함양 벽송암에서 『범망경梵網經』 개간에 한방철과 각수로 참여하였다. 그는 15세 또는 한 두해 전에 승려僧侶가 되었다가 18세부터 27세 사이에 환속하여 각수刻手로 활동하였다.

‣ 15세 또는 한 두해 전에 僧侶가 되었다가 18세부터 27세 사이에 환속하여 刻手일을 함 (金相淏, 「朝鮮朝 寺刹板 刻手 硏究」)
‣ 1797년 경남 함양 碧松庵에서 『梵網經』 개간에 韓邦喆과 刻手로 참여(刊記)

**옥명**(玉明 : -1748-) 18세기 중반에 활동한 철장鐵匠이다. 1748년에 경북 영주 부석사 종각 중수에 주돌립과 철장으로 참여하였다.

‣ 1748년 경북 영주 浮石寺 鐘閣 重修에 周乭立과 鐵匠으로 참여(「浮石寺資料」)『佛敎美術』3)

**옥현**(玉玄 : -1729-) 18세기 전반에 남원에서 활동한 와장瓦匠이다. 1729년에 전남 장흥 보림사에서 기와 60여누리 교체에 남후발과 편수로 참여하였다.

‣ 1729년 전남 장흥 寶林寺 기와 60여누리 교체에 南厚發과 片手로 참여 (『譯註 寶林寺重創記』) 南原人

**옥형**(玉泂 : -1762-) 18세기 중반에 활동한 와장瓦匠이다. 1761년에 전남 장흥 보림사 신법당 중창 시 개장蓋匠으로, 1762년에 고법당 기와 제작에 참여하였다.

‣ 1761년 전남 장흥 寶林寺 新法堂 重創 시 蓋匠으로 참여(『譯註 寶林寺重創記』) 蓋匠
‣ 1762년 전남 장흥 寶林寺 古法堂 蓋瓦에 참여(『譯註 寶林寺重創記』) 蓋匠

**완기**(玩琦 : -1862-)* 19세기 중반에 활동한 각수刻手이다. 1862년에 건봉사에서 『불설대목연경佛說大目蓮經』 간행에 각자刻字로 참여하였다.

‣ 1862년 乾鳳寺에서 『佛說大目蓮經』 간행에 刻字로 참여(일산 원각사 소장) 刻字

**요원**(了元 : -1685-)* 17세기 후반에 활동한 조각승이다. 1685년에 수화승으로 경북 청도 대비사 불단을 조성하였다.

‣ 1685년 경북 청도 大悲寺 大雄殿 佛卓 제작에 都畵員으로 참여(『韓國의 古建築』15) 都畵員

완기, 佛說大目連經 變相圖, 1862년, 고성 건봉사 간행

**용월당**(龍月堂) 정일正一 참조

**용재**(龍載 : -1786-)* 18세기 후반에 활동한 주종장鑄鐘匠이다. 1786년에 경기 의정부 망월사 범종 조성에 이영희와 편수片手로 참여하였다.

> ▫1786년 경기 의정부 望月寺 梵鐘 조성에 李永喜와 片手로 참여(安貴淑,「朝鮮後期 鑄鐘匠 思印比丘에 관한 硏究」) 片手

**우성**(試成 : -1703-)* 18세기 전반에 활동한 주종장鑄鐘匠이다. 1703년에 청룡산 보적사 범종(해남 대흥사 소장) 개주改鑄에 편수片手로 참여하였다.

> ▫1703년 靑龍山 寶積寺 梵鐘 改鑄에 片手로 참여(해남 대흥사 소장, 安貴淑,「朝鮮後期 鑄鐘匠 思印比丘에 관한 硏究」) 片手

**우정**(宇正, 友淨 : -1803-) 19세기 전반에 활동한 편수片手이다. 1803년에 전남 여수 흥국사 적묵당 중창에 돈화와 편수로 참여하였다.

> ▫1803년 전남 여수 興國寺 寂黙堂 重刱에 頓華와 片手로 참여(眞玉,『興國寺』) 副片手 嘉善大夫

**우징**(宇澄 : -1721-) 18세기 전반에 활동한 각수刻手이다. 1721년에 경남 고성 와룡산 운흥사에서『금강반야바라밀경金剛般若波羅密經』간행에 김진창과 각수로 참여하였다.

> ▫1721년 경남 고성 와룡산 雲興寺에서『金剛般若波羅密經(普賢行願品 合綴)』간행에 金進昌과 刻手로 참여(일산 원각사 소장)

**운밀**(雲密 : -1635-) 17세기 중반에 활동한 각수刻手이다. 1635년에 삭령 용복사에서『천지명양수륙잡문天地冥陽水陸雜文』간행에 해선과 각수로 참여하였다.

> ▫1635년 朔寧 龍腹寺에서『天地冥陽水陸雜文』간행에 海先과 刻手으로 참여(일산 원각사 소장)

우성, 보적사종, 1703년

**운찬**(雲贊 : -1681-) 17세기 후반에 활동한 각수刻手이다. 1681년에 충남 논산 불명산 쌍계사에서『불설대보부모은중경佛說大報父母恩重經』간행에 순일과 각수로 참여하였다.

> ▫1681년 충남 논산 佛明山 雙溪寺에서『佛說大報父母恩重經(佛說小涅槃經 合綴)』간행에 舜日과 刻手로 참여(일산 원각사 소장)

**원감**(圓鑒 : -1604-) 17세기 전반에 활동한 각수刻手이다. 1604년에 쌍계사에서『고봉화상선요高峰和尙禪要』간행에 응준과 각자刻字로 참여하였다.

> ▫1604년 쌍계사에서『高峰和尙禪要』간행에 應俊과 刻字로 참여(일산 원각사 소장)

**원담**(元淡 : -1679-) 17세기 후반에 활동한 각수刻手이다. 울산 원적산 운흥사에서 1679년에『금강경오가해金剛經五家解』상권 간행에 각운과 각수로, 1681년에『대혜보각선사서大慧普覺禪師書』간행에 신종과 각자刻字로 참여하였다.

◦ 1679년 蔚山 圓寂山 雲興寺에서 『金剛經五家解』 上권 간행에 覺雲과 刻手로 참여(일산 원각사 소장)
◦ 1681년 蔚山 圓寂山 雲興寺에서 『大慧普覺禪師書』 간행에 信宗과 刻字로 참여(일산 원각사 소장)

**원돌지**(元乭只 : -1723-)* 18세기 전반에 활동한 야장冶匠이다. 1723년에 경북 영주 부석사 안양문 중수에 야장으로 참여하였다.

◦ 1723년 경북 영주 浮石寺 安養門 重修에 冶匠으로 참여(「浮石寺資料」)『佛敎美術』3) 冶匠

**원무은노미**(元無隱老味 : -1797-) 18세기 후반에 활동한 편수片手이다. 1797년 관음사 중수에 서자근노미와 토편수土邊手로 참여하였다.

◦ 1797년 관음사 중수에 徐者斤老味와 土邊手로 참여(金東旭, 『韓國建築工匠史研究』)

**원민**(元敏) 17세기 초반에 율사栗寺, 원적사圓寂寺, 갑사岬寺 사이를 오가며 각수로 활동하였다.

◦ 17세기 초 栗寺, 圓寂寺, 岬寺 사이를 오가며 刻手로 활동(金相淏, 「朝鮮朝 寺刹板 刻手 研究」)

**원식**(元式 : -1609-1618-)* 17세기 전반에 활동한 각수刻手이다. 전남 순천 송광사에서 1609년에 『수능엄경首楞嚴經』 간행에 시주와 연판鍊板으로, 1612년에 『지장경地藏經』 간행에 판목板木으로, 1615년에 전남 순천 송광사에서 『묘법연화경妙法蓮華經』 간행에 연판과 조역助役으로, 1618년에 『불설예수시왕생칠경佛說預修十王生七經』 간행에 연鍊으로 참여하였다.

◦ 1609년 전남 순천 松廣寺에서 『首楞嚴經』 간행에 施主와 鍊板으로 참여(金相淏, 「寺刹板의 鍊板과 諸 役員에 관한 考察」)
◦ 1612년 전남 순천 松廣寺에서 『地藏經』 간행에 板木으로 참여(金相淏, 「寺刹板의 鍊板과 諸 役員에 관한 考察」)
◦ 1615년 전남 순천 松廣寺에서 묘법연화경 간행에 鍊板과 助役으로 참여(刊記) 鍊板兼助役
◦ 1618년 전남 순천 松廣寺에서 『佛說預修十王生七經』 간행에 鍊으로 참여(金相淏, 「寺刹板의 鍊板과 諸 役員에 관한 考察」)

**원연**(願演 : -1712-) 18세기 전반에 활동한 각수刻手이다. 1712년에 전남 구례 「해동호남도대화엄사사적海東湖南道大華嚴寺事蹟」에 시연과 각수로 참여하였다.

◦ 1712년 전남 구례 「海東湖南道大華嚴寺事蹟」에 時演과 刻手로 참여(「海東湖南道大華嚴寺事蹟」)

**원영**(圓永, 元永, 元英 : -1796-1812-) 18세기 후반부터 19세기 전반까지 활동한 편수片手이다. 1796년에 전남 곡성 태안사 보제루 중창에 조덕진과 편수로, 1803년에 전남 여수 흥국사 적묵당寂默堂 중창에 돈화와 편수로, 1812년에 전남 여수 흥국사 심검당 중건에 조수창과 편수로 참여하였다.

◦ 1796년 전남 곡성 泰安寺 普濟樓 중창에 趙德晋과 片手로 참여(「普濟樓重創記」『桐裏山 泰安寺』)

◦ 1803년 전남 여수 興國寺 寂黙堂 重刱에 頓華와 片手로 참여(眞玉, 『興國寺』) 右片將
◦ 1812년 전남 여수 興國寺 尋劍堂 重建에 趙首昌과 片手로 참여(眞玉, 『興國寺』) 僧

**원오** 1(圓悟 : -1735-) 18세기 중반에 직지사에서 활동한 석편수이다. 1735년
에 경북 김천 직지사 대웅전 중창에 원신과 석편수로 참여하였다.

◦ 1735년 경북 김천 直指寺 大雄殿 중창에 圓信과 石片手로 참여(『直指寺誌』와 金東旭,
『韓國建築工匠史研究』) 本寺

**원오** 2(圓悟 : -1861-1862-)* 19세기 중반에 활동한 연판鍊板이다. 강원 간성
건봉사에서 1861년에 『불설무량수경佛說無量壽經』 간행에 연판으로, 1862년
에 『불설대목련경佛說大目連經』 간행에 연판으로 참여하였다.

◦ 1861년 강원 간성 乾鳳寺에서 『佛說無量壽經』 간행에 鍊板으로 참여(일산 원각사 소장)
鍊板
◦ 1862년 강원 간성 乾鳳寺에서 『佛說大目連經』 간행에 鍊板으로 참여(일산 원각사 소장)
鍊板

**원응**(元應 : -1625-1669-)* 17세기 전중반에 활동한 주종장鑄鐘匠이다. 1625
년에 경기 안양 삼막사 범종 조성에 죽창과 편수로, 1635년에 전북
남원 대복사 범종 조성에 시주로, 1669년에 충남 서산 부석사 범종
조성에 화원畵員으로 참여하였다.

◦ 1625년 경기 안양 三幕寺 梵鐘 조성에 竹淐과 片手로 참여(燒失, 安貴淑,
「朝鮮後期 鑄鐘匠 思印比丘에 관한 研究」)
◦ 1635년 전북 남원 大福寺 梵鐘 조성에 施主로 참여(安貴淑, 「朝鮮後期 鑄鐘
匠 思印比丘에 관한 研究」)
◦ 1669년 충남 서산 浮石寺 梵鐘 조성에 畵員으로 참여(安貴淑, 「朝鮮後期 鑄
鐘匠 思印比丘에 관한 研究」) 畵員

**원일**(元一 : -1635-) 17세기 중반에 활동한 각수刻手이다. 1635년
에 전남 순천 송광사에서 『대방광불화엄경소大方廣佛華嚴經疏』 간
행에 성현과 각수로 참여하였다.

◦ 1635년 전남 순천 松廣寺에서 『大方廣佛華嚴經疏』 간행에 性玄과 刻手로
참여(金相淏, 「朝鮮朝 寺刹板 刻手 研究」)

**월홍**(月弘 : -1782-) 18세기 후반에 활동한 주종장鑄鐘匠이다. 1782
년에 강원 금강 표훈사 범종 조성에 김봉대와 편수로 참여하였다.

◦ 1782년 강원 금강 表訓寺 梵鐘 조성에 金奉大와 片手로 참여(『朝鮮金石總覽』
下) 比丘

원응, 지준, 서산 부석사종, 1669년

**월□**(月□ : -1715-) 18세기 전반에 활동한 주종장鑄鐘匠이다. 1715
년에 전남 용담 숭암사 범종(구례 천은사 소장) 조성에 계일과 편수로 참여하였
다.

◦ 1715년 전남 용담 崇岩寺 梵鐘 조성에 戒日과 片手로 참여(명문, 구례 천은사 소장, 廉永
夏, 「韓國梵鐘에 관한 연구(朝鮮朝鐘의 特徵)」)

**위연**(偉演 : -1749-1750-) 18세기 중반에 활동한 각수刻手이다. 관북 안변 석
왕사에서 신위와 1749년에 『선문오종강요禪門五宗綱要』와 1750년에 『성상통

설性相通說』 간행에 각수로 참여하였다.

  ▫ 1749년 관북 안변 釋王寺에서 『禪門五宗綱要』 간행에 信位와 刻手로 참여(일산 원각사 소장)
  ▫ 1750년 관북 안변 釋王寺에서 『性相通說(大乘百法明門論)』 간행에 信位와 刻手로 참여 (일산 원각사 소장)

**유간**(唯侃 : -1665-)* 17세기 중반에 활동한 화공畵工이다. 1665년에 전남 순천 대흥사 범종(여수 흥국사 소장) 조성에 화공으로 참여하였다.

  ▫ 1665년 전남 순천 大興寺 梵鐘 조성에 畵工으로 참여(여수 흥국사 소장, 銘文) 畵工

**유봉구**(柳奉九 : -1885-)* 19세기 후반에 활동한 야장冶匠이다. 1885년 경남 창령 관룡사 대웅전 중수에 야장으로 참여하였다.

  ▫ 1885년 경남 창령 觀龍寺 大雄殿 重修에 冶匠으로 참여(「大雄殿重修記」, 鄭景柱, 「慶南 地方 寺刹 金石文獻資料 調査硏究」) 冶匠

**유복룡**(劉福龍 : -1760-) 18세기 중반에 활동한 주종장鑄鐘匠이다. 1760년에 고산 대둔산 안심사 범종(청주 보석사 소장) 조성에 백흥모와 편수로 참여하였다.

  ▫ 1760년 高山 大屯山 安心寺 梵鐘 조성에 白興模와 片手로 참여(星州城內鑄鐘, 청주 보석사 소장, 廉永夏, 「韓國梵鐘에 관한 연구(朝鮮朝鐘의 特徵)」)

**유선**(唯善, 唯禪 : -1661-)* 17세기 중반에 활동한 연판鍊板이다. 1661년에 강원 속천 신흥사에서 『천지명양수륙재의찬요天地冥陽水陸齋儀纂要』 간행과 경남 밀양 영정사에서 『대방광원각수다라요의경大方廣圓覺修多羅了義經』에 연판으로 참여하였다.

  ▫ 1661년 강원 속천 新興寺에서 『天地冥陽水陸齋儀纂要』 간행에 鍊板으로 참여(『韓國佛敎儀禮資料叢書』 2) 鍊板
  ▫ 1661년 경남 밀양 靈井寺에서 『大方廣圓覺修多羅了義經』에 鍊板으로 참여(일산 원각사 소장) 鍊板

**유성**(唯性 : -1665-)* 17세기 중반에 활동한 각공刻工이다. 1665년에 전남 순천 대흥사 범종(여수 흥국사 소장) 조성에 각공으로 참여하였다.

  ▫ 1665년 전남 순천 大興寺 梵鐘 조성에 刻工으로 참여(여수 흥국사 소장, 銘文) 刻工

**유인**(唯仁 : -1614-) 17세기 전반에 활동한 각수刻手이다. 1614년에 충남 논산 쌍계사에서 『경덕전등록景德傳燈錄』 간행에 쌍순과 각수로 참여하였다.

  ▫ 1614년 충남 논산 쌍계사에서 『景德傳燈錄』 간행에 双淳과 刻手로 참여(일산 원각사 소장)

**유일**(唯一 : -1678-) 17세기 후반에 활동한 각수刻手이다. 1678년에 전남 순천 송광사 보조국사탑비普照國師塔碑를 개립改立할 때에 이시석과 각자로 참여하였다.

  ▫ 1678년 전남 순천 松廣寺 普照國師塔碑 改立에 李時碩과 刻字로 참여(『朝鮮金石總覽』 下)

**유종손**(柳宗孫 : -1812-)* 19세기 전반에 활동한 거장鋸匠이다, 1812년에 전남 여수 흥국사 심검당尋劍堂 중건에 거장으로 참여하였다.

◦ 1812년 전남 여수 興國寺 尋劍堂 重建에 鋸匠으로 참여(『韓國의 古建築』와 眞玉, 『興國寺』) 鋸匠

**유찰**(宥察 : -1702-)* 18세기 전반에 활동한 각수刻手이다. 1702년에 경남 통영 안정사 「시왕나한중수기十王羅漢重修記」 현판懸板에 각자刻字로 참여하였다.

◦ 1702년 경남 통영 安靜寺 十王과 羅漢 重修記 懸板에 刻字로 참여(「固城東碧芳山安靜寺 十王羅漢兩所尊像重修記」, 鄭景柱, 「慶南地方 寺刹 金石文獻資料 調査研究」) 刻字

**유초**(裕楚 : -1682-1686-) 17세기 후반에 활동한 각수刻手이다. 1682년에 묘향산 보현사에서 『금강반야경소론찬요조현록金剛般若經疏論纂要助顯錄』 간행에 박응하와 각수로, 1684년에 불영대에서 『범망경梵網經』 간행에 각수로, 1685년에 선정암에서 『범망경梵網經』 간행에 각수로, 1686년에 고묘불당古廟佛堂에서 『법망경梵網經』 간행에 각수로 참여하였다.

◦ 1682년 묘향산 普賢寺에서 『金剛般若經疏論纂要助顯錄』 간행에 朴應河와 刻手로 참여 (金相淏, 「朝鮮朝 寺刹板 刻手 研究」)
◦ 1684년 佛影台에서 『梵網經』 간행에 刻手로 참여(金相淏, 「朝鮮朝 寺刹板 刻手 研究」)
◦ 1685년 禪定庵에서 『梵網經』 간행에 刻手로 참여(金相淏, 「朝鮮朝 寺刹板 刻手 研究」)
◦ 1686년 古廟佛堂에서 『梵網經』 간행에 刻手로 참여(金相淏, 「朝鮮朝 寺刹板 刻手 研究」)

**유한필**(劉漢弼 : -1729-)* 18세기 전반에 활동한 야장冶匠이다. 1729년에 전남 장흥 보림사 동부도전에 운파당대사 부도를 건립할 때 야장으로 참여하였다.

◦ 1729년 전남 장흥 寶林寺 東浮屠殿에 雲坡堂大師 浮屠 건립에 冶匠으로 참여(『譯註 寶林寺重創記』) 冶匠

**유해**(有海 : -1707-1724-) 18세기 전반에 활동한 석수石手이다. 전남 장흥 보림사에서 1707년에 문수전 중창에 보환과 편수로, 1724년에 지통紙桶을 남암천으로 옮겨 세울 때 희열과 편수로 참여하였다.

◦ 1707년 전남 장흥 寶林寺 文殊殿 重創에 寶還과 片手로 참여(『譯註 寶林寺重創記』)
◦ 1724년 전남 장흥 寶林寺 紙桶을 南庵川으로 옮겨 세울 때 希悅과 片手로 참여(『譯註 寶林寺重創記』)

**유호표**(劉好標 : -1835-)* 19세기 전반에 활동한 야장冶匠이다. 1835년에 전남 영암 도갑사 미륵전 사중창四重創 중창에 야장으로 참여하였다.

◦ 1835년 전남 영암 道岬寺 彌勒殿 四重創 重創에 冶匠으로 참여(『上樑文集(補修時 發見된 上樑文)』) 冶匠

**육행**(六行 : -1638-1663-)* 17세기 중반에 강원도와 경상도 등에서 활동한 각수刻手이다. 1638년 경남 밀양 재악산 영정사에서 『묘법연화경妙法蓮華經』 간행에 법령과 각자로, 1661년에 강원 속천 신흥사에서 『천지명양수륙재의찬요天地冥陽水陸齋儀纂要』 간행에 각자刻字로, 1663년에 경남 밀양 표훈사에서 『묘법연화경妙法蓮華經』 판각板刻에 참여하였다.

◦ 1638년 경남 밀양 載岳山 靈井寺에서 『妙法蓮華經』 간행에 法令과 刻字로 참여(일산 원각사 소장)
◦ 1661년 강원 속천 新興寺에서 『天地冥陽水陸齋儀纂要』 간행에 刻字로 참여(『韓國佛敎儀

『禮資料叢書』 2) 刻字
◦ 1663년 경남 밀양 表訓寺 『妙法蓮華經』 板刻에 참여(金相淏, 「朝鮮朝 寺刹板 刻手 研究」)
◦ 경상도 靈井寺, 通度寺, 雲興寺 등에서 板刻에 참여하였다.

**육청**(六淸 : -1661-) 17세기 중반에 활동한 각수刻手이다. 1661년 경남 밀양 영정사에서 『대방광원각수다라요의경大方廣圓覺修多羅了義經』에 이시일과 각수로 참여하였다.
◦ 1661년 경남 밀양 靈井寺에서 『大方廣圓覺修多羅了義經』에 李時一과 刻手로 참여(일산 원각사 소장)

**윤계원**(尹啓元 : -1790-) 18세기 후반에 활동한 주종장鑄鐘匠이다. 1790년에 경기 화성 용주사 범종 조성에 윤덕칭과 편수로 참여하였다.
◦ 1790년 경기 화성 龍珠寺 梵鐘 조성에 尹德稱과 片手로 참여(安貴淑, 「朝鮮後期 鑄鐘匠 思印比丘에 관한 研究」과 廉永夏, 「韓國梵鐘에 관한 연구(朝鮮朝鐘의 特徵)」)

**윤계창**(尹啓昌 : -1824-) 19세기 전반에 활동한 각수刻手이다. 1824년에 강원 금강산 유점사에서 『조상경造像經』 간행에 최담과 각공으로 참여하였다.
◦ 1824년 강원 金剛山 榆岾寺에서 『造像經』 간행에 最談과 刻工으로 참여(일산 원각사 소장)

**윤계환**(尹戒還 : -1681-) 17세기 후반에 활동한 각수刻手이다. 1681년에 울산 원적산 운흥사에서 『대혜보각선사서大慧普覺禪師書』 간행에 신종과 각자刻字로 참여하였다.
◦ 1681년 蔚山 圓寂山 雲興寺에서 『大慧普覺禪師書』 간행에 信宗과 刻字로 참여(일산 원각사 소장)

**윤관**(玧官 : -1836-)* 19세기 중반에 활동한 각수刻手이다. 1836년에 경북 경주 기림사 남적암 중창기에 각수로 참여하였다.
◦ 1836년 경북 경주 祇林寺 南寂庵 重創記에 刻手로 참여(「慶州府東嶺含月山祇林寺南寂庵重創記」 『佛國寺誌』) 刻手

**윤광형**(尹光衡 : -1751-1768-) 18세기 중반에 활동한 주종장鑄鐘匠이다. 1751년에 전남 장흥 정방사 범종(장흥 신흥사 소장) 조성에 윤취삼과 편수片手로 참여, 1768년에 장흥 보림사 명정암 범종(정읍 내장사 소장) 조성에 편수片手로 참여하였다.
◦ 1751년 전남 장흥 井方寺 梵鐘 조성에 尹就三과 片手로 참여(장흥 신흥사 소장, 安貴淑, 「朝鮮後期 鑄鐘匠 思印比丘에 관한 研究」)
◦ 1768년 전남 장흥 寶林寺 明正庵 梵鐘 조성에 片手로 참여(정읍 내장사 소장, 安貴淑, 「朝鮮後期 鑄鐘匠 思印比丘에 관한 研究」)

**윤덕칭**(尹德稱 : -1790-)* 18세기 후반에 전라도 장흥에서 활동한 주종장鑄鐘匠이다. 1790년에 경기 화성 용주사 범종 조성에 편수片手로 참여하였다.
◦ 1790년 경기 화성 龍珠寺 梵鐘 조성에 片手로 참여(安貴淑, 「朝鮮後期 鑄鐘匠 思印比丘에 관한 研究」과 廉永夏, 「韓國梵鐘에 관한 연구(朝鮮朝鐘의 特徵)」) 全羅道 長興片手

윤덕칭, 용주사종, 1790년

**윤덕흥**(尹德興 : -1790-) 18세기 후반에 활동한 주종장鑄鐘匠이다. 1790년에 경기 화성 용주사 범종 조성에 윤덕칭과 편수片手로 참여하였다.

- 1790년 경기 화성 龍珠寺 梵鐘 조성에 尹德稱과 片手로 참여(安貴淑, 「朝鮮後期 鑄鐘匠 思印比丘에 관한 硏究」과 廉永夏, 「韓國梵鐘에 관한 연구(朝鮮朝鐘의 特徵)」)

**윤득재**(尹得載 : -1754-)* 18세기 중반에 활동한 두석장이다. 1754년 경남 고성 옥천사 상찬上輦 제작에 두석편수豆錫片手로 참여하였다.

- 1754년 경남 고성 玉泉寺 上輦 제작에 豆錫片手로 참여(銘文, 『蓮華玉泉의 향기』) 豆錫片手

**윤상**(允常 : -1707-) 18세기 전반에 활동한 야장冶匠이다. 1707년에 전남 순천 선암사 중수비重修碑 건립에 박수전과 야장으로 참여하였다.

- 1707년 전남 순천 仙巖寺 重修碑 건립에 朴秀全과 冶匠으로 참여(『朝鮮金石總覽』 下)

**윤상백**(尹尙伯 : -1709-)* 18세기 전반에 활동한 주종장鑄鐘匠이다. 1709년에 승달산 법천사 범종 조성(해남 대흥사 성보박물관 소장)에 편수로 참여하였다.

- 1709년 僧達山 法泉寺 梵鐘 조성에 片手로 참여(해남 대흥사 성보박물관 소장, 安貴淑, 「朝鮮後期 鑄鐘匠 思印比丘에 관한 硏究」) 片手

윤상백, 법천사종, 1709년

**윤선**(閏善 : -1773-) 18세기 후반에 활동한 와장瓦匠이다. 1773년에 경북 영주 부석사 개와改瓦 제작에 김옥돌과 편수片手로 참여하였다.

- 1773년 경북 영주 浮石寺 改瓦를 金玉咄과 片手로 제작(「浮石寺資料」 『佛敎美術』3) 副片手 僧

**윤송백**(尹宋伯 : -1711-)* 18세기 전반에 활동한 주종장鑄鐘匠이다. 1711년에 남평 운흥사 범종(구례 화엄사 소장) 조성에 주공鑄工으로 참여하였다.

- 1711년 雲興寺 梵鐘 조성에 鑄工으로 참여(구례 화엄사 소장, 安貴淑, 「朝鮮後期 鑄鐘匠 思印比丘에 관한 硏究」) 鑄工

**윤언복**(尹彦卜 : -1679-)* 17세기 후반에 활동한 야장冶匠이다. 1679년에 전남 장흥 보림사 대종 주성에 야장으로 참여하여 완성하였지만 부서 버렸다.

- 1679년 전남 장흥 寶林寺 大鐘을 冶匠으로 鑄成하여 완성하였지만 부셔 버림(『譯註 寶林寺重創記』) 冶匠

**윤용이**(尹龍伊 : -1693-)* 17세기 후반에 활동한 야장冶匠이다. 1693년에 전남 장흥 보림사에서 금고를 야장으로 주성鑄成하였다.

- 1693년 전남 장흥 寶林寺에서 禁鼓를 冶匠으로 鑄成(『譯註 寶林寺重創記』) 冶匠

**윤유창**(尹有昌 : -1767-)* 18세기 중반에 활동한 주종장鑄鐘匠이다. 1767년에 전남 장흥 천관사 범종(나주 다보사 소장) 조성에 주종편수鑄鐘片手로 참여하였다.

◦1767년 전남 장흥 天冠寺 梵鐘 조성에 鑄鐘片手로 참여(나주 다보사 소장, 安貴淑,「朝鮮後期 鑄鐘匠 思印比丘에 관한 研究」) 鑄鐘片手

**윤정**(允定 : -1801-) 19세기 전반에 활동한 와장瓦匠이다. 1801년에 경남 양산 신흥사 대웅전 중수에 박동인과 와장으로 참여하였다.

◦1801년 경남 양산 新興寺 大雄殿 重修에 朴同仁과 瓦匠으로 참여(『新興寺 大光殿 修理報告書』)

**윤정일**(尹丁日, 尹丁一, 尹延一) 숙종 연간에 활동한 각수刻手이다. 평안도 사찰에서 불서佛書 간행에 참여하였다.

◦숙종 초 평안도 사찰에서 佛書 간행에 참여(金相淏,「朝鮮朝 寺刹板 刻手 研究」)

**윤종**(尹種 : -1804-) 19세기 전반에 활동한 주종장鑄鐘匠이다. 1804년에 충북 보은 법주사 범종 조성에 환징과 편수片手로 참여하였다.

◦1804년 충북 보은 法住寺 梵鐘 조성에 環澄과 片手로 참여(安貴淑,「朝鮮後期 鑄鐘匠 思印比丘에 관한 研究」과 廉永夏,「韓國梵鐘에 관한 연구(朝鮮朝鐘의 特徵)」)

**윤종백**(尹宗伯 : -1709-)* 18세기 전반에 활동한 주종장鑄鐘匠이다. 1709년에 전남 해남 대흥사 진불암 범종(대흥사 성보박물관 소장) 조성에 주공鑄工으로 참여하였다.

◦1709년 전남 해남 大興寺 眞佛庵 梵鐘 조성에 鑄工으로 참여(대흥사 성보박물관 소장, 安貴淑,「朝鮮後期 鑄鐘匠 思印比丘에 관한 研究」와『全南의 寺刹 Ⅰ』) 鑄工

**윤준**(允俊 : -1718-)* 18세기 전반에 활동한 와장瓦匠이다. 1718년에 전남 여수 진남관 기와 제작에 도편수都邊手로 참여하였다.

◦1718년 전남 여수 鎭南館 기와 제작에 都邊手로 참여(崔容完,「麗水 鎭南館 上樑文」『考古美術』六卷 十·十一號) 燔瓦都邊手

**윤추경**(尹秋敬 : -1635-) 17세기 중반에 활동한 각수刻手이다. 1635년에 전남 순천 송광사에서『대방광불화엄경소大方廣佛華嚴經疏』개판에 각수로 참여하였다.

◦1635년 전남 순천 松廣寺에서『大方廣佛華嚴經疏』개판에 刻手로 참여(金相淏,「朝鮮朝 寺刹板 刻手 研究」)

**윤취삼**(尹就三 : -1751-)* 18세기 중반에 전라남도 장흥에서 활동한 주종장鑄鐘匠이다. 1751년에 전남 해남 정방사 범종(장흥 신흥사 소장) 조성에 도편수로 참여하였다.

◦1751년 전남 해남 井方寺 梵鐘 조성에 都片手로 참여(장흥 신흥사 소장, 安貴淑,「朝鮮後期 鑄鐘匠 思印比丘에 관한 研究」) 都片手 嘉善大夫 長興

윤유창, 천관사종 보살상, 1767년

윤종백, 운흥사종, 1711년

**윤취은**(尹就殷 : -1716-1730-)* 18세기 전반에 활동한 주종장鑄鐘匠이다.
1716년에 전북 완주 송광사 범종 조성에 도편수都片手로, 1729
년에 전남 장흥 보림사에서 금고와 중종中鐘 개주에 편수片手
로, 1730년에 전남 순천 선암사 원통전 응향각 범종 조성에 편
수片手로 참여하였다.

- 1716년 전북 완주 松廣寺 梵鐘 조성에 都片手로 참여(安貴淑, 「朝鮮後期 鑄鐘匠 思印比丘에 관한 研究」과 염영하, 「韓國梵鐘에 관한 연구(朝鮮朝鐘의 特徵)」 및 최응천, 「18世紀 梵鐘의 樣相과 鑄鐘匠 金成元의 作品」) 都片手
- 1729년 전남 장흥 寶林寺에서 禁鼓와 中鐘 改鑄에 片手로 참여(『譯註 寶林寺重創記』) 片手 鑄鐘匠
- 1730년 전남 순천 仙巖寺 圓通殿 凝香閣 梵鐘 조성에 片手로 참여(安貴淑, 「朝鮮後期 鑄鐘匠 思印比丘에 관한 研究」) 片手

**은삼**(隱三 : -1791-) 18세기 후반에 활동한 각수刻手이다. 1791
년 전남 순천 송광사에서 『지장보살본원경地藏菩薩本願經』 간
행에 대영과 각원으로 참여하였다.

- 1791년 전남 순천 松廣寺에서 『地藏菩薩本願經』 간행에 大榮과 刻員으로 참여(일산 원각사 소장) 願

윤취은, 여둔사종, 1716년

**은호**(隱浩 : -1614-) 17세기 전반에 활동한 각수刻手이다. 1614
년에 충남 논산 쌍계사에서 『경덕전등록景德傳燈錄』 간행에 쌍
순과 각수로 참여하였다.

- 1614년 충남 논산 쌍계사에서 『景德傳燈錄』 간행에 双淳과 刻手로 참여(일산 원각사 소장)

**응신**(應新 : -1604-1611-)* 17세기 전반에 전남 순천 송광사에서 활동한 각수
刻手이다. 전남 순천 송광사에서 1607년에 『묘법연화경妙法蓮華經』, 1608년
에 『대혜보각선사서』와 『법집별행록절요병입사기』 등을, 1611년에 전북 부
안 실상사에서 『불설관무량수불경佛說觀無量壽佛經』 간행에 각수로 참여하
였다.

- 1604년 지리산 능인암에서 『妙法蓮華經』 간행에 刻手로 참여(박도화, 「朝鮮時代 佛敎版畵의 樣式과 刻手」)
- 전남 순천 송광사에서 1607년 『妙法蓮華經』, 1608년 『대혜보각선사서』와 『법집별행록절요병입사기』 등을 간행(박도화, 「朝鮮時代 佛敎版畵의 樣式과 刻手」)
- 1611년 전북 부안 實相寺에서 『佛說觀無量壽佛經』 간행에 刻手로 참여(일산 원각사 소장) 刻手

**응암**(應岩 : -1694-)* 17세기 후반에 활동한 각수刻手이다. 1694년에 전북 남
원 실상사 범종 조성에 각자刻字로 참여하였다.

- 1694년 전북 남원 實相寺 梵鐘 조성에 刻字로 참여(『한국의 사찰문화재 – 전북/제주』) 刻字

**응원**(應元 : -1614-) 17세기 전반에 활동한 각수刻手이다. 1614년에 충남 논

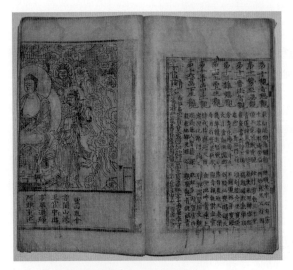

응신, 佛說觀無量壽佛經 變相圖, 1611년, 부안 실상사 개판

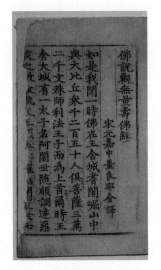

응신, 佛說觀無量壽佛經, 1611년, 부안 실상사 개판

산 쌍계사에서 『경덕전등록景德傳燈錄』 간행에 쌍정과 각수로 참여하였다.

▫ 1614년 충남 논산 쌍계사에서 『景德傳燈錄』 간행에 双淳과 刻手로 참여(일산 원각사 소장)

**응전**(應詮 : -1665-) 17세기 중반에 활동한 각수刻手이다. 1665년에 전남 순천 대흥사 범종(여수 흥국사 소장) 조성에 유성과 각공刻工으로 참여하였다.

▫ 1665년 전남 순천 大興寺 梵鐘 조성에 唯性과 刻工으로 참여(여수 흥국사 소장, 銘文)

**응준**(應俊 : -1604-)* 17세기 전반에 활동한 각수刻手이다. 1604년에 쌍계사에서 『고봉화상선요高峰和尙禪要』과 『선원제전집도서禪源諸詮集都序』 간행에 각자刻字로, 『대혜보각선사서大慧普覺禪師書』 간행에 태□과 각자로 참여하였다.

▫ 1604년 쌍계사에서 『高峰和尙禪要』과 『禪源諸詮集都序』 간행에 刻字로 참여(일산 원각사 소장) 刻字
  1604년 쌍계사에서 『大慧普覺禪師書』 간행에 太□과 刻字로 참여(일산 원각사 소장)

**응청**(應淸 : -1661-1681-) 17세기 후반에 활동한 각수刻手이다. 1661년에 경남 밀양 영정사에서 『대방광원각수다라요의경大方廣圓覺修多羅了義經』에 이시일과 각수로, 1681년에 울산 원적산 운흥사에서 『대혜보각선사서大慧普覺禪師書』 간행에 신종과 각자刻字로 참여하였다.

▫ 1661년 경남 밀양 靈井寺에서 『大方廣圓覺修多羅了義經』에 李時一과 刻手로 참여(일산 원각사 소장)
▫ 1681년 蔚山 圓寂山 雲興寺에서 『大慧普覺禪師書』 간행에 信宗과 刻字로 참여(일산 원각사 소장)

**응한**(應閑 : -1664-) 17세기 중반에 활동한 각수刻手이다. 1664년에 전남 여수 영취산 흥국사에서 『묘법연화경妙法蓮華經』 간행에 일감과 각수로 참여하였다.

　◦1664년 전남 여수 靈鷲山 興國寺에서 『妙法蓮華經』 간행에 一甘과 刻手로 참여(일산 원각사 소장)

**응현**(應玄 : -1612-) 17세기 전반에 충청북도 청주에서 활동한 각수刻手이다. 1612년에 충원 청룡사에서 『묘법연화경妙法蓮華經』 간행에 도신과 각수로 참여하여 1613년 8월에 마쳤다.

　◦1612년 忠原 靑龍寺에서 『妙法蓮華經』 간행에 道信과 刻手로 참여하여 1613년 8月 마침 (金相淏, 「朝鮮朝 寺刹板 刻手 研究」)

**응호**(應浩 : -1715-) 18세기 전반에 활동한 주종장鑄鐘匠이다. 1715년에 전남 용담 숭암사 범종(구례 천은사 소장) 조성에 계일과 편수로 참여하였다.

　◦1715년 전남 용담 崇岩寺 梵鐘 조성에 戒日과 片手로 참여(구례 천은사 소장, 安貴淑, 「朝鮮後期 鑄鐘匠 思印比丘에 관한 研究」)

**응희**(應熙 : -1741-)* 18세기 중반에 활동한 야장冶匠이다. 1741년에 경북 김천 직지사 사적비事蹟碑 건립에 야장으로 참여하였다.

　◦1741년 경북 김천 直指寺 事蹟碑 건립에 冶匠으로 참여(『直指寺誌』와 『朝鮮金石總覽』 下) 冶匠

**의대**(義大 : -1738-)* 18세기 중반에 활동한 주종장鑄鐘匠이다. 1738년에 경북 예천 용문사 범종 조성에 강애오와 화원畵員으로 참여하였다.

　◦1738년 경북 예천 龍門寺 梵鐘 조성에 姜愛悟와 畵員으로 참여(安貴淑, 「朝鮮後期 鑄鐘匠 思印比丘에 관한 研究」와 염영하·홍사준, 「慶北 醴川 龍門寺 鐘考」) 畵員

**의련**(儀連 : -1773-) 18세기 후반에 활동한 각수刻手이다. 1773년에 경북 영주 부석사 개와기改瓦記에 사성과 각수로 참여하였다.

　◦1773년 경북 영주 浮石寺 改瓦記에 思性과 刻手로 참여(『浮石寺資料』)『佛敎美術』3)

**의순**(宜順 : -1882-) **혼성당**(渾惺堂) 19세기 후반에 활동한 와장瓦匠이다. 1882년에 경남 창령 관룡사 중수에 쌍명법진과 번와燔瓦로 참여하였다.

　◦1882년 경남 창령 觀龍寺 重修에 雙明法眞과 燔瓦로 참여(「觀龍寺重修記」, 鄭景柱, 「慶南地方 寺刹 金石文獻資料 調査研究」)

**의원**(儀元 : -1681-) 17세기 후반에 활동한 각수刻手이다. 1681년에 울산 원적산 운흥사에서 『대혜보각선사서大慧普覺禪師書』 간행에 신종과 각자刻字로 참여하였다.

　◦1681년 蔚山 圓寂山 雲興寺에서 『大慧普覺禪師書』 간행에 信宗과 刻字로 참여(일산 원각사 소장)

**의윤**(義允 : -1720-)* 18세기 전반에 활동한 화원이다. 1720년에 전북 김제 금산사에서 자성이 『불설대보부모은중경佛說大報父母恩重經』을 간행할 때 화원畵員으로 참여하였다.

　◦1720년 전북 김제 金山寺에서 自性이 『佛說大報父母恩重經(諺解)』을 간행할 때 畵員으로 참여(일산 원각사 소장) 畵員

**의인**(義仁 : -1622-) 17세기 전반에 활동한 야장冶匠이다. 1622년에 자인수양사慈仁壽兩寺 목조비로자나삼신불좌상 조성에 성옥과 야장으로 참여하였다.

　◦1622년 慈仁壽兩寺 木造毘盧遮那三身佛坐像 造成에 性玉과 冶匠으로 참여(서울 지장암 봉안, 문명대, 「17세기 전반기 조각승 玄眞派의 성립과 지장암 木 毘盧遮那佛坐像의 研究」)

**의환**(義環 : -1631-)* 17세기 전반에 활동한 각수刻手이다. 1631년에 전남 순천 송광사에서 『염불작법念佛作法』 간행에 변상도變相圖를 제작하였다.

　◦1631년 전남 순천 松廣寺에서 『念佛作法』 간행에 變相圖를 제작(金相淏, 「朝鮮朝 寺刹板 刻手 研究」) 畵

**이**(李 : -1754-) 18세기 중반에 활동한 와장瓦匠이다. 1754년에 전남 장흥 보림사에서 도편수로 2월 20일에 와역瓦役을 시작하여 6월 초순에 마쳤다.

　◦1754년 전남 장흥 寶林寺에서 都片手로 2월 20일 瓦役을 시작하여 6월 초순에 마침(『譯註 寶林寺重創記』) 都片手 靈岩居

**이**(李 : -1759-)* 18세기 중반에 경상남도 합천에서 활동한 주종장鑄鐘匠이다. 1759년에 전남 장흥 보림사에서 대종 개주改鑄에 편수로 참여하고, 대종大鐘 1개와 중종中鐘 2개를 만들었는데, 시종의 다행함을 얻지 못했으며, 중종 2개는 조금 금이 간 흔적이 있다.

　◦1759년 전남 장흥 보림사에서 대종 改鑄에 片手로 참여 - 大鐘 1개와 中鐘 2개를 만들었는데, 시종의 다행함을 얻지 못했으며, 중종2개는 조금 금이 간 흔적이 있음(『譯註 寶林寺重創記』) 嶺南 陜川

**이**(李 : -1764-) 18세기 중반에 활동한 주종장鑄鐘匠으로, 본本은 성주星州이다. 1764년에 경북 함양 법화암 범종 조성에 편수로 참여하였다.

　◦1764년 경북 함양 法華庵 梵鐘 조성에 片手로 참여(「冶人李子說記」 『秋波集』)

**이귀건**(李貴建 : -1748-)* 18세기 중반에 활동한 야장冶匠이다. 1748년에 강원 인제 백담사 목조아미타삼존불좌상 제작에 야장으로 참여하였다.

　◦1748년 강원 인제 百潭寺 木造阿彌陀三尊佛坐像 制作에 冶匠으로 참여(文明大, 「영·정조시대 목불상의 전개와 百潭寺 목아미타불상」) 冶匠

**이귀선**(李貴先 : -1759-)* 18세기 중반에 활동한 야장冶匠이다. 1759년에 전북 완주 안심사 사적비事蹟碑 건립에 야장으로 참여하였다.

　◦1759년 전북 완주 安心寺 事蹟碑 건립에 冶匠으로 참여(『朝鮮金石總覽』 下) 冶匠

**이금봉**(李今奉 : -1773-) 18세기 후반에 활동한 야장冶匠이다. 1773년에 정암사 수마유탑지에 이선이와 야장으로 언급하였다.

　◦1773년 정암사 수마유탑지에 李先伊와 冶匠으로 언급(金東旭, 『韓國建築工匠史研究』)

**이남**(李男 : -1644-)* 17세기 중반에 활동한 시철장施鐵匠이다. 1644년에 전남 평창 龍興寺 梵鐘(담양 용흥사 대웅전 소장)을 김용암이 조성할 때 시철장施鐵匠

으로 참여하였다.

　◦1644년 전남 담양 龍興寺 梵鐘을 金龍岩이 조성할 때 施鐵匠으로 참여(담양 용흥사 대웅
　　전 소장, 安貴淑, 「朝鮮後期 鑄鐘匠 思印比丘에 관한 研究」) 施鐵匠

**이눌**(以訥 : -1679-1681-) 17세기 후반에 활동한 각수刻手이다. 울산 원적산
운흥사에서 1679년에 『금강경오가해金剛經五家解』 상권 간행에 각운과 각수
로, 1681년에 『대혜보각선사서大慧普覺禪師書』 간행에 신종과 각자刻字로 참
여하였다.

　◦1679년 蔚山 圓寂山 雲興寺에서 『金剛經五家解』 上권 간행에 覺雲과 刻手로 참여(일산
　　원각사 소장)
　◦1681년 蔚山 圓寂山 雲興寺에서 『大慧普覺禪師書』 간행에 信宗과 刻字로 참여(일산 원
　　각사 소장)

**이덕환**(李德還 : -1839-)* 19세기 후반에 활동한 주종장鑄鐘匠이다. 1839년에
청□ 신륵사 범종(상주 남장사 보광전 소장) 조성에 편수로 참여하였다.

　◦1839년 淸道 神勒寺 梵鐘 조성에 片手로 참여(상주 남장사 보광전 소장, 廉永夏, 「韓國
　　梵鐘에 관한 연구(朝鮮朝鐘의 特徵)」) 片手

**이만권**(李萬權 : -1772-) 18세기 후반에 활동한 주종장鑄鐘匠이다. 1772년에
대흥사종(해남 대흥사 종루)을 주조하였다.

　◦1772년 海南 大興寺 梵鐘 조성에 片手로 참여(安貴淑, 「朝鮮後期 鑄鐘匠 思
　　印比丘에 관한 研究」) 都片手

**이만근**(李萬根 : -1853-) 19세기 중반에 활동한 각수刻手이다.
1853년에 경기 삼각산 내원암에서 『관무량수불경觀無量壽佛經』
간행에 문경순과 각수로 참여하였다.

　◦1853년에 경기 삼각산 內院庵에서 『觀無量壽佛經』 간행에 文敬淳과 각수
　　로 참여(刊記)

**이만길**(李萬吉 : -1853-) 19세기 중반에 활동한 각수刻手이다.
1853년에 경기 삼각산 내원암에서 『관무량수불경觀無量壽佛經』
간행에 문경순과 각수로 참여하였다.

　◦1853년에 경기 삼각산 內院庵에서 『觀無量壽佛經』 간행에 文敬淳과 각수
　　로 참여(刊記)

**이만돌**(李萬乭 : -1761-1770-)* 18세기 중반에 활동한 주종鑄鐘
匠이다. 1761년에 충북 보은 영국사 만세루 범종 조성에 양공으
로, 1770년 덕산 가야사 범종(서울 봉원사 소장) 조성에 편수로 참여
하였다.

이만권, 대흥사종, 1772년

　◦1761년 충북 보은 寧國寺 만세루 梵鐘 조성에 良工으로 참여(安貴淑, 「朝鮮
　　後期 鑄鐘匠 思印比丘에 관한 研究」) 良工
　◦1770년 德山 伽倻寺 梵鐘 조성에 片手로 참여(서울 봉원사 소장, 安貴淑, 「朝鮮後期 鑄鐘
　　匠 思印比丘에 관한 研究」) 片手

**이만득**(李萬得 : -1750-) 18세기 중반에 활동한 야장冶匠이다. 1750년에 경북

울진 불영사 대웅전 보수에 김득도와 야편수冶片手로 참여하였다.

▫1750년 경북 울진 佛影寺 大雄殿 보수에 金得刀와 冶片手로 참여(『佛影寺 大雄寶殿 實測調査報告書』)

**이만수**(李萬洙 : -1690-)* 17세기 후반에 활동한 화사畵師이다. 1690년에 경남 진주 지리산 대원암에서 『대방광불화엄경소초大方廣佛華嚴經疏초』 간행에 화사로 참여하였다.

▫1690년 경남 晋州 智異山 大源庵에서 『大方廣佛華嚴經疏초』 간행에 變相圖 畵師로 참여(일산 원각사 소장) 畵師

이만수, 大方廣佛華嚴經疏抄 變相圖, 1690년, 산청 대원암 간행

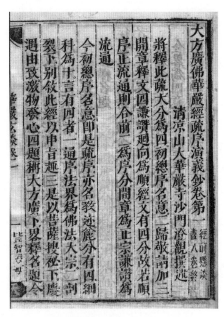

이만수, 大方廣佛華嚴經疏抄, 1690년, 산청 대원암 간행

**이만숙**(李萬叔 : -1772-1773-)* 18세기 후반에 활동한 주종장鑄鐘匠이다. 1772년에 전남 해남 대흥사 범종 조성에 편수로, 1773년에 경기 여주 신륵사 범종 조성에 도편수로 참여하였다.

▫1772년 전남 해남 大興寺 梵鐘 조성에 片手로 참여(廉永夏,「韓國梵鐘에 관한 연구(朝鮮朝鐘의 特徵)」와 『한국의 사찰문화재 – 광주/전남』) 匠

▫1773년 경기 여주 神勒寺 梵鐘 조성에 都片手로 참여(安貴淑,「朝鮮後期 鑄鐘匠 思印比도에 관한 研究」) 都片手

**이만석**(李万石, 李萬碩 : -1759-1768-)* 18세기 중반에 활동한 주종장鑄鐘匠이다. 1759년에 충남 당진 영랑사 범종과 1768년에 충북 단양 구인사 범종 조성에 편수로 참여하였다.

▫1759년 충남 당진 影浪寺 梵鐘 조성에 片手로 참여(廉永夏,「韓國梵鐘에 관한 연구(朝鮮朝鐘의 特徵)」) 工人

▫1768년 충북 단양 救仁寺 梵鐘 조성에 片手로 참여(『한국의 사찰문화재 – 충북』) 片手

**이만중**(李萬重 : -1776-1788-)* 18세기 후반에 활동한 주종장鑄鐘匠이다. 1776년에 경남 고성 옥천사 범종 개주改鑄에 도편수로, 1785년에 충북 보은 법주사 원통보전 범종 조성에 도편수로, 1788년에 전북 무주 안국사 범종 개주改鑄에 도편수로 참여하였다.

▫1776년 경남 고성 玉泉寺 梵鐘 改鑄에 都片手로 참여(安貴淑,「朝鮮後期 鑄鐘匠 思印比
  丘에 관한 硏究」와 『蓮華玉泉의 향기』) 都片手
▫1785년 충북 보은 法住寺 圓通寶殿 梵鐘 조성에 都片手로 참여(安貴淑,「朝鮮後期 鑄鐘
  匠 思印比丘에 관한 硏究」) 都片手
▫1788년 전북 무주 安國寺 梵鐘 改鑄에 都片手로 참여(『한국의 사찰문화재 – 전북/제주』)
  都片手

이만중, 쌍사 내원암종, 1767년        이만중, 옥천사종, 1776년

**이매남**(李昧南 :-1698-) 17세기
후반에 활동한 주종장鑄鐘匠이다. 1698년에 전남 고흥 능가사 범종 조성에 김애립과 편수로 참여하였다.

▫1698년 전남 고흥 楞伽寺 梵鐘 조성에 金愛立과 片手로 참여(安貴淑,「朝鮮後期 鑄鐘匠
  思印比丘에 관한 硏究」)

**이명술**(李命述 : -1818-) 19세기 전반에 활동한 주종장鑄鐘匠이다. 1818년에 전북 고창 선운사 범종 조성에 권동삼과 편수로 참여하였다.

▫1818년 전북 고창 禪雲寺 梵鐘 조성에 權東三과 片手로 참여(安貴淑,「朝鮮後期 鑄鐘匠
  思印比丘에 관한 硏究」과 廉永夏,「韓國梵鐘에 관한 연구(朝鮮朝鐘의 特徵)」) 副

**이복록**(李卜祿 : -1809-)＊ 19세기 전반에 활동한 와장瓦匠이다. 1809년에 경북 안동 봉정사 양兩 법당法堂 중수에 와장으로 참여하였다.

　□1809년 경북 안동 鳳停寺 兩 法堂 重修에 瓦匠으로 참여(「兩法堂重修記」『鳳停寺 極樂殿 修理工事報告書』) 瓦

**이봉선**(李奉先 : -1778-)＊ 18세기 후반에 활동한 야장冶匠이다. 1778년에 표훈사 상량문에 야장으로 언급되어 있다.

　□1778년 표훈사 상량문에 冶匠으로 언급(金東旭,『韓國建築工匠史研究』) 冶匠

**이사□**(李四□ : -1774-)＊ 18세기 후반에 활동한 주종장鑄鐘匠이다. 1774년에 충남 공주 갑사 범종 조성에 편수로 참여하였다.

　□1774년 충남 공주 甲寺 梵鐘 조성에 片手로 참여(安貴淑,「朝鮮後期 鑄鐘匠 思印比丘에 관한 研究」) 片手

**이선**(李善 : -1704-)＊ 18세기 전반에 활동한 와장瓦匠이다. 1704년에 경남 고성 옥천사 개와蓋瓦 조성에 편수로 참여하였다.

　□1704년 경남 고성 玉泉寺 蓋瓦 조성에 片手로 참여(銘文「蓮華玉泉의 향기」) 片手

**이선이**(李先伊 : -1773-)＊ 18세기 후반에 활동한 야장冶匠이다. 1773년에 정암사 수마유탑지에 야장으로 언급되어 있다.

　□1773년 정암사 수마유탑지에 冶匠으로 언급(金東旭,『韓國建築工匠史研究』) 冶匠 通政

**이성능**(李聖能 : -1861-) 19세기 중반에 활동한 각수刻手이다. 1861년에 강원 간성 건봉사에서 『불설무량수경佛說無量壽經』 간행에 성전과 각공으로 참여하였다.

　□1861년 강원 간성 乾鳳寺에서 『佛說無量壽經』 간행에 性典과 刻工으로 참여(일산 원각사 소장)

**이성태**(李聖泰 : -1797-) 18세기 후반에 활동한 각수刻手이다. 1797년에 경남 함양 벽송암에서 『범망경梵網經』 개간에 한방철과 각수로 참여하였다.

　□1797년 경남 함양 碧松庵에서 『梵網經』 개간에 韓邦喆과 刻手로 참여(刊記)

**이세주**(李世住 : -1836-)＊ 19세기 중반에 활동한 각수刻手이다. 1836년에 경북 경주 기림사 남적암 중창기에 도편수로 참여하였다.

　□1836년 경북 경주 祇林寺 南寂庵 重創記에 都片手로 참여(「慶州府東嶺含月山祇林寺南寂庵重創記」『佛國寺誌』) 都片手

**이시일**(李時一 : -1661-)＊ 17세기 중반에 활동한 각수刻手이다. 1661년 경남 밀양 영정사에서 『대방광원각수다라요의경大方廣圓覺修多羅了義經』에 각수로 참여하였다.

　□1661년 경남 밀양 靈井寺에서 『大方廣圓覺修多羅了義經』에 刻手로

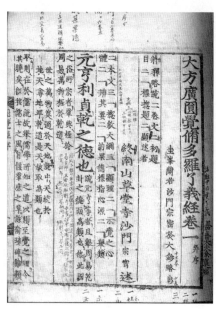

이시일, 大方廣圓覺修多羅了義經 卷1-6, 1661년, 밀양 영정사 개판

참여(일산 원각사 소장) 刻

**이암사**(李巖四 : -1751-)* 18세기 중반에 활동한 와장瓦匠이다. 1751년에 경
남 사천 다솔사에서 대웅전과 선승당禪僧堂 중창에 번와편수로 참여하였다.

　∘1751년 경남 사천 多率寺 大雄殿과 禪僧堂 중창에 燔瓦 片手로 참여(「昆陽郡智異山多率
　　寺大雄殿禪僧堂重創兼丹雘記」, 鄭景柱, 『慶南地方 寺刹 金石文獻資料 調査研究』) 燔瓦
　　片手

**이연성**(李年成 : -1782-) 18세기 후반에 활동한 주종장鑄鐘匠이다. 1782년에
경기 안성 칠장사 범종 조성에 신안태과 편수片手로 참여하였다.

　∘1782년 경기 안성 七長寺 梵鐘 조성에 申安泰과 片手로 참여(廉永夏, 『韓國梵鐘에 관한
　　연구(朝鮮朝鐘의 特徵)』)

**이영길**(李永吉 : -1773-1785-)* 18세기 후반에 활동한 주종장鑄鐘匠이다.
1773년에 경기 여주 신륵사 범종 조성에 이만숙과 편수片手로, 1785년에 서
울 봉은사 금고金鼓 조성에 편수片手로 참여하였다.

　∘1773년 경기 여주 神勒寺 梵鐘 조성에 李萬叔과 片手로 참여(安貴淑, 「朝鮮後期 鑄鐘匠
　　思印比丘에 관한 硏究」)
　∘1785년 서울 奉恩寺 金鼓 조성에 片手로 참여『奉恩本末寺誌』) 片手

**이영산**(李永山 : -1772-1773-) 18세기 후반에 활동한 주종장鑄鐘匠이다. 이만
숙과 1772년에 전남 해남 대흥사 범종과 1773년에 경기 여주 신륵사 범종
조성에 편수片手로 참여하였다.

　∘1772년 전남 해남 大興寺 梵鐘 조성에 李萬叔과 片手로 참여(安貴淑, 「朝鮮後期 鑄鐘匠
　　思印比丘에 관한 硏究」)
　* 만력5년명 범종의 명문에 나옴. 康熙56년 丁亥에 개조하였는데, 康熙56은 1717년
　　이고, 丁亥는 1707년이다. 따라서 연호와 간지의 연대가 10년 차이가 난다.
　∘1773년 경기 여주 神勒寺 梵鐘 조성에 李萬叔과 片手로 참여(安貴淑, 「朝鮮後期 鑄鐘匠
　　思印比丘에 관한 硏究」)

**이영수**(李永守 : -1872-) 19세기 후반에 활동한 도편수이다. 1872년에 전남
여수 흥국사 청계암 중창에 이두진과 편수로 참여하였다.

　∘1872년 전남 여수 興國寺 聽溪菴 重刱에 李斗震과 片手로 참여(眞玉, 『興國寺』) 副片手

**이영장**(李英章 : -1662-)* 17세기 중반에 활동한 야장冶匠이다. 1662년에 평
북 영변 안심사와 회양 표훈사 허백당명조대사비虛白堂明照大師碑에 야장으로
참여하였다.

　∘1662년 평북 영변 安心寺와 회양 表訓寺 虛白堂 明照大師碑에 冶匠으로 참여(『朝鮮金石
　　總覽』下와 智冠 編, 『韓國高僧碑文總集-朝鮮朝·近現代』) 冶匠

**이영준**(李永俊 : -1782-) 18세기 후반에 활동한 주종장鑄鐘匠이다. 1782년에
경기 안성 칠장사 범종 조성에 신안태과 편수로 참여하였다.

　∘1782년 경기 안성 七長寺 梵鐘 조성에 申安泰과 片手로 참여(廉永夏, 『韓國梵鐘에 관한
　　연구(朝鮮朝鐘의 特徵)』)

**이영희**(李永希, 李永喜 : -1782-) 18세기 후반에 활동한 주종장鑄鐘匠이다.

1782년에 경기 안성 칠장사 범종 조성에 신안태과 편수로, 1786년에 경기 의정부 망월사 범종 조성에 편수로 참여하였다.

◦ 1782년 경기 안성 七長寺 梵鐘 조성에 申安泰과 片手로 제작(廉永夏, 「韓國梵鐘에 관한 연구(朝鮮朝鐘의 特徵)」)
◦ 1786년 경기 의정부 望月寺 梵鐘 조성에 片手로 참여(安貴淑,「朝鮮 後期 鑄鐘匠 思印比丘에 관한 硏究」) 片手

**이완길**(李完吉 : -1824-)* 19세기 전반에 활동한 각수刻手이다. 1824년에 강원 금강산 유점사에서 『조상경造像經』 간행에 치목으로 참여하였다.

◦ 1824년 강원 金剛山 楡岾寺에서 『造像經』 간행에 治木으로 참여(일산 원각사 소장) 治木

**이용원**(李容元 : -1861-) 19세기 중반에 활동한 각수刻手이다. 1861년에 강원 간성 건봉사에서 『불설무량수경佛說無量壽經』 간행에 성전과 각공刻工으로 참여하였다.

◦ 1861년 강원 간성 乾鳳寺에서 『佛說無量壽經』 간행에 性典과 刻工으로 참여(일산 원각사 소장)

이영희, 망월사종, 1786년

**이이재**(李二才 : -1759-) 18세기 중반에 활동한 야장冶匠이다. 1759년에 전북 완주 안심사 사적비事蹟碑 건립에 이귀선과 야장으로 참여하였다.

◦ 1759년 전북 완주 安心寺 事蹟碑 건립에 李貴先과 冶匠으로 참여(『朝鮮金石總覽』下) 冶匠

**이인욱**(李仁郁 : -1799-) 18세기 후반에 활동한 각수刻手이다. 1799년에 전남 순천 송광사에서 『묘법연화경妙法蓮華經』 간행에 김덕삼과 각수로 참여하였다.

◦ 1799년 전남 순천 松廣寺에서 『妙法蓮華經』 간행에 金德三과 刻手로 참여(金相淏,「朝鮮朝 寺刹板 刻手 硏究」)

**이종영**(李鍾榮 : -1909-)* 20세기 전반에 활동한 와장瓦匠이다. 1909년에 충남 공주 마곡사 심검당과 공요公寮 번와飜瓦에 편수片手로 참여하였다.

◦ 1909년 충남 공주 麻谷寺 尋劍堂과 公寮 飜瓦에 片手로 참여(「麻谷寺三祖師影堂重建助緣文」『麻谷寺 實測調査報告書』) 片手

**이종우**(李宗祐 : -1799-) 18세기 후반에 활동한 각수刻手이다. 1799년에 전남 순천 송광사에서 『묘법연화경妙法蓮華經』 간행에 김덕삼과 각수로 참여하였다.

◦ 1799년 전남 순천 松廣寺에서 『妙法蓮華經』 간행에 金德三과 刻手로 참여(金相淏,「朝鮮朝 寺刹板 刻手 硏究」)

**이종이**(李宗伊 : -1767-) 18세기 중반에 활동한 주종장鑄鐘匠이다. 1767년에 정암사 범종 조성에 김천석과 편수片手로 참여하였다.
  ◦1767년 淨巖寺 梵鐘 조성에 金千石과 片手로 참여(安貴淑,『朝鮮後期 鑄鐘匠 思印比丘에
  관한 研究』) 副片手

**이차득**(李次得 : -1767-)* 18세기 중반에 활동한 야장冶匠이다. 1767년에 용
문사 대장전 중수에 철편수鐵片手로 참여하였다.
  ◦1767년 용문사 대장전 중수에 鐵片手로 참여(金東旭,『韓國建築工匠史研究』) 鐵片手

**이창후**(李昌厚 : -1765-)* 18세기 중반에 활동한 각수刻手이다. 1765년에 황
해 흥률사 불서佛書 판각板刻에 양공으로 참여하였다.
  ◦1765년 황해 興律寺 佛書 板刻에 참여(金相淏,「朝鮮朝 寺刹板 刻手 研究」) 良工

**이춘선**(李春先 : -1746-)* 18세기 중반에 활동한 야장冶匠이다. 1746년에 서
울 봉은사 사천왕상 제작에 야장으로 참여하였다.
  ◦1746년 서울 奉恩寺 사천왕상 제작에 冶匠으로 참여(發願文,『奉恩寺 –수도산 봉은사
  지표조사보고서』) 冶匠

**이충현**(李忠玄 : -1632-) 17세기 중반에 활동한 연판鍊板이다. 1632년에 석왕
사에서 『묘법연화경妙法蓮華經』 간행에 연판으로 참여하였다.
  ◦1632년 釋王寺에서『妙法蓮華經』간행에 鍊板으로 참여(金相淏,「朝鮮朝 寺刹板 刻手
  研究」)

**이탁**(而倬 : -1797-) 18세기 후반에 활동한 각수刻手이다. 1797년에 경남 함
양 벽송암에서 『범망경梵網經』 개간에 한방철과 각수로 참여하였다.
  ◦1797년 경남 함양 碧松庵에서『梵網經』개간에 韓邦喆과 刻手로 참여(刊記) 僧

**이해준**(李海俊 : -1702-) 18세기 전반에 활동한 주종장鑄鐘匠이
다. 1702년에 충청 향천사 범종 조성에 편수로 참여하였다.
  ◦1702년 충남 예산 香泉寺 梵鐘 조성에 현해와 참여(安貴淑,「朝鮮後期
  鑄鐘匠 思印比丘에 관한 研究」)

**인경**(印冏 : -1689-) 17세기 후반에 활동한 주종장鑄鐘匠이다.
1689년에 전북 부안 개암사 범종 조성에 태행과 화원畵員으로
참여하였다.
  ◦1689년 전북 부안 開巖寺 梵鐘 조성에 太行과 畵員으로 참여(安貴淑,
  「朝鮮後期 鑄鐘匠 思印比丘에 관한 研究」)

**인사**(印巳 : -1632-)* 17세기 전반에 활동한 각수刻手이다.
1632년에 경기 삭령 용복사에서 『금강경金剛經』 간행에 변상
각수變相刻手로 참여하였다.
  ◦1632년 경기 삭령 龍腹寺에서『金剛經』刊行에 變相刻手로 참여(박도
  화,「朝鮮時代 金剛經板畵의 圖像」) 刻手
  *인이印已일 가능성이 높다.

**인수** 1(印洙 : -1634-)* 17세기 중반에 활동한 목수木手이다.
1634년에 순천 송광사에서 『십지경론十地經論』 券1-2 간행에

이해준, □□사종, 1702년

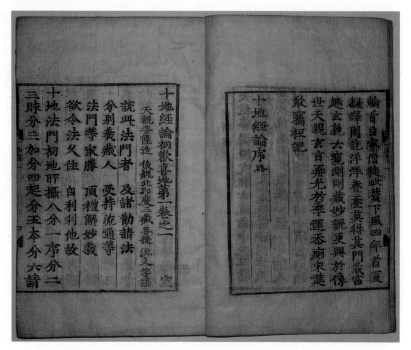

인수, 十地經論 卷5-7, 1634년, 순천 송광사 중판

목수로 참여하였다.

　◦ 1634년에 순천 송광사에서『十地經論』卷5-7 간행에 목수로 참여(일산 원각사 소장) 木手

**인수 2**(印洙 : -1686-)* 17세기 후반에 활동한 편수片手이다. 1686년에 양사동사지에서 출토된 망와에 편수로 나온다.

　◦ 1686년 양사동사지에서 출토된 망와에 片手로 나옴(金東旭,『韓國建築工匠史硏究』) 僧片手

**인숙**(仁淑 : -1748-) 18세기 중반에 활동한 철장鐵匠이다. 1748년에 경북 영주 부석사 종각 중수에 주돌립과 철장으로 참여하였다.

　◦ 1748년 경북 영주 浮石寺 鐘閣 重修에 周乭立과 鐵匠으로 참여(「浮石寺資料」)『佛敎美術』3)

**인엄**(印嚴 : -1663-)* 17세기 중반에 활동한 연판鍊板이다. 1663년에 전남 순천 정혜사에서『예수시왕생칠재의찬요預修十王生七齋儀纂要』간행에 연판으로 참여하였다.

　◦ 1663년 전남 순천 定慧寺에서『預修十王生七齋儀纂要(預修天王通儀 合綴)』간행에 鍊板으로 참여(일산 원각사 소장) 鍊板

**인주**(印珠 : -1635-1649-)* 17세기 중반에 활동한 각수刻手이다. 1635년에 삭령 용복사에서『천지명양수륙잡문天地冥陽水陸雜文』간행에 해선과 각수로,

1649년에 경북 김천 직지사 「상량시시주소명초기록上樑時施主少名抄記錄」에 상대목上大木으로 참여하였다.

  ◦ 1635년 朔寧 龍腹寺에서 『天地冥陽水陸雜文』 간행에 海先과 刻手으로 참여(일산 원각사 소장)
  ◦ 1649년 경북 김천 直指寺 「上樑時施主少名抄記錄」에 木手로 나옴(『直指寺誌』와 金東旭, 『韓國建築工匠史研究』) 上大木

**인총**(印聰 : -1718-) 18세기 전반에 활동한 각수刻手이다. 1718년에 경북 청도 운문사 사적에 채선彩先과 공덕각工德刻으로 언급되어 있다.

  ◦ 1718년 경북 청도 雲門寺 事蹟에 彩先과 工德刻으로 나옴(「雲門寺事蹟」『雲門寺誌』)

**인현**(印玄 : -1635-1642-) 17세기 중반에 활동한 각수刻手이다. 전남 순천 송광사에서 1635년에 성현과 『대방광불화엄경소大方廣佛華嚴經疏』를, 1642년에 신철과 『천지명양수륙재의찬요天地冥陽水陸齋儀纂要』 간행에 각수로 참여하였다.

  ◦ 1635년 전남 순천 松廣寺에서 『大方廣佛華嚴經疏』 간행에 性玄과 刻手로 참여(金相淏, 「朝鮮朝 寺刹板 刻手 研究」)
  ◦ 1642년 전남 순천 松廣寺에서 『天地冥陽水陸齋儀纂要』 간행에 信哲과 刻手로 참여(金相淏, 「朝鮮朝 寺刹板 刻手 研究」)

**인호**(印浩 : -1639-)* 17세기 중반에 활동한 각수刻手이다. 1639년에 경상 곤양 서봉사에서 『묘법연화경妙法蓮華經』 간행에 각수와 변상도變相圖 각수로 참여하였다.

  ◦ 1639년 경상 昆陽 栖鳳寺에서 『妙法蓮華經』 간행에 刻手와 變相圖 刻手로 참여(일산 원각사 소장) 刻

인호. 妙法蓮華經 卷1 變相圖, 1639년, 사천 서봉사 간행

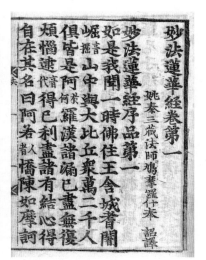

인호. 妙法蓮華經 卷1, 1639년, 사천 서봉사 간행

**인화**(印和 : -1604-) 17세기 전반에 활동한 각수刻手이다. 1604년에 쌍계사에서 『선원제전집도서禪源諸詮集都序』 간행에 응준과 각자刻字로 참여하였다.

◦ 1604년 쌍계사에서 『禪源諸詮集都序』 간행에 應俊과 刻字로 참여(일산 원각사 소장)

**일감**(一甘 : -1664-)* 17세기 중반에 활동한 각수刻手이다. 1664년에 전남 여수 영취산 흥국사에서 『묘법연화경妙法蓮華經』 간행에 각수로 참여하였다.

◦ 1664년 전남 여수 靈鷲山 興國寺에서 『妙法蓮華經』 간행에 刻手로 참여(일산 원각사 소장) 刻手

**일담**(一淡 : -1684-1688-)* 17세기 후반에 활동한 와장瓦匠이다. 전남 장흥 보림사에서 1684년에 기와 70누리 교체에 두안과 편수로, 1688년에 기와 60누리 교체에 토수土手로 참여하였다.

◦ 1684년 전남 장흥 寶林寺 기와 70누리 교체에 斗安과 片手로 참여(『譯註 寶林寺重創記』)
◦ 1688년 전남 장흥 寶林寺 기와 60누리 교체에 土手로 참여(『譯註 寶林寺重創記』) 土手

**일암**(一岩 : -1635-1642-) 17세기 중반에 활동한 각수刻手이다. 전남 순천 송광사에서 1635년에 성현과 『대방광불화엄경소大方廣佛華嚴經疏』를, 1642년에 신철과 『천지명양수륙재의찬요天地冥陽水陸齋儀纂要』 간행에 각수로 참여하였다.

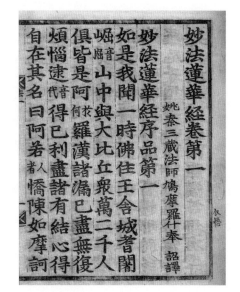

일감, 妙法蓮華經 卷1, 1664년, 여수 흥국사 개판

◦ 1635년 전남 순천 松廣寺에서 『大方廣佛華嚴經疏』 간행에 性玄과 刻手로 참여(金相淏, 「朝鮮朝 寺刹板 刻手 硏究」)
◦ 1642년 전남 순천 松廣寺에서 『天地冥陽水陸齋儀纂要』 간행에 信哲과 刻手로 참여(金相淏, 「朝鮮朝 寺刹板 刻手 硏究」)

**일언**(一彦 : -1660-)* 17세기 중반에 활동한 각수刻手이다. 1660년에 전남 화순 만연사 범종을 김용암이 조성할 때 각수로 참여하였다.

◦ 1660년 전남 화순 萬淵寺 梵鐘을 金龍岩이 조성할 때 刻手로 참여(『한국의 사찰문화재 – 광주/전남』) 刻手

**일연**(日烟 : -1751-) 18세기 중반에 활동한 불화승佛畫僧이다. 경남 사천 다솔사에서 1751년에 대웅전과 선승당禪僧堂 중창에 관형과 단확丹艧으로, 1752년에 불상삼존과 지장상 개금에 상정, 덕인과 화원으로 참여하였다.

◦ 1751년 경남 사천 多率寺 大雄殿과 禪僧堂 중창에 寬洞과 丹艧 片手로 참여(「昆陽郡智異山多率寺大雄殿禪僧堂重創兼丹艧記」, 鄭景柱, 「慶南地方 寺刹 金石文獻資料 調査硏究」)
◦ 1752년 경남 사천 多率寺 불상삼존과 지장상 개금에 尙淨, 德仁과 畵員으로 참여(「昆陽郡智異山多率寺佛像三位及地藏像改金記」, 鄭景柱, 「慶南地方 寺刹 金石文獻資料 調査硏究」)

**일영**(一英 : -1644-) 17세기 중반에 활동한 각수刻手이다. 1644년에 전남 창평 용구산 용흥사에서 『운수단가사雲水壇歌詞』 간행에 성인과 각수로 참여하였다.

　◦ 1644년 전남 昌平 龍龜山 龍興寺에서 『雲水壇歌詞』 간행에 性仁과 刻手로 참여(일산 원
　　각사 소장)

**일옥**(一玉 : -1638-) 17세기 중반에 활동한 각수刻手이다. 1638년 경남 밀양 재악산 영정사에서 『묘법연화경妙法蓮華經』 간행에 법령과 각자로 참여하였다.

　◦ 1638년 경남 밀양 載岳山 靈井寺에서 『妙法蓮華經』 간행에 法令과 刻字로 참여(일산 원
　　각사 소장)

**일욱**(日旭, 一旭, 一昱 : -1635-1664-)* 17세기 중반에 전남 순천 송광사에서 활동한 각수刻手이다. 전남 순천 송광사에서 1635년에 『대방광불화엄경소大方廣佛華嚴經疏』 간행에 변상각수變相刻手로, 1642년에 『천지명양수륙재의찬요天地冥陽水陸齋儀纂要』 간행에 신철과 각수로, 1646년에 『묘법연화경妙法蓮華經』 간행에 변상도變相圖 각수로, 1660년에 『묘법연화경妙法蓮華經』 간행에 변상도 각수로 참여하였다. 1664년에 전남 여수 영취산 흥국사에서 『묘법연화경妙法蓮華經』 변상도 제작에 각원刻員으로 참여하였다.

　◦ 1635년 전남 순천 松廣寺에서 『大方廣佛華嚴經疏』 간행에 變相刻手로 참여(金相淏, 「朝
　　鮮朝 寺刹板 刻手 硏究」) 變相刻手
　◦ 1642년 전남 순천 松廣寺에서 『天地冥陽水陸齋儀纂要』 간행에 信哲과 刻手로 참여(金相
　　淏, 「朝鮮朝 寺刹板 刻手 硏究」)
　◦ 1646년 전남 순천 松廣寺 『妙法蓮華經』 간행에 變相圖 刻手로 참여(金相淏, 「朝鮮朝 寺
　　刹板 刻手 硏究」)
　◦ 1660년 전남 순천 仙巖寺 『妙法蓮華經』 간행에 變相圖 刻手로 참여(金相淏, 「朝鮮朝 寺
　　刹板 刻手 硏究」) 變相刻

일욱, 妙法蓮華經 卷1 變相圖1,　　　　일욱, 妙法蓮華經 卷1 變相圖2,
　　1664년, 여수 흥국사 개판　　　　　　　1664년, 여수 흥국사 개판

◦1664년 전남 여수 靈鷲山 興國寺에서『妙法蓮華經』變相圖 제작에 刻員으로 참여(일산 원각사 소장) 刻員

**일주**(一珠 : -1638-) 17세기 중반에 활동한 각수刻手이다. 1638년 경남 밀양 재악산 영정사에서『묘법연화경妙法蓮華經』간행에 법령과 각자로 참여하였다.

◦1638년 경남 밀양 載岳山 靈井寺에서『妙法蓮華經』간행에 法令과 刻字로 참여(일산 원각사 소장)

**일준**(一俊 : -1638-) 17세기 중반에 활동한 각수刻手이다. 1638년 경남 밀양 재악산 영정사에서『묘법연화경妙法蓮華經』간행에 법령과 각자로 참여하였다.

◦1638년 경남 밀양 載岳山 靈井寺에서『妙法蓮華經』간행에 法令과 刻字로 참여(일산 원각사 소장)

**일진**(日眞 : -1660-)* 17세기 중반에 활동한 연판鍊板이다. 1660년에 대구 팔공산 부인사에서『선문조사례참의문禪門祖師禮懺儀文』간행에 연판으로 참여하였다.

◦1660년 대구 八公山 夫人寺에서『禪門祖師禮懺儀文』간행에 鍊板으로 참여(일산 원각사 소장) 鍊板

**일해**(日海 : -1744-) 18세기 중반에 활동한 주종장鑄鐘匠이다. 1744년에 강원 원주 상원사 범종 조성에 초하와 편수로 참여하였다.

◦1744년 강원 원주 上院寺 梵鐘 조성에 楚荷와 片手로 참여(김수현,『조선후기 범종과 주종장 연구』)

**일환**(一還 : -1638-) 17세기 중반에 활동한 각수刻手이다. 1638년 경남 밀양 재악산 영정사에서『묘법연화경妙法蓮華經』간행에 법령과 각자로 참여하였다.

◦1638년 경남 밀양 載岳山 靈井寺에서『妙法蓮華經』간행에 法令과 刻字로 참여(일산 원각사 소장)

**임기발**(林己發 : -1735-) 18세기 중반에 활동한 편수片手이다. 1735년에 복천사 극락전 중창에 계인과 편수로 참여하였다.

◦1735년 복천사 극락전 중창에 戒印과 片手로 참여(金東旭,『韓國建築工匠史硏究』)

**임기하**(林起夏 : -1690-)* 17세기 후반에 활동한 주종장鑄鐘匠이다. 1690년에 전남 장흥 보림사에서 대종 개주에 야장冶匠으로 참여하였다.

◦1690년 전남 장흥 寶林寺에서 大鐘 改鑄에 冶匠으로 참여(『譯註 寶林寺重創記』) 冶匠

**임려오**(林麗吾 : -1682-)* 17세기 후반에 활동한 와장瓦匠이다. 1682년에 전북 익산 숭림사에서 기와 제작에 편수片手로 참여하였다.

◦1682년 전북 익산 崇林寺에서 기와 제작에 片手로 참여(『韓國의 古建築』23) 片手

**임방**(林倣 : -1694-)* 17세기 후반에 활동한 각수刻手이다. 1694년에 전북 김제 금산사에서『육경합부六經合部』간행에 변상각수變相刻手로 참여하였다.

◦ 1694년에 전북 김제 금산사에서『六經合部』刊行에 變相刻手로 참여(박도화,「朝鮮時代 金剛經板畵의 圖像」) 刻手

**임변**(任卞 : -1745-1754-)* 18세기 중반에 활동한 각수刻手이다. 1745년에 경남 고성 옥천사「법당성조단확기法堂成造丹艧記」현판의 개간改刊에 낭순과 참여하고, 1754년에 경남 고성 옥천사 현판懸板 삼련기三輦記에 임변과 각자刻字로 참여하였다.

◦ 1745년 경남 고성 玉泉寺「法堂成造丹艧記」懸板 改刊에 浪淳과 참여(「法堂造成丹艧記」『蓮華玉泉의 향기』)
◦ 1754년 경남 고성 玉泉寺 懸板 三輦記에 刻字로 참여(銘文『蓮華玉泉의 향기』) 刻字

**임생룡**(林生龍 : -1633-) 17세기 중후반에 활동한 야장冶匠이다. 1633년에 전남 영암 도갑사 묘각화상비妙覺和尙碑 건립에 황금과 야장으로 참여하였다.

◦ 1633년 전남 영암 道岬寺 妙覺和尙碑 건립에 黃金과 冶匠으로 참여(『朝鮮金石總覽』下)

**임장석**(林長石 : -1865-)* 19세기 중반에 활동한 이장泥匠이다. 1865년에 서울 흥천사 요사寮舍 중창에 이장泥匠으로 참여하였다.

◦ 1865년 서울 興天寺 寮舍 重創에 泥匠으로 참여(「京畿右道楊州牧地三角山興天寺寮舍重創記文」『興天寺 實測調査報告書』) 泥匠

**임중**(任中 : -1752-) 18세기 중반에 활동한 각수刻手이다. 1752년에 경남 고성 옥천사 봉향각 중수 현판懸板 제작에 낭박과 각자로 참여하였다.

◦ 1752년 경남 고성 玉泉寺 奉香閣 重修 懸板 제작에 浪薄과 刻字로 참여(「奉香閣重修丹艧記」『蓮華玉泉의 향기』)

**임화순**(林和順 : -1916-1931-)* 20세기 전반에 활동한 주종장鑄鐘匠이다. 경남 김천 직지사 종루 범종(1713년)과 경북 구미 수다사 범종(1772년), 경북 경주 기림사 범종(1793년)을 수리하였다.

◦ 경남 김천 直指寺 鐘樓 梵鐘을 수리함(1713년 조성, 廉永夏,「韓國梵鐘에 관한 연구(朝鮮朝鐘의 特徵)」)
◦ 경북 구미 水多寺 梵鐘을 수리함(1772년 조성, 廉永夏,「韓國梵鐘에 관한 연구(朝鮮朝鐘의 特徵)」) 工
◦ 경북 경주 祇林寺 梵鐘을 수리함(1793년 조성, 廉永夏,「韓國梵鐘에 관한 연구(朝鮮朝鐘의 特徵)」) 片手

**임휘언**(任暉彦 : -1677-) 17세기 후반에 활동한 와장瓦匠이다. 1677년에 경기 포천 백운사에서 기와 제작에 편수로 참여하였다.

◦ 1677년 경기 포천 白雲寺에서 기와 제작에 邊手로 참여(現在 興龍寺,『畿內寺院誌』) 邊首護

**자경**(慈敬 : -1607-) 17세기 전반에 활동한 각수刻手이다. 1607년에 전남 순천 송광사에서 『선가구감禪家龜鑑』 간행에 홍언弘彦과 각수로 참여하였다.

◦ 1607년 전남 순천 松廣寺에서 『禪家龜鑑』 간행에 弘彦과 刻手로 참여(일산 원각사 소장)

**자명**(自明 : -1721-) 18세기 전반에 활동한 각수刻手이다. 1721년에 경남 고성 와룡산 운흥사에서 『금강반야바라밀경金剛般若波羅密經』 간행에 김진창과 각수로 참여하였다.

◦ 1721년 경남 고성 와룡산 雲興寺에서 『金剛般若波羅密經(普賢行願品 合綴)』 간행에 金進昌과 刻手로 참여(일산 원각사 소장)

**자성**(自性 : -1720-1744-)* 18세기 전반에 활동한 각수刻手이다. 전북 김제 금산사에서 1720년에 『불설대보부모은중경佛說大報父母恩重經』 간행에 각수로, 1744년에 남악대사비南嶽大師碑 건립에 각수로 참여하였다.

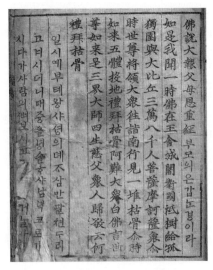

| 자성, 佛說大報父母恩重經(諺解) 變相圖, 1720년, 김제 금산사 간행 | 자성, 佛說大報父母恩重經(諺解), 1720년, 김제 금산사 간행 |

▫ 1720년 전북 김제 金山寺에서 『佛說大報父母恩重經(諺解)』 간행에 刻手로 참여(일산 원각사 소장) 刻子判事
▫ 1744년 전북 김제 金山寺 南嶽大師碑 건립에 刻手로 참여(洪思俊, 「新出土 南嶽大師碑銘」 『考古美術』 九卷 一號) 刻通政前統

**자웅**(自雄 : -1661-)* 17세기 중반에 활동한 각수刻手이다. 1661년에 강원 속천 신흥사에서 『천지명양수륙재의찬요天地冥陽水陸齋儀纂要』 간행에 육행과 각자刻字로, 『묘법연화경妙法蓮華經』 간행에 각수로 참여하였다.

▫ 1661년 강원 속천 新興寺에서 『天地冥陽水陸齋儀纂要』 간행에 六行과 刻字로 참여(『韓國佛敎儀禮資料叢書』 2)
1661년 강원 속초 新興寺에서 『妙法蓮華經』 간행에 刻手로 참여(박도화, 「朝鮮時代 佛敎版畵의 樣式과 刻手」) 刻手

**장말입**(張㐗立 : -1685-)* 17세기 후반에 활동한 연철장鉛鐵匠이다. 1685년에 전남 고흥 능가사 응진전 불상 제작에 연철장로 참여하였다.

▫ 1685년 전남 고흥 楞伽寺 응진전 불상 제작에 鉛鐵匠로 참여(造成發願文) 鉛鐵匠

**장사상**(張士詳 : -1657-) 17세기 중반에 활동한 주종장鑄鐘匠이다. 1657년에 전남 보성 대원사 부도암 범종 조성에 김용암과 편수片手로 참여하였다.

▫ 1657년 전남 보성 大原寺 浮屠庵 梵鐘 조성에 金龍岩과 片手로 참여(순천 선암사 성보박물관 소장, 安貴淑, 「朝鮮後期 鑄鐘匠 思印比丘에 관한 硏究」)

**장수득**(張守得 : -1677-) 17세기 후반에 활동한 와장瓦匠이다. 1677년에 경기 포천 백운사에서 기와 제작에 임휘언과 편수로 참여하였다.

▫ 1677년 경기 포천 白雲寺에서 기와 제작에 任暉彦과 邊手로 참여(現在 興龍寺, 『畿內寺院誌』)

**장연**(莊演 : -1753-) 18세기 중반에 활동한 판각이다. 1753년에 대구 동화사에서 판각板刻으로 활동하였다.

▫ 1753년 대구 桐華寺에서 板刻 활동(金相淏, 「朝鮮朝 寺刹板 刻手 硏究」)

**장일선**(張日善 : -1666-)* 17세기 중반에 활동한 와장瓦匠이다. 1666년에 경북 예천 용문사 대장전 기와 제작에 보협과 편수로 참여하였다.

▫ 1666년 경북 예천 龍門寺 大藏殿 기와 제작에 宝洽과 片手로 참여(『龍門寺』) 片手

**장후생**(張厚生 : -1674-)* 17세기 후반에 활동한 입사장入絲匠이다. 1674년에 청동제은입사'통도사'명향로青銅製銀入絲'通度寺'銘香爐 제작에 입사장으로 참여하였다.

▫ 1674년 青銅製銀入絲 '通度寺' 銘香爐 제작에 入絲匠으로 참여(『入絲工藝』와 黃壽永, 『금석유문』) 發願入絲匠

**장휘**(奬暉 : -1782-) 18세기 후반에 활동한 주종장鑄鐘匠이다. 1782년에 강원 금강 표훈사 범종 조성에 지전持殿과 화원畵員으로 참여하였다.

▫ 1782년 강원 금강 表訓寺 梵鐘 조성에 持殿과 畵員으로 참여(『朝鮮金石總覽』 下) 持殿兼畵山人

**적능**(寂能 : -1721-)* 18세기 전반에 활동한 각수刻手이다. 1721년에 『나주나

씨족보羅州羅氏族譜』간행에 각승刻僧으로 참여하였다.

　◦ 1721년『羅州羅氏族譜』간행에 刻僧으로 참여(金相淏,「朝鮮朝 寺刹板 刻手 研究」) 刻僧

**전가**(全哥 : -1762-)\* 18세기 중반에 활동한 야장冶匠이다. 1762년에 고법당 기와 제작에 야장으로 참여하였다.

　◦ 1762년 전남 장흥 寶林寺 古法堂 蓋瓦 제작에 冶匠으로 참여(『譯註 寶林寺重創記』) 冶匠

**전경석**(田慶錫 : -1824-1853-)\* 19세기 전반에 활동한 각수刻手이다. 1824년 에 강원 금강산 유점사에서『조상경造像經』간행에 최담과 각공으로, 1853년 에 경기 내원암에서『노산산연종보감盧山山蓮宗寶鑑』간행에 각수로 참여하 였다.

　◦ 1824년 강원 金剛山 楡岾寺에서『造像經』간행에 最談과 刻工으로 참여(일산 원각사 소 장)
　◦ 1853년 경기 內院庵에서『盧山山蓮宗寶鑑』간행에 刻手로 참여(金相淏,「朝鮮朝 寺刹板 刻手 研究」) 刻手

**전라선**(全羅先, 全羅仙 : -1753-1757-)\* 18세기 중반에 활동한 야장冶匠이다. 1753년에 전남 장흥 보림사 능인전 중수, 매화당 신축, 식당 중수에 야장으 로, 1757년에 도편수 백운대와 1753년에 소실된 전각을 야장으로 중건하였다.

　◦ 1753년 전남 장흥 寶林寺 能仁殿 重修, 梅花堂 新築, 식당 重修에 片手로 참여(『譯註 寶林寺重創記』) 片手
　◦ 1757년 전남 장흥 寶林寺에서 1753년에 燒失된 殿閣의 중건에 冶匠으로 참여(『譯註 寶林寺重創記』) 冶

**전연삼**(全演三 : -1602-)\* 17세기 전반에 활동한 야장冶匠이다. 1602년에 경 북 영주 소수서원 강당 중건에 야장으로 참여하였다.

　◦ 1602년 경북 영주 紹修書院 講堂 중건에 冶匠으로 참여(尹武炳,「紹修書院 講堂 上樑文」 『考古美術』二卷 四號) 冶匠

**전영석 2**(田永錫 : -1853-) 19세기 중반에 활동한 각수刻手이다. 1853년에 경 기 삼각산 내원암에서『관무량수불경觀無量壽佛經』간행에 문경순과 각수로 참여하였다.

　◦ 1853년에 경기 삼각산 內院庵에서『觀無量壽佛經』간행에 文敬淳과 각수로 참여(刊記)

**전영성**(田永聖 : -1853-) 19세기 중반에 활동한 각수刻手이다. 1853년에 경기 내원암에서『노산산연종보감盧山山蓮宗寶鑑』간행에 전경석과 각수로,『觀無 量壽佛經』간행에 문경순과 각수로 참여하였다.

　◦ 1853년 경기 內院庵에서『盧山山蓮宗寶鑑』간행에 田慶錫과 刻手로 참여(金相淏,「朝鮮 朝 寺刹板 刻手 研究」)
　　1853년에 경기 삼각산 內院庵에서『觀無量壽佛經』간행에 文敬淳과 각수로 참여(刊 記)

**전해봉**(全海奉 : -1653-) 17세기 중반에 활동한 야장冶匠이다. 1653년에 전남 영암 도갑사 도선수미양대사비道詵守眉兩大師碑 건립에 김말생과 야장으로 참 여하였다.

◦ 1653년 전남 영암 道岬寺 道訖守眉兩大師碑 건립에 金㐀生과 冶匠으로 참여(『朝鮮金石總覽』下와 智冠 編, 『韓國高僧碑文總集−朝鮮朝·近現代』)

**정가동**(鄭假同 : -1728-) 18세기 전반에 활동한 주종장鑄鐘匠이다. 1728년에 경남 함안 여항산 범종(부산 범어사 소장) 조성에 김성원과 편수片手로 참여하였다.

◦ 1728년 경남 함안 餘航山 梵鐘 조성에 金成元과 片手로 참여(부산 범어사 소장, 安貴淑, 「朝鮮後期 鑄鐘匠 思印比丘에 관한 硏究」)

**정귀남**(丁貴男 : -1633-) 17세기 중반에 활동한 각수刻手이다. 전남 순천 송광사에서 1633년에 『대방광불화엄경大方廣佛華嚴經』 간행에 신철과 각자刻字로, 1635년에 『대방광불화엄경소大方廣佛華嚴經疏』 간행에 각수로 참여하였다.

◦ 1633년 전남 순천 松廣寺에서 『大方廣佛華嚴經』 간행에 信哲과 刻字로 참여(일산 원각사 소장)
◦ 1635년 전남 순천 松廣寺에서 『大方廣佛華嚴經疏』 간행에 刻手로 참여(金相淏, 「朝鮮朝 寺刹板 刻手 硏究」) 淸信居士

**정금봉**(鄭今奉 : -1679-) 17세기 후반에 활동한 각수刻手이다. 1679년에 울산 원적산 운흥사에서 『금강경오가해金剛經五家解』 상권 간행에 각운과 각수로 참여하였다.

◦ 1679년 蔚山 圓寂山 雲興寺에서 『金剛經五家解』 上권 간행에 覺雲과 刻手로 참여(일산 원각사 소장)

**정덕창**(鄭德昌 : -1766-) 18세기 중반에 활동한 야장冶匠이다. 1766년에 전남 순천 송광사 백암당성총대사비栢庵堂性聰大師碑 건립에 최봉수와 야장으로 참여하였다.

◦ 1766년 전남 순천 松廣寺 栢庵堂 性聰大師碑 건립에 최봉수와 冶匠으로 참여(智冠 編, 『韓國高僧碑文總集−朝鮮朝·近現代』)

**정덕필**(鄭德弼 : -1802-) 19세기 전반에 활동한 야장冶匠이다. 1802년에 서울 승가사 성월당철학대사비城月堂哲學大師碑 건립에 야장으로 참여하였다.

◦ 1802년 서울 僧伽寺 城月堂 哲學大師碑 건립에 冶匠으로 참여(『韓國金石文大系』와 智冠 編, 『韓國高僧碑文總集−朝鮮朝·近現代』) 冶匠

**정만선**(鄭萬先 : -1848-)* 19세기 중반에 활동한 도료장都料匠이다. 1848년 인천 강화 정수사 법당 중수에 도료장으로 참여하였다.

◦ 1848년 인천 강화 淨水寺 法堂 중수에 都料匠으로 참여(『傳燈寺本末寺誌』와 『한국의 고건축』 6) 都料匠

**정만창**(鄭萬昌 : -1729-) 18세기 전반에 활동한 와장瓦匠이다. 1729년에 전남 장흥 보림사 기와 60여 누리 교체에 남후발과 와장으로 참여하였다.

◦ 1729년 전남 장흥 寶林寺 기와 60여 누리 교체에 南厚發와 瓦匠으로 참여(『譯註 寶林寺重創記』)

**정변용**(鄭邊龍 : -1659-) 17세기 중반에 활동한 야장冶匠이다. 1659년 전남 고흥 금탑사 목조지장보살좌상과 시왕상 제작에 김중립과 대정大釘으로 참여하였다.
  ▫ 1659년 전남 고흥 금탑사 목조지장보살좌상과 시왕상 제작에 金仲立과 大釘으로 참여
    (造成發願文)

**정복**(鄭朴 : -1750-)* 18세기 중반에 활동한 와장瓦匠이다. 1750년에 황해 봉
산 성불사 응진전 중수에 개장盖匠으로 참여하였다.
  ▫ 1750년 황해 봉산 成佛寺 應眞殿 중수에 盖匠으로 참여(申榮勳 編, 『韓國古建物上樑記
    文集』) 盖匠

**정세준**(鄭世俊 : -1711-) 18세기 전반에 활동한 주종장鑄鐘匠이다. 1711년에
운흥사 범종 조성(구례 화엄사 소장)에 윤송백과 편수로 참여하였다.
  ▫ 1711년 雲興寺 梵鐘 조성에 尹宋伯과 片手로 참여(구례 화엄사 소장, 安貴淑, 「朝鮮後期
    鑄鐘匠 思印比丘에 관한 硏究」)

**정식**(淨湜 : -1669-)* 17세기 중반에 활동한 와장瓦匠이다. 1669년에 전남 장
흥 보림사 기와 40누리(訥) 교체에 성견과 토수土手로 참여하였다.
  ▫ 1669년 전남 장흥 보림사 기와 40누리(訥) 교체에 性堅과 土手로 참여(『譯註 寶林寺重創
    記』) 土手

**정심**(淨心 : -1769-)* 18세기 중반에 활동한 민간 각수刻手이다. 1769년에 경
북 안동 봉정사에서 『기신논소필삭기起信論疏筆削記』 간행에 각수로 참여하
였다.
  ▫ 1769년 경북 안동 鳳停寺에서 『起信論疏筆削記』 간행에 刻手로 참여(金相淏, 「朝鮮朝
    寺刹板 刻手 硏究」) 處士

**정엄**(淨嚴 : -1748-) 18세기 중반에 활동한 철장鐵匠이다. 1748년에 경북 영
주 부석사 종각 중수에 주돌립과 철장으로 참여하였다.
  ▫ 1748년 경북 영주 浮石寺 鐘閣 重修에 周乭立과 鐵匠으로 참여(「浮石寺資料」)『佛敎美
    術』3)

**정염**(定念 : -1791-) 18세기 후반에 활동한 각수刻手이다. 1791년 전남 순천
송광사에서 『지장보살본원경地藏菩薩本願經』 간행에 대영과 각원으로 참여하
였다.
  ▫ 1791년 전남 순천 松廣寺에서 『地藏菩薩本願經』 간행에 大榮과 刻員으로 참여(일산 원
    각사 소장)

**정원** 1(淨元 : -1639-) 17세기 중반에 활동한 각수刻手이다. 1639년에 경상
곤양 서봉사에서 『묘법연화경妙法蓮華經』 간행에 인호와 각수로 참여하였다.
  ▫ 1639년 경상 昆陽 栖鳳寺에서 『妙法蓮華經』 간행에 印浩와 刻手로 참여(일산 원각사 소
    장)

**정원** 2(鄭元 : -1729-) 18세기 전반에 활동한 야장冶匠이다. 1729년에 전남
여수 홍국사 봉황루 건립에 야장으로 참여하였다.
  ▫ 1729년 전남 여수 興國寺 鳳凰樓 건립에 冶匠으로 참여(眞玉, 『興國寺』)

**정윤철**(鄭潤哲 : -1800-)* 17세기 후반부터 18세기 전반까지 활동한 각수刻

手이다. 1800년에 서울 도봉산 망월사에서 『진언집眞言集』 중간重刊에 각수
로 참여하였다.

　　◦ 1800년 서울 道峯山 望月寺 『眞言集』 重刊에 刻手로 참여(일산 원각사 소장) 刻功

**정우**(淨祐 : -1625-1636-)* 17세기 전반에 활동한 주종장鑄鐘匠이다. 1625년
에 경기 안양 삼막사 범종(燒失) 조성에 죽창과 화원로, 1635년에 전북 남원
대복사 범종 조성에 화원畵員으로, 1636년에 충남 부여 무량사 범종 조성에
화원으로 참여하였다.

　　◦ 1625년 경기 안양 三幕寺 梵鐘 조성에 竹涓과 畵員으로 참여(燒失, 安貴淑, 「朝鮮後期
　　　鑄鐘匠 思印比丘에 관한 研究」)
　　◦ 1635년 전북 남원 大福寺 梵鐘 조성에 畵員으로 참여(安貴淑, 「朝鮮後期 鑄鐘匠 思印比
　　　丘에 관한 研究」) 畵員
　　◦ 1636년 충남 부여 無量寺 梵鐘 조성에 畵員으로 참여(安貴淑, 「朝鮮後期 鑄鐘匠 思印比
　　　丘에 관한 研究」과 『韓國의 古建築』 22) 畵員

　　　정우, 신원, 영원사종, 1635년　　　　　정우, 신원, 무량사종, 1636년

**정진**(靜振 : -1796-)* 18세기 후반에 활동한 각수刻手이다. 1796년에 대둔사
『도서과목병입사기都序科目幷入私記』 간행에 각공으로 참여하였다.

　　◦ 1796년 대둔사 『都序科目幷入私記』 간행에 刻工으로 참여(일산 원각사 소장) 刻工

**정진복**(鄭進朴, 鄭晋福 : -1754-) 18세기 중반에 활동한 두석장豆錫匠이다.
1754년에 경남 고성 옥천사 상찬上鑽 제작에 윤득재과 두석편수로 참여하
였다.

　　◦ 1754년 경남 고성 玉泉寺 上鑽 제작에 尹得載과 豆錫片手로 참여(銘文, 『蓮華玉泉의 향
　　　기』)

**정창빈**(鄭昌彬)* 18세기 말에 활동한 각수刻手이다. 불암사에서 10여종의 불

서佛書 제작에 참여하였다.

> ◦ 18세기 말 佛岩寺에서 10여종의 佛書 제작에 참여(金相淏,「朝鮮朝 寺刹板 刻手 研究」)
>   刻功

**정칠립**(鄭七立 : -1694-) 17세기 후반에 활동한 편수片手이다. 1694년에 전북
남원 실상사 범종 조성에 김상립과 편수로 참여하였다.

> ◦ 1694년 전북 남원 實相寺 梵鐘 조성에 金尚立과 片手로 참여(安貴淑,「朝鮮後期 鑄鐘匠
>   思印比丘에 관한 研究」)

**정태용**(鄭太龍 : -1773-) 18세기 후반에 활동한 야장冶匠이다. 1773년에 정암
사 수마유탑지에 이선이와 야장으로 언급되어 있다.

> ◦ 1773년 정암사 수마유탑지에 李先伊와 冶匠으로 언급(金東旭,『韓國建築工匠史研究』)

**조달종**(趙達宗 : -1861-)* 19세기 중반에 활동한 야장冶匠이다. 1861년에 전
남 여수 흥국사 첨성각 건립에 야장으로 참여하였다.

> ◦ 1861년 전남 여수 興國寺 瞻星閣 건립에 冶匠으로 참여(眞玉,『興國寺』) 冶匠

**조대목**(曹大木 : -1730-) 18세기 전반에 활동한 주종장鑄鐘匠이다. 1730년에
전남 순천 선암사 원통전, 응향각 범종 조성에 윤취은과 편수로 참여하였다.

> ◦ 1730년 전남 순천 仙巖寺 圓通殿 凝香閣 梵鐘 조성에 尹就殷과 片手로 참여(安貴淑,「朝
>   鮮後期 鑄鐘匠 思印比丘에 관한 研究」)

**조도자**(趙道者 : -1782-) 18세기 후반에 활동한 주종장鑄鐘匠이다. 1782년에
강원 금강 표훈사 범종 조성에 김봉대와 편수片手로 참여하였다.

> ◦ 1782년 강원 금강 表訓寺 梵鐘 조성에 金奉大와 片手로 참여(『朝鮮金石總覽』下)

**조석조**(曹碩兆 : -1907-) 20세기 전반에 활동한 토수土手이다. 1907년에 경남
사천 다솔사 명부전 중창에 문성언과 토수로 참여하였다.

> ◦ 1907년 경남 사천 多率寺 冥府殿 重創에 文成彦과 土手로 참여(「慶尚南道昆陽方丈山多
>   率寺冥府殿重創記」, 鄭景柱,「慶南地方 寺刹 金石文獻資料 調査研究」)

**조손**(曹孫 : -1607-1609-) 17세기 전반에 활동한 연판鍊板이다. 전남 순천 송
광사에서 1607년에『선가귀감禪家龜鑑』과『법화경法華經』간행에 연판으로,
『운수단가사雲水壇謌詞』간행에 조연助緣의 역役으로, 1609년에『능엄경楞嚴
經』간행에 별좌別座로 참여하였다.

> ◦ 1607년 전남 순천 松廣寺에서『禪家龜鑑』과『法華經』간행에 鍊板으로 참여(金相淏,「寺
>   刹板의 鍊板과 諸 役員에 관한 考察」) 鍊板居士
> ◦ 1607년 전남 순천 松廣寺에서『雲水壇謌詞』간행에 助緣의 役으로 참여(金相淏,「寺刹
>   板의 鍊板과 諸 役員에 관한 考察」)
> ◦ 1609년 전남 순천 松廣寺에서『楞嚴經』간행에 別座로 참여(金相淏,「寺刹板의 鍊板과
>   諸 役員에 관한 考察」)

**조신**(祖信 : -1683-1711-)* 17세기 후반부터 18세기 전반까지 활동한 주종장
鑄鐘匠이다. 1683년에 경북 풍기 희방사 범종 조성(서울 화계사 소장)에 사인과
편수片手로 참여하고, 1711년에 인천 강화 정족산성 종鐘 조성에 편수片手
로 참여하였다.

▫ 1683년 경북 풍기 喜方寺 梵鐘 조성에 思印과 片手로 참여(서울 화계사 소장, 安貴淑, 「朝鮮後期 鑄鐘匠 思印比丘에 관한 硏究」)
▫ 1711년 인천 강화 梵鐘 조성에 都畵員으로 참여(安貴淑, 「朝鮮後期 鑄鐘匠 思印比丘에 관한 硏究」와 『江華金石文集』) 都畵員 嘉善

**조운**(祖云 : -1630-1634-) 17세기 중반에 활동한 각수刻手이다. 1630년에 『청허집淸虛集』 간행에 각수로, 1632년에 『묘법연화경妙法蓮華經』 간행에 일현과 각자刻字로, 1632년부터 1634년까지 함경 안변 석왕사에서 여러 책의 판각에, 1633년에 경기 삭녕 용복사에서 『선가귀감禪家龜鑑』 간행에 각수로 참여하였다.

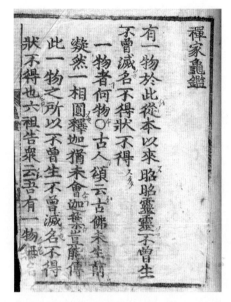

조운, 禪家龜鑑, 1633년, 삭녕 용복사 留板

▫ 1630년 『淸虛集』 간행에 刻手로 참여(金相淏, 「朝鮮朝 寺刹板 刻手 硏究」)
▫ 1632년 『妙法蓮華經』 간행에 一玄과 刻字로 참여(일산 원각사 소장) 1632년과 1634년 함경 안변 釋王寺에서 諸書 板刻에 참여(金相淏, 「朝鮮朝 寺刹板 刻手 硏究」)
▫ 1633년 경기 삭녕 龍腹寺에서 『禪家龜鑑』 간행에 刻手로 참여(일산 원각사 소장)
▫ 광해군과 인종연간에 경기 삭녕 龍腹寺에서 板刻에 참여(金相淏, 「朝鮮朝 寺刹板 刻手 硏究」)

**조태수**(趙泰壽 : -1779-)* 18세기 후반에 활동한 편수片手이다. 1779년에 청동향로靑銅香爐를 제작하였다.

▫ 1779년 靑銅香爐를 제작(黃壽永, 『금석유문』) 匠人 折衝

**조환**(祖還 : -1633-)* 17세기 전반에 활동한 연판鍊板이다. 1633년에 광주 증심사에서 『묘법연화경妙法蓮華經』 간행에 연판으로 참여하였다.

▫ 1633년 광주 證心寺에서 『妙法蓮華經』 간행에 鍊板으로 참여(일산 원각사 소장) 鍊板

**조흥만**(趙興萬 : -1767-)* 18세기 중반에 활동한 와장瓦匠이다. 1767년에 전남 장흥 보림사 해월료 중수 때 기와 제작에 개장蓋匠으로 참여하였다.

▫ 1767년 전남 장흥 寶林寺 海月療 重修 때 기와 제작에 蓋匠으로 참여(『譯註 寶林寺重創記』) 盖匠

**종경**(宗敬 : -1661-) 17세기 중반에 활동한 각수刻手이다. 1661년 경남 밀양 영정사에서 『대방광원각수다라요의경大方廣圓覺修多羅了義經』에 이시일과 각수로 참여하였다.

▫ 1661년 경남 밀양 靈井寺에서 『大方廣圓覺修多羅了義經』에 李時一과 刻手로 참여(일산 원각사 소장)

**종계**(宗戒 : -1635-1642-) 17세기 중반에 활동한 각수刻手이다. 전남 순천 송광사에서 1635년에 성현과 『대방광불화엄경소大方廣佛華嚴經疏』를, 1642년에 신철과 『천지명양수륙재의찬요天地冥陽水陸齋儀纂要』 간행에 각수로 참여하였다.

▫ 1635년 전남 순천 松廣寺에서 『大方廣佛華嚴經疏』 간행에 性玄과 刻手로 참여(金相淏,

「朝鮮朝 寺刹板 刻手 研究」)
▫ 1642년 전남 순천 松廣寺에서 『天地冥陽水陸齋儀纂要』 간행에 信哲과 刻手로 참여(金相淏, 「朝鮮朝 寺刹板 刻手 研究」)

**종연**(宗衍 : -1681-) 17세기 후반에 활동한 연판鍊板이다 1681년에 충남 논산 불명산 쌍계사에서 『불설대보부모은중경佛說大報父母恩重經』 간행에 학륜과 연판으로 참여하였다.

▫ 1681년 충남 논산 佛明山 雙溪寺에서 『佛說大報父母恩重經(佛說小涅槃經 合綴)』 간행에 鍊板으로 참여(일산 원각사 소장)

**주간**(住侃 : -1665-)* 17세기 중반에 활동한 화공畵工이다. 1665년에 전남 순천 대흥사 범종(여수 흥국사 소장)을 김애립이 조성할 때 화공으로 참여하였다.

▫ 1665년 전남 순천 大興寺 梵鐘을 金愛立이 조성할 때 畵工으로 참여(여수 흥국사 소장, 『한국의 사찰문화재 - 광주/전남』) 畵工

**주돌립**(周乭立 : -1748-)* 18세기 중반에 활동한 철장鐵匠이다. 1748년에 경북 영주 부석사 종각 중수에 철장으로 참여하였다.

▫ 1748년 경북 영주 浮石寺 鐘閣 重修에 鐵匠으로 참여(「浮石寺資料), 『佛敎美術』3) 鐵匠

**주인창**(周仁昌 : -1715-)* 18세기 전반에 활동한 야장冶匠이다. 1715년에 전남 장흥 보림사에서 고법당 중창에 야장으로 참여하였다.

▫ 1715년 전남 장흥 寶林寺에서 古法堂 重創에 冶匠으로 참여(『譯註 寶林寺重創記』) 冶匠

**죽창**(竹淐 : -1625-)* 17세기 전반에 활동한 주종장鑄鐘匠이다. 1625년에 경기 안양 삼막사 범종燒失 조성에 화원으로 참여하였다.

▫ 1625년 경기 안양 三幕寺 梵鐘 조성에 畵員으로 참여(燒失, 安貴淑, 「朝鮮後期 鑄鐘匠 思印比丘에 관한 研究」) 畵員

**준상**(俊祥 : -1678-) 17세기 후반에 활동한 각수刻手이다. 1678년에 전남 순천 송광사 보조국사탑비普照國師塔碑 개립改立에 이시석과 각자로 참여하였다.

▫ 1678년 전남 순천 松廣寺 普照國師塔碑 改立에 李時碩과 刻字로 참여(『朝鮮金石總覽』下)

**준창**(俊昌 : -1679-1681-) 17세기 후반에 활동한 각수刻手이다. 울산 원적산 운흥사에서 1679년에 『금강경오가해金剛經五家解』 상권 간행에 각운과 각수로, 1681년에 『대혜보각선사서大慧普覺禪師書』 간행에 신종과 각자刻字로 참여하였다.

▫ 1679년 蔚山 圓寂山 雲興寺에서 『金剛經五家解』上권 간행에 覺雲과 刻手로 참여(일산 원각사 소장)
▫ 1681년 蔚山 圓寂山 雲興寺에서 『大慧普覺禪師書』 간행에 信宗과 刻字로 참여(일산 원각사 소장)

죽창, 삼막사종, 1625년

**준행**(俊行 : -1751-) 18세기 중반에 활동한 불화승佛畵僧이다. 1751년에 경남 사천 다솔사에서 대웅전과 선승당禪僧堂 중창에 관형과 편수片手으로 참여하였다.

◦1751년 경남 사천 多率寺 大雄殿과 禪僧堂 중창에 寬泂과 丹艧 片手로 참여(「昆陽郡智異山多率寺大雄殿禪僧堂重創兼丹艧記」, 鄭景柱, 「慶南地方 寺刹 金石文獻資料 調査研究」)

**지감**(知甘 : -1635-1636-) 17세기 중반에 활동한 주종장鑄鐘匠이다. 정우와 편수로 1635년에 전북 남원 대복사 범종과 1636년에 충남 부여 무량사 범종 조성에 화원으로 참여하였다.

◦1635년 전북 남원 大福寺 梵鐘 조성에 淨祐와 畵員으로 참여(安貴淑,「朝鮮後期 鑄鐘匠 思印比丘에 관한 硏究」)
◦1636년 충남 부여 無量寺 梵鐘 조성에 淨祐와 畵員으로 참여(安貴淑,「朝鮮後期 鑄鐘匠 思印比丘에 관한 硏究」과 『韓國의 古建築』 22)

**지관**(智寬 : -1751-) 18세기 중반에 활동한 불화승佛畵僧이다. 1751년에 경남 사천 다솔사에서 대웅전과 선승당禪僧堂 중창에 관형과 편수片手으로 참여하였다.

◦1751년 경남 사천 多率寺 大雄殿과 禪僧堂 중창에 寬泂과 丹艧 片手로 참여(「昆陽郡智異山多率寺大雄殿禪僧堂重創兼丹艧記」, 鄭景柱, 「慶南地方 寺刹 金石文獻資料 調査研究」)

**지능**(知能 : -1689-)* 17세기 후반에 활동한 편수片手이다. 1689년에 경기 안산 쌍계사 기와 제작에 편수로 참여하였다.

◦1689년 경기 안산 쌍계사 기와 제작에 片手로 참여(『畿內寺院誌』) 尾片手

**지문**(智文 : -1681-) 17세기 후반에 활동한 연판鍊板이다 1681년에 충남 논산 불명산 쌍계사에서 『불설대보부모은중경佛說大報父母恩重經』 간행에 학륜과 연판으로 참여하였다.

◦1681년 충남 논산 佛明山 雙溪寺에서 『佛說大報父母恩重經(佛說小涅槃經 合綴)』 간행에 鍊板으로 참여(일산 원각사 소장)

**지성**(智成 : -1607-) 17세기 전반에 활동한 각수刻手이다. 1607년에 전남 순천 송광사에서 『선가구감禪家龜鑑』 간행에 홍언弘彦과 각수로 참여하였다.

◦1607년 전남 순천 松廣寺에서 『禪家龜鑑』 간행에 弘彦과 刻手로 참여(일산 원각사 소장)

**지숭**(智崇 : -1604-)* 17세기 전반에 활동한 황해도 해주에 거주하던 각수刻手이다. 1604년에 화산 원적사에서 『선가귀감禪家龜鑑』 간행에 각수로, 율사栗寺, 원적사圓寂寺, 갑사岬寺 사이를 오가며 각수로 활동하였다.

◦1604년 華山 圓寂寺『禪家龜鑑』 간행에 刻手로 참여(金相淏,「朝鮮朝 寺刹板 刻手 硏究」) 刻手 住持
◦17세가 초 栗寺, 圓寂寺, 岬寺 사이를 오가며 刻手로 활동(金相淏,「朝鮮朝 寺刹板 刻手 硏究」)

**지엄**(智嚴 : -1684-) 17세기 후반에 활동한 조각승이다. 1684년에 수화승 계주과 전북 고창 선운사 참당암 불단을 제작하였다.

◦1684년 전북 고창 선운사 참당암 불단 제작에 戒珠와 片手로 참여(『兜率山禪雲寺誌』)

**지원**(智圓 : -1909-)* 20세기 전반에 활동한 와장瓦匠이다. 1909년에 충남 공주 마곡사 심검당尋劍堂과 공요公寮 번와䉡瓦에 김종영과 편수로 참여하였다.

◦1909년 충남 공주 麻谷寺 尋劍堂과 公寮 䉡瓦에 金鍾榮과 片手로 참여(「麻谷寺三祖師影

堂重建助緣文」『麻谷寺 實測調査報告書』) 片手比丘

**지익** 1(智益 : -1648-)* 17세기 중반에 전남 순천 송광사 활
동한 각수刻手이다. 1648년에 전남 순천 송광사에서 『불설
아미타경佛說阿彌陀經』 간행에 각수로 참여하였다.

> ◦ 1648년 전남 순천 松廣寺 『佛說阿彌陀經』 간행에 刻手로 참여(일산
> 원각사 소장) 刻手
> ◦ 전남 순천 松廣寺에서 板刻 활동(金相淏,「朝鮮朝 寺刹板 刻手 研
> 究」)

**지익** 2(智益 : -1707-) 18세기 전반에 활동한 야장冶匠이다.
1707년에 전남 순천 선암사 중수비重修碑 건립에 박수전과
야장으로 참여하였다.

> ◦ 1707년 전남 순천 仙巖寺 重修碑 건립에 朴秀全과 冶匠으로 참여
> (『朝鮮金石總覽』下)

**지준**(智俊 : -1669-1689-)* 17세기 중반에 활동한 주종장鑄鐘
匠이다. 1669년에 충남 서산 부석사 범종 조성에 원응과 편
수로, 1674년에 경기 안성 청룡사 범종 조성에 사인과 편수
로 참여하였다. 1689년에 전북 부안 개암사 범종에 통정대
부通政大夫로 언급되어 있다.

> ◦ 1669년 충남 서산 浮石寺 梵鐘 조성에 元應과 片手로 참여(安貴淑,
> 「朝鮮後期 鑄鐘匠 思印比丘에 관한 硏究」)
> ◦ 1674년 경기 안성 靑龍寺 梵鐘 조성에 思印과 片手로 참여(安貴淑,
> 「朝鮮後期 鑄鐘匠 思印比丘에 관한 硏究」)
> ◦ 1689년 전북 부안 開巖寺 梵鐘에 前判書 通政大夫로 언급(安貴淑,
> 「朝鮮後期 鑄鐘匠 思印比丘에 관한 硏究」) 前判書 通政大夫

**지증**(智曾 : -1782-)* 18세기 후반에 활동한 각수刻手이다.
1782년에 강원 금강 표훈사 범종 조성에 서기書記와 각수로
참여하였다.

> ◦ 1782년 강원 금강 表訓寺 梵鐘 조성에 書記와 刻手로 참여(『朝鮮金
> 石總覽』下) 書記兼刻通政

**지한**(智閑 : -1780 **또는** 1840-)* 조선후기에 활동한 와장瓦匠
이다. 경남 양산 통도사 대웅전 기와 조성에 편수片手로 참
여하였다.

> ◦ 1780년 또는 1840년(庚子) 경남 양산 通度寺 大雄殿 기와 조성에 片
> 手로 참여(黃壽永,「通度寺大雄殿墨書 및 瓦銘集錄」『考古美術』三
> 卷 九號) 片手

**지헌**(智軒 : -1723-1780-) 18세기 전반부터 후반까지 활동한
철장鐵匠과 편수片手이다. 경북 영주 부석사에서 1723년에
안양문 중수에 인협과 편수로, 1748년에 종각 중수에 주돌

지익, 佛說阿彌陀經, 1648년, 순천 송광사
간행

지준, 태행, 개암사종, 1689년

립과 철장으로 참여하였다. 1767년에 부석사 미타존상 개금改金과 1773년
에 개와기改瓦記에 산중山中으로 언급되어 있다. 1780년에 부석사에서 감로
회甘露會, 달마사達磨師 조성과 범종각 및 심검당尋劍堂 건립에 시주로 참여
하였다.

- 1723년 경북 영주 浮石寺 安養門 重修에 印洽과 片手로 참여(「浮石寺資料」)『佛教美術』3)
- 1748년 경북 영주 浮石寺 鐘閣 重修에 周亘立과 鐵匠으로 참여(「浮石寺資料」)『佛教美術』3)
- 1767년 경북 영주 浮石寺 彌陀尊像 改金 시 山中秩에 언급(「浮石寺資料」)『佛教美術』3)
- 1773년 경북 영주 浮石寺 改瓦記에 山中에 언급(「浮石寺資料」)『佛教美術』3)
- 1780년 경북 영주 浮石寺 甘露會, 達磨師 조성과 梵鐘閣 및 尋劍堂 건립에 施主로 참여(「浮石寺資料」)『佛教美術』3)

**지현**(智玄 : -1607-) 17세기 전반에 활동한 각수刻手이다. 1607년에 전남 순
천 송광사에서 『선가구감禪家龜鑑』 간행에 홍언弘彦과 각수로, 『묘법연화경妙
法蓮華經』 간행에 각수로 참여하였다.

- 1607년 전남 순천 松廣寺에서 『禪家龜鑑』 간행에 弘彦과 刻手로 참여(일산 원각사 소장)
- 1607년 전남 순천 松廣寺에서 『妙法蓮華經』 간행에 刻手로 참여(金相淏, 「朝鮮朝 寺刹板 刻手 研究」)

**지환**(智環 : -1634-1664-)* 17세기 중반에 활동한 화원이다. 1634년에 전북
순창 복천사에서 『묘법연화경妙法蓮華經』 변상도變相圖 제작, 1635년에 전남
순천 송광사에서 『대방광불화엄경소大方廣佛華嚴經疏』 간행에 변상각수로,
1664년에 전남 여수 영취산 흥국사에서 『묘법연화경』 변상도 제작에 화원畵
員으로 참여하였다.

ス

지환, 妙法蓮華經 卷1 變相圖, 1634년,
복천사 개간

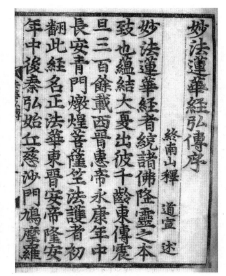

지환, 妙法蓮華經 卷1, 1634년,
복천사 개간

- 1634년 전북 순창 福泉寺에서『妙法蓮華經』變相圖 제작에 畵員으로 참여(일산 원각사 소장) 畵員
- 1635년 전남 순천 松廣寺에서『大方廣佛華嚴經疏』간행에 畵員으로 참여(박도화,「朝鮮時代 佛敎版畵의 樣式과 刻手」)
- 1664년 전남 여수 靈鷲山 興國寺에서『妙法蓮華經』간행에 變相圖 畵員으로 참여(일산 원각사 소장)
- 1732년 보광사 명부전 상량문에 良工으로 나옴(金東旭,『韓國建築工匠史硏究』) 良工

**진성**(進性 : -1748-) 18세기 중반에 활동한 철장鐵匠이다. 1748년에 경북 영주 부석사 종각 중수에 주돌립과 철장으로 참여하였다.

- 1748년 경북 영주 浮石寺 鐘閣 重修에 周亘立과 鐵匠으로 참여(「浮石寺資料」)『佛敎美術』3)

**진웅**(振雄 : -1695-)* 17세기 후반에 활동한 연판鍊板이다. 1695년에 경남 하동 쌍계사에서『치문경훈緇門警訓』간행에 연판으로 참여하였다.

- 1695년 경남 하동 쌍계사에서『緇門警訓』간행에 연판으로 참여(일산 원각사 소장) 鍊板

**진의**(眞義, 眞儀 : -1604-) 17세기 전반에 활동한 각수刻手이다. 1604년에 쌍계사에서『고봉화상선요高峰和尙禪要』과『선원제전집도서禪源諸詮集都序』간행에 응준과 각자刻字로,『대혜보각선사서大慧普覺禪師書』간행에 태□과 각자로 참여하였다.

- 1604년 쌍계사에서『高峰和尙禪要』과『禪源諸詮集都序』간행에 應俊과 刻字로 참여(일산 원각사 소장)
  1604년 쌍계사에서『大慧普覺禪師書』간행에 太□과 刻字로 참여(일산 원각사 소장)

**진익**(眞益 : -1730-) 18세기 전반에 활동한 각수刻手이다. 1730년에 전남 순천 대흥사에서『장수멸죄호제동자다라니경長壽滅罪護諸童子陀羅尼經』간행에 탁매와 각원으로 참여하였다.

- 1730년 전남 순천 大興寺에서『長壽滅罪護諸童子陀羅尼經』간행에 卓梅와 刻員으로 참여(일산 원각사 소장)

**잔정**(眞正 : -1604-) 17세기 전반에 활동한 각수刻手이다. 1604년에 쌍계사에서『선원제전집도서禪源諸詮集都序』간행에 응준과 각자刻字로 참여하였다.

- 1604년 쌍계사에서『禪源諸詮集都序』간행에 應俊과 刻字로 참여(일산 원각사 소장)

**진채옥**(陳彩玉 : -1804-) 19세기 전반에 활동한 주종장鑄鐘匠이다. 1804년에 충북 보은 법주사 범종 조성에 환징과 편수片手로 참여하였다.

- 1804년 충북 보은 法住寺 梵鐘 조성에 環澄과 片手로 참여(安貴淑,「朝鮮後期 鑄鐘匠 思印比丘에 관한 硏究」과 廉永夏,「韓國梵鐘에 관한 연구(朝鮮朝鐘의 特徵)」)

**진채운**(陳彩雲 : -1804-) 19세기 전반에 활동한 주종장鑄鐘匠이다. 1804년에 충북 보은 법주사 범종 조성에 환징과 편수片手로 참여하였다.

- 1804년 충북 보은 法住寺 梵鐘 조성에 環澄과 片手로 참여(安貴淑,「朝鮮後期 鑄鐘匠 思印比丘에 관한 硏究」과 廉永夏,「韓國梵鐘에 관한 연구(朝鮮朝鐘의 特徵)」)

**진해**(眞海 : -1612-) 17세기 전반에 활동한 야장冶匠이다. 1612년에 경남 합

천 해인사 사명당유정대사비四溟堂惟政大師碑 건립에 선일과 야장으로 참여하
였다.

　◦ 1612년 경남 합천 海印寺 四溟堂 惟政大師碑 건립에 禪一과 冶匠으로 참여(『朝鮮金石總
　　覽』과 智冠 編, 『韓國高僧碑文總集－朝鮮朝·近現代』)

**차본동**(車本同 : -1781-)* 18세기 후반에 활동한 야장冶匠이다. 1781년에 경북 경주 불국사 자하문 건립에 야장으로 참여하였다.

　　◦1781년 경북 경주 佛國寺 紫霞門 건립에 冶匠으로 참여(孟仁才,「佛國寺 紫霞門 上樑文」『考古美術』八卷 三號) 冶匠片手

**찬운**(贊云 : -1660-)* 17세기 중반에 활동한 각수刻手이다. 1660년에 전남 화순 만연사 범종 조성에 각수로 참여하였다.

　　◦1660년 전남 화순 萬淵寺 梵鐘 조성에 刻手로 참여(『한국의 사찰문화재 – 광주/전남』,) 刻手

**찬유**(贊宥 : -1791-) 18세기 후반에 활동한 각수刻手이다. 1791년 전남 순천 송광사에서『지장보살본원경地藏菩薩本願經』간행에 대영과 각원으로 참여하였다.

　　◦1791년 전남 순천 松廣寺에서『地藏菩薩本願經』간행에 大榮과 刻員으로 참여(일산 원각사 소장)

**채명숙**(蔡明熟 : -1785-)* 18세기 후반에 활동한 철장鐵匠이다. 1785년에 경남 양산 통도사 대웅전 철기와 조성에 편수片手로 참여하였다.

　　◦1785년 경남 양산 通度寺 大雄殿 철기와 조성에 片首로 참여(黃壽永,「通度寺大雄殿墨書 및 瓦銘集錄」『考古美術』三卷 九號) 片首 幼學

**채선**(彩先 -1718-)* 18세기 전반에 활동한 각수刻手이다. 1718년에 경북 청도 운문사 사적에 공덕각工德刻으로 언급되어 있다.

　　◦1718년 경북 청도 雲門寺 事蹟에 工德刻으로 나옴(「雲門寺事蹟」『雲門寺誌』) 功德刻

**채순**(彩淳 : -1767-) 18세기 중반에 활동한 각수刻手이다. 1767년에 경북 영주 부석사 미타존상 개금기改金記에 각수로 참여하였다.

　　◦1767년 경북 영주 浮石寺 彌陀尊像 改金에 刻手로 참여(「浮石寺資料」)『佛敎美術』3)

**채열**(彩悅 : -1748-) 18세기 중반에 활동한 철장鐵匠이다. 1748년에 경북 영주 부석사 종각 중수에 주돌립과 철장으로 참여하였다.

　　◦1748년 경북 영주 浮石寺 鐘閣 重修에 周乭立과 鐵匠으로 참여(「浮石寺資料」)『佛敎美術』3)

**채청**(采淸 : -1753-) 18세기 중반에 활동한 연판鍊板이다. 1753년에 대구 동화사에서 『불설아미타경佛說阿彌陀經』 간행에 초한과 부판浮板으로 참여하였다.

　　◦1753년 대구 桐華寺에서 『佛說阿彌陀經(王郎返魂傳, 臨終正念訣 合綴)』 간행에 楚閑과 浮板으로 참여(일산 원각사 소장)

**책순**(策順 : -1773-) 18세기 후반에 활동한 와장瓦匠이다. 1773년에 경북 영주 부석사 개와改瓦 제작에 김옥돌과 편수片手로 참여하였다.

　　◦1773년 경북 영주 浮石寺 改瓦를 金玉咄과 片手로 제작(「浮石寺資料」, 『佛敎美術』3)

**처남**(處南 : -1644-) 17세기 중반에 활동한 시철장施鐵匠이다. 1644년에 전남 평창 용흥사 범종(담양 용흥사 대웅전 소장) 조성에 시철장으로 참여하였다.

　　◦1644년 전남 창평 龍興寺 梵鐘 조성에 施鐵匠으로 참여(담양 용흥사 대웅전 소장, 安貴淑, 「朝鮮後期 鑄鐘匠 思印比丘에 관한 硏究」) 施鐵匠

**처상 1**(處尙 : -1664-) 17세기 중반에 전남 선암사, 흥국사, 송광사에서 활동한 각수刻手이다. 1664년에 전남 여수 영취산 흥국사에서 『묘법연화경妙法蓮華經』 간행에 일감과 각수로 참여하였다.

　　◦1664년 전남 여수 靈鷲山 興國寺에서 『妙法蓮華經』 간행에 一甘과 刻手로 참여(일산 원각사 소장)
　　◦전라도 仙巖寺, 興國寺, 松廣寺 등에서 板刻에 참여(金相淏, 「朝鮮朝 寺刹板 刻手 硏究」)

**처상 2**(處尙 : -1715-) 18세기 전반에 활동한 와장瓦匠이다. 1715년에 전남 장흥 보림사 고법당 중창에 와장으로 참여하였다.

　　◦1715년 전남 장흥 寶林寺 古法堂 重創에 瓦匠으로 참여(『譯註 寶林寺重創記』) 盖匠

**처성**(處性 : -1788-) 18세기 후반에 활동한 각수刻手이다. 1788년에 전북 무주 안국사 범종 개주改鑄에 각수로 참여하였다.

　　◦1788년 전북 무주 安國寺 梵鐘 改鑄에 刻手로 참여(『한국의 사찰문화재 – 전북/제주』) 刻手

**처심**(處心 : -1678-) 17세기 후반에 활동한 각자이다. 1678년에 전남 순천 송광사 보조국사탑비普照國師塔碑 개립改立에 이시석과 각자로 참여하였다.

　　◦1678년 전남 순천 松廣寺 普照國師塔碑 改立에 李時碩과 刻字로 참여(『朝鮮金石總覽』 下)

**처옥**(處玉 : -1639-) 17세기 중반에 활동한 각수刻手이다. 1639년에 경상 곤양 서봉사에서 『묘법연화경妙法蓮華經』 간행에 인호와 각수로 참여하였다.

　　◦1639년 경상 昆陽 栖鳳寺에서 『妙法蓮華經』 간행에 印浩와 刻手로 참여(일산 원각사 소장)

**처준**(處俊 : -1632-1633-) 17세기 전반에 경기도에서 활동한 각수刻手이다. 1632년에 『묘법연화경妙法蓮華經』 간행에 일현과 각자刻字로, 1633년에 경기 삭녕 용복사에서 『선가귀감禪家龜鑑』 간행에 조운과 각수로 참여하였다. 석왕사에서 『묘법연화경妙法蓮華經』, 『법집별행록절요병입사기法集別行錄節要幷

入私記』등의 판각板刻에 참여하였다.
- 1632년 『妙法蓮華經』 간행에 一玄과 刻字로 참여(일산 원각사 소장)
- 1633년 경기 삭녕 龍腹寺에서 『禪家龜鑑』 간행에 祖云과 刻手로 참여(일산 원각사 소장)
- 17세기 중반 龍腹寺에서 10種의 板刻에 참여(金相淏, 「朝鮮朝 寺刹板 刻手 研究」)
- 釋王寺에서 『妙法蓮華經』, 『法集別行錄節要并入私記』등 板刻에 참여(金相淏, 「朝鮮朝 寺刹板 刻手 研究」)

**처징**(處澄 : -1726-) 18세기 전반에 활동한 주종장鑄鐘匠이다. 1726년에 평남 평양 대동문 종鐘 조성에 황준선과 편수로 참여하였다.
- 1726년 평남 평양 大同門 鐘 조성에 黃俊先과 片手로 참여(『朝鮮金石總覽』 下) 僧將

**처해**(處海 : -1728-) 18세기 전반에 활동한 각수刻手이다. 1728년에 함경 안변 석왕사에서 『관세음보살영험략초觀世音菩薩靈驗略抄』 간행에 국환과 각공으로 참여하였다.
- 1728년 함경 안변 釋王寺에서 『觀世音菩薩靈驗略抄』 간행에 國還과 刻工으로 참여(일산 원각사 소장) 刻工

**처희**(處熙 : -1632-) 17세기 전반에 활동한 각수刻手이다. 1632년에 『묘법연화경妙法蓮華經』 간행에 일현과 각자刻字로 참여하였다.
- 1632년 『妙法蓮華經』 간행에 一玄과 刻字로 참여(일산 원각사 소장)

**척임**(隻任 : -1767-) 18세기 중반에 활동한 와장瓦匠이다. 1767년에 용문사 대장전 중수에 개와편수蓋瓦片手로 참여하였다.
- 1767년 용문사 대장전 중수에 蓋瓦片手로 참여(金東旭, 『韓國建築工匠史研究』) 蓋瓦片手

**척탄**(陟坦 : -1730-) 18세기 전반에 활동한 각수刻手이다. 1730년에 전남 순천 대흥사에서 『장수멸죄호제동자다라니경長壽滅罪護諸童子陀羅尼經』 간행에 탁매와 각원으로 참여하였다.
- 1730년 전남 순천 大興寺에서 『長壽滅罪護諸童子陀羅尼經』 간행에 卓梅와 刻員으로 참여(일산 원각사 소장)

**천기**(天琦 : -1627-)* 17세기 전반에 활동한 조각승이다. 1627년에 인천 강화 전등사 목조업경대 1점 제작에 목화원木畵員으로, 목조업경대 1점 제작에 밀영과 화원으로 참여하였다.
- 1627년 인천 강화 傳燈寺 木造業鏡臺 제작에 木畵員으로 참여(墨書) 木畵員
  1627년 인천 강화 傳燈寺 木造業鏡臺 제작에 密英과 畵員으로 참여(墨書)

**천년**(天年 : -1659-)* 17세기 중반에 활동한 각수刻手이다. 1659년에 전남 장흥 천관사에서 『지제산사적支提山事跡』 간행에 간각刊刻으

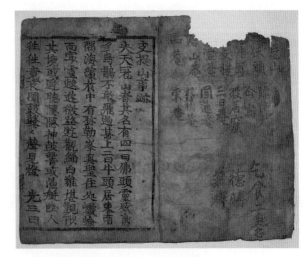

천년, 支提山事跡, 1695년, 장흥 천관사

로 참여하였다.

　□ 1659년 전남 장흥 天冠寺에서 『支提山事跡』 간행에 刊刻으로 참여(일산 원각사 소장)
　　刊刻

**천보**(天寶 : -1595-1634-)* 설봉자(雪峰子) 17세기 중반에 활동한 주종장鑄鐘匠
이다. 1595년에 금사사 범종(현 북한 중앙역사박물관 소장)을 조성하고,
1630년에 경남 거창 고견사 범종 조성에 편수片手로, 1634년에 경기 파주 보
광사 범종 조성에 편수片手로 참여하였다.

천보, 견암사종, 1630년

천보, 견암사종 여래상, 1630년

천보, 보광사종, 1634년

천보, 보광사종 명문, 1634년

ㅊ

- 1595년에 금사사 범종을 조성(북한 중앙역사박물관 소장, 『북한의 문화재와 문화유적』)
- 1630년 경남 거창 古見寺 梵鐘 조성에 片手로 참여(安貴淑, 「朝鮮後期 鑄鐘匠 思印比丘에 관한 硏究」) 器大匠 雪峰沙門
- 1634년 경기 파주 普光寺 梵鐘 조성에 片手로 참여(安貴淑, 「朝鮮後期 鑄鐘匠 思印比丘에 관한 硏究」) 鑄成圖大匠 弥智山雪峯子

**천수인**(千守仁 : -1680-)* 17세기 후반에 활동한 야장冶匠이다. 1680년에 불랑기佛狼器 제작에 장인匠人으로 참여하였다.

- 1680년 佛狼器 제작에 참여(黃壽永, 『금석유문』) 匠人

**천승**(天勝 : -1654-1673-) 17세기 중반에 활동한 승장이다. 수화승 철학과 1654년 충남 부여 무량사 극락전 만수패와 1673년 충남 청양 장곡사 괘불도를 조성하였다.

- 1654년 충남 부여 無量寺 극락전 萬壽牌 제작에 哲學과 畵員으로 참여(『韓國의 古建築』 22)
- 1673년 충남 청양 長谷寺 掛佛圖 조성에 哲學과 畵員으로 참여(『韓國의 佛畵 16 - 麻谷寺(下)』)

**천은**(天롤 : -1635-1646-)* 17세기 중반에 활동한 연판鍊板이다. 전남 순천 송광사에서 1635년에 『대방광불화엄경소大方廣佛華嚴經疏』 간행에 연판으로, 1646년에 『묘법연화경妙法蓮華經』 간행에 연판鍊板으로 참여하였다.

- 1635년 전남 순천 松廣寺에서 『大方廣佛華嚴經疏』 간행에 鍊板으로 참여(金相淏, 「朝鮮朝 寺刹板 刻手 硏究」) 變相刻手
- 1646년 전남 순천 松廣寺에서 『妙法蓮華經』 간행에 鍊板으로 참여(金相淏, 「朝鮮朝 寺刹板 刻手 硏究」)

**천인** 1(天印 : -1661-1683-) 17세기 후반에 전라남도 곡성 도림사에서 활동한 조각승이다. 1661년과 1672년에 도림사 보광전 목조소대木造疏臺를, 1680년에 도림사 관음·대세지 제작 시 산중노덕山中老德으로, 1683년에 도림사 괘불 제작 시 산중대덕山中大德으로 나온다.

- 1661년 전남 곡성 道林寺 普光殿 木造疏臺 1 제작(1669년 개채, (『谷城郡의 佛敎遺蹟』))
- 1665년 전남 곡성 道林寺 木造阿彌陀佛坐像 제작 시 供養大施主와 證師로 참가(『谷城郡의 佛敎遺蹟』)
- 1672년 전남 곡성 道林寺 普光殿 木造疏臺 2를 66세에 3개월 동안 만들어 畵員 戒悟에게 칠하게 시켰는데, 寺中 나무 五十과 白米 한 말을 주었다(『谷城郡의 佛敎遺蹟』)
- 1680년 전남 곡성 道林寺 觀音·大勢至菩薩 제작 시 山中老德으로 나옴(『谷城郡의 佛敎遺蹟』)
- 1683년 전남 곡성 道林寺 掛佛 制作 시 山中大德으로 나옴(『谷城郡의 佛敎遺蹟』)

**천인** 2(天印 : -1684-) 17세기 후반에 활동한 조각승이다. 1684년에 수화승 계주과 전북 고창 선운사 참당암 불단을 제작하였다.

- 1684년 전북 고창 선운사 참당암 불단 제작에 戒珠와 木手로 참여(『兜率山禪雲寺誌』)

**천해**(天海 : -1638-) 17세기 중반에 활동한 각수刻手이다. 1638년 경남 밀양 재악산 영정사에서 『묘법연화경妙法蓮華經』 간행에 법령과 각자刻字로 참여하였다.

◦ 1638년 경남 밀양 載岳山 靈井寺에서『妙法蓮華經』간행에 法令과 刻字로 참여(일산 원각사 소장)

**천현**(千玄 : -1700-)* 18세기 전반에 활발한 각수刻手이다. 1700년에 전남 순천 선암사 범종 개주改鑄에 각수로 참여하였다.

◦ 1700년 전남 순천 仙巖寺 梵鐘 改鑄에 刻手로 참여(廉永夏,「韓國梵鐘에 관한 연구(朝鮮朝鐘의 特徵)」) 刻手

**철옥**(哲玉 : -1748-) 18세기 중반에 활동한 철장鐵匠이다. 1748년에 경북 영주 부석사 종각 중수에 주돌립과 철장으로 참여하였다.

◦ 1748년 경북 영주 浮石寺 鐘閣 重修에 周乭立과 鐵匠으로 참여(「浮石寺資料」『佛敎美術』3)

**철운** 1(喆雲 : -1779-)* 조선후기에 활동한 각수刻手이다. 1779년에 경남 사천 다솔사 팔상전 중건기重建記 제작에 각자刻字로 참여하였다.

◦ 1779년 경남 사천 多率寺 八相殿 重建記 제작에 刻字로 참여(「昆陽郡智異山多率寺八相殿重建記」, 鄭景柱,「慶南地方 寺刹 金石文獻資料 調査硏究」) 刻字

**철은**(哲訔 : -1635-1642-) 17세기 중반에 활동한 각수刻手이다. 전남 순천 송광사에서 1635년에 성현과『대방광불화엄경소大方廣佛華嚴經疏』를, 1642년에 신철과『천지명양수륙재의찬요天地冥陽水陸齋儀纂要』간행에 각수로 참여하였다.

◦ 1635년 전남 순천 松廣寺에서『大方廣佛華嚴經疏』간행에 性玄과 刻手로 참여(金相淏,「朝鮮朝 寺刹板 刻手 硏究」)
◦ 1642년 전남 순천 松廣寺에서『天地冥陽水陸齋儀纂要』간행에 信哲과 刻手로 참여(金相淏,「朝鮮朝 寺刹板 刻手 硏究」)

**철학**(哲學 : -1640-1673-)* 17세기 중·후반에 활동한 조각승이자 불화승이다. 1640년에 수화승 법령과 전북 옥구 불명사 목조불좌상(익산 숭림사 성불암 소장)을, 수화승으로 1654년에 충남 부여 무량사 극락전 만수패와 1673년에 충북 청양 장곡사 괘불도를 조성하였다.

◦ 1640년 전북 옥구 불명사 목조불좌상 제작에 法靈과 畵員으로 참여(익산 숭림사 성불암 소장,『숭림사 보광전 수리보고서』)
◦ 1654년 충남 부여 無量寺 극락전 萬壽牌 제작에 畵員으로 참여(『韓國의 古建築』22) 畵員
◦ 1673년 충남 청양 長谷寺 掛佛圖 조성에 畵員으로 참여(『韓國의 佛畵 16 – 麻谷寺(下)』) 畵員

**철행**(哲行 : -1663-) 17세기 중반에 활동한 각수刻手이다. 1663년에 전남 순천 정혜사에서『예수시왕생칠재의찬요預修十王生七齋儀纂要』간행에 민헌과 각수로 참여하였다.

◦ 1663년 전남 순천 定慧寺에서『預修十王生七齋儀纂要(預修天王通儀 合綴)』간행에 敏軒과 刻手로 참여(일산 원각사 소장)

**청련**(淸連 : -1773-) 18세기 후반에 활동한 각수刻手이다. 1773년에 경북 영주 부석사 개와기改瓦記에 사성과 각수로 참여하였다.

◦ 1773년 경북 영주 浮石寺 改瓦記에 思性과 刻手로 참여(「浮石寺資料」『佛敎美術』3)

**청무**(清武 : -1639-) 17세기 중반에 활동한 각수刻手이다. 1639년에 경상 곤양 서봉사에서 『묘법연화경妙法蓮華經』 간행에 인호와 각수로 참여하였다.

　　。1639년 경상 昆陽 栖鳳寺에서 『妙法蓮華經』 간행에 印浩와 刻手로 참여(일산 원각사 소장)

**청봉**(清峯 : -1782-) 18세기 후반에 활동한 주종장鑄鐘匠이다. 1782년에 경기 안성 칠장사 범종 조성에 신안태와 편수片手로 참여하였다.

　　。1782년 경기 안성 七長寺 梵鐘 조성에 申安泰와 片手로 참여(廉永夏, 「韓國梵鐘에 관한 연구(朝鮮朝鐘의 特徵)」)

**청윤 1**(清允 : -1674-1686-) 17세기 후반에 활동한 주종장鑄鐘匠이다. 주종장 사인과 1674년에 경기 안성 청룡사 범종과 1683년에 경북 풍기 희방사 범종(서울 화계사 소장) 및 1686년에 경남 양산 통도사 범종 조성에 편수로 참여하였다.

　　。1674년 경기 안성 靑龍寺 梵鐘 조성에 思印과 片手로 참여(安貴淑, 「朝鮮後期 鑄鐘匠 思印比丘에 관한 硏究」)
　　。1683년 경북 풍기 喜方寺 梵鐘 조성에 思印과 片手로 참여(서울 화계사 소장, 安貴淑, 「朝鮮後期 鑄鐘匠 思印比丘에 관한 硏究」)
　　。1684년 경북 영주 부석사 목조여래좌상 제작(대좌 묵서, 『황수영 전집 4-금석유문』) 畫元
　　。1686년 경남 양산 通度寺 梵鐘 조성에 思印과 片手로 참여(安貴淑, 「朝鮮後期 鑄鐘匠 思印比丘에 관한 硏究」)

**청윤 2**(清允 : -1714-) 18세기 전반에 활동한 와장瓦匠이다. 1714년에 경남 양산 통도사 대웅전 기와 제작에 편수로 참여하였다.

　　。1714년 경남 양산 通度寺 大雄殿 기와 조성에 邊手로 참여(黃壽永, 「通度寺大雄殿墨書 및 瓦銘集錄」, 『考古美術』 三卷 九號) 邊手

**청임**(清稔)* 조선후기에 활동한 각수刻手이다. 경기도 용복사와 불암사 등에서 판각板刻에 참여하였다.

　　。경기 龍腹寺, 佛岩寺 등에서 板刻에 참여

**청탁**(清卓 : -1664-) 17세기 중반에 활동한 각수刻手이다. 1664년에 전남 여수 영취산 흥국사에서 『묘법연화경妙法蓮華經』 간행에 일감과 각수로 참여하였다.

　　。1664년 전남 여수 靈鷲山 興國寺에서 『妙法蓮華經』 간행에 一甘과 刻手로 참여(일산 원각사 소장)

**청학**(清學 : -1661-) 17세기 중반에 활동한 각수刻手이다. 1661년 경남 밀양 영정사에서 『대방광원각수다라요의경大方廣圓覺修多羅了義經』에 이시일과 각수로 참여하였다.

　　。1661년 경남 밀양 靈井寺에서 『大方廣圓覺修多羅了義經』에 李時一과 刻手로 참여(일산 원각사 소장)

**체종**(体宗, 體宗 : -1709-) 18세기 전반에 활동한 각수刻手이다. 1709년에 전

남 해남 대흥사 진불암 범종(대흥사 성보박물관 소장) 조성에 각공刻工으로 참여
하였다.

　◦1709년 전남 해남 大興寺 眞佛庵 梵鐘 조성에 刻工으로 참여(대흥사 성보박물관 소장,
　廉永夏,「韓國梵鐘에 관한 연구(朝鮮朝鐘의 特徵)」) 刻工

**초안**(楚安 : -1707-) 18세기 전반에 활동한 야장冶匠이다. 1707년에 전남 순
천 선암사 중수비重修碑 건립에 박수전과 야장으로 참여하였다.

　◦1707년 전남 순천 仙巖寺 重修碑 건립에 朴秀全과 冶匠으로 참여(『朝鮮金石總覽』下) 通
　政大夫

**초민**(楚敏 : -1748-) 18세기 중반에 활동한 철장鐵匠이다. 1748년에 경북 영
주 부석사 종각 중수에 주돌립과 철장으로 참여하였다.

　◦1748년 경북 영주 浮石寺 鐘閣 重修에 周乭立과 鐵匠으로 참여(「浮石寺資料」)『佛敎美
　術』3)

**초하**(楚荷 : -1742-1744-)* 18세기 중반에 활동한 주종장鑄鐘匠이다. 1742년
에 충청 담양 소백산 대흥사 범종(풍기 희방사 소장) 조성에 해철과 편수片手로,
1744년에 강원 원주 상원사 범종 조성에 양공으로 참여하였다.

　◦1742년 충청 담양 小白山 大興寺 梵鐘 조성에 海哲과 片手로 참여(풍기 희방사 소장, 安
　貴淑,「朝鮮後期 鑄鐘匠 思印比丘에 관한 硏究」와 廉永夏,「韓國梵鐘에 관한 연구(朝鮮
　朝鐘의 特徵)」) 片手
　◦1744년 강원 원주 상원사 梵鐘 조성에 良工으로 참여(『한국의 사찰문화재 – 강원』) 良
　工

**초한**(楚閑 : -1753-)* 18세기 중반에 활동한 부판浮板이다. 1753년 대구 동화
사에서 『불성아미타경佛說阿彌陀經』 간행에 부판浮板으로 참여하였다.

　◦1753년 대구 桐華寺에서 『佛說阿彌陀經(王郎返魂傳, 臨終正念訣 合綴)』 간행에 浮板으
　로 참여(일산 원각사 소장) 浮板

**초행**(楚行 : -1651-)* 17세기 중반에 활동한 각수刻手이다.
1651년에 지리산 대흥사에서 경전 간행에 각수로 참여하였다.

　◦1651년 지리산 대흥사에서 경전 간행에 刻手로 참여(개인소장, 七星圖
　畵記) 刻手

**최**(崔 : -1654-) 17세기 중반에 활동한 야장冶匠이다. 1654년
에 경남 고성 옥천사 법당 건립에 야장으로 참여하였다.

　◦1654년 경남 고성 玉泉寺 法堂 건립에 冶匠으로 참여(「法堂造成丹艧記
　」『蓮華玉泉의 향기』) 崔居士

**최계상**(崔繼商 : -1675-)* 17세기 후반에 활동한 야장冶匠이다.
1675년에 전남 고흥 능가사 불상 제작에 야장으로 참여하였
다.

　◦1675년 전남 고흥 楞伽寺 불상 제작에 冶匠으로 참여(發願文) 冶匠

**최담**(最談 : -1824-)* 19세기 전반에 활동한 각수刻手이다.
1824년에 강원 금강산 유점사에서 『조상경造像經』 간행에 각

최담, 造像經, 1824년, 고성 유점사

공으로 참여하였다.

　◦1824년 강원 金剛山 楡岾寺에서 『造像經』 간행에 刻工으로 참여(일산 원각사 소장) 刻工

**최만기**(崔萬己 : -1779-) 18세기 후반에 활동한 야장冶匠이다. 1779년에 전남 태안사 대웅전 중창에 야장으로 참여하였다.

　◦1779년 전남 泰安寺 大雄殿 중창에 冶匠으로 참여(「大雄殿重創記」『泰安寺誌』)

**최민**(最敏 : -1754-) 18세기 중반에 활동한 와장瓦匠이다. 1754년에 전남 장흥 보림사에서 도편수 이씨와 2월 20일에 와역瓦役을 시작하여 6월 초순에 마쳤다.

　◦1754년 전남 장흥 寶林寺에서 都片手 李氏와 2월 20일 瓦役을 시작하여 6월 초순에 마침(『譯註 寶林寺重創記』) 副片手

**최봉립**(崔奉立 : -1665-1690-) 17세기 중반에 활동한 주종장鑄鐘匠이다. 1665년에 전남 순천 대흥사 범종(여수 흥국사 소장) 조성에 김애립과 주공鑄工으로, 1690년에 경남 고성 운흥사 범종 조성에 김애립과 편수片手로 참여하였다.

　◦1665년 전남 순천 大興寺 梵鐘 조성에 金愛立과 鑄工으로 참여(여수 흥국사 소장, 安貴淑, 「朝鮮後期 鑄鐘匠 思印比丘에 관한 研究」)
　◦1690년 경남 고성 雲興寺 梵鐘 조성에 金愛立과 片手로 참여(일본 根津美術館 소장, 安貴淑, 「朝鮮後期 鑄鐘匠 思印比丘에 관한 研究」)

**최완용**(崔完用 : -1749-)* 18세기 중반에 활동한 편수片手이다. 1749년에 전북 부안 개암사 괘불 조성에 편수로 참여하였다.

　◦1749년 전북 부안 開巖寺 掛佛 조성에 片手로 참여(『掛佛調查報告書 Ⅱ』) 片手

**최응도**(崔應道 : -1804-) 19세기 전반에 활동한 주종장鑄鐘匠이다. 1804년에 충북 보은 법주사 범종 조성에 환징과 편수片手로 참여하였다.

　◦1804년 충북 보은 法住寺 梵鐘 조성에 環澄과 片手로 참여(安貴淑, 「朝鮮後期 鑄鐘匠 思印比丘에 관한 研究」과 廉永夏, 「韓國梵鐘에 관한 연구(朝鮮朝鐘의 特徵)」)

**최찬**(最贊 : -1681-)* 17세기 후반에 활동한 연판鍊板이다. 1681년에 울산 원적산 운흥사에서 『대혜보각선사서大慧普覺禪師書』 간행에 연판으로 참여하였다.

　◦1681년 蔚山 圓寂山 雲興寺에서 『大慧普覺禪師書』 간행에 鍊板으로 참여(일산 원각사 소장) 鍊板

**축난**(竺蘭 : -1747-)* 18세기 중반에 활동한 와장瓦匠과 불화승佛畵僧이다. 1747년에 전남 장흥 보림사에서 편수片手로 3월에 번와燔瓦를 시작하여 6월에 마쳤다. 1751년에 경남 사천 다솔사에서 대웅전과 선승당禪僧堂 중창에 관형과 단확丹艧으로 참여하였다.

　◦1747년 전남 장흥 寶林寺에서 片手로 3월에 燔瓦를 시작하여 6월에 마침(『譯註 寶林寺重創記』) 片手
　◦1751년 경남 사천 多率寺 大雄殿과 禪僧堂 중창에 寬泂과 丹艧 片手로 참여(「昆陽郡智異山多率寺大雄殿禪僧堂重創兼丹艧記」, 鄭景柱, 「慶南地方 寺刹 金石文獻資料 調查研究」)

**축민**(竺敏 : -1692-) 17세기 후반에 활동한 와장瓦匠이다. 1692년에 전남 장홍 보림사 신법당 중창에 김여식과 개수盖手로 참여하였다.
　▫1692년 전남 장흥 寶林寺 新法堂 重創에 金汝式과 盖手로 참여(『譯註 寶林寺重創記』) 副
　僧

**축삼**(築森 : -1740-)* 18세기 중반에 활동한 와장瓦匠이다. 1740년에 전남 장
흥 보림사에서 편수로 3월에 기와 일을 시작하여 6월에 마쳤다.
　▫1740년 전남 장흥 寶林寺에서 片手로 3월에 기와 일을 시작하여 6월에 마침(『譯註 寶林
　寺重創記』) 片手

**축잠**(쓰쏙 : -1638-) 17세기 중반에 활동한 각수刻手이다. 1638년 경남 밀양
재악산 영정사에서 『묘법연화경妙法蓮華經』 간행에 법령과 각자로 참여하였
다.
　▫1638년 경남 밀양 載岳山 靈井寺에서 『妙法蓮華經』 간행에 法令과 刻字로 참여(일산 원
　각사 소장)

**축혜**(쓰惠 : -1642-)* 17세기 중반에 활동한 화원畵員이다. 1642년에 전남 해
남 미황사 괘불궤掛佛櫃 명문에 화원으로 나온다.
　▫1642년 전남 해남 美黃寺 掛佛櫃 銘文에 畵員으로 나옴(『美黃寺 應眞殿 修理報告書』)
　畵員

**축환**(쓰環 : -1701-) 18세기 전반에 활동한 각수刻手이다. 1701년에 봉암사에
서 『선원제전집도서禪源諸詮集都序』, 『법집별행록절요정입사기法集別行錄節要
幷入私記』, 『고봉화상선요高峰和尙禪要』 간행에 각수로 참여하였다.
　▫1701년 鳳岩寺에서 3種(『禪源諸詮集都序』, 『法集別行錄節要幷入私記』, 『高峰和尙禪要』)
　간행에 刻手로 참여(金相淏, 「朝鮮朝 寺刹板 刻手 硏究」)

**축흡**(쓰洽 : -1808-)* 19세기 전반에 활동한 각수刻手이다. 1808년에 경남 고
성 옥천사 현판懸板 괘불화성기掛佛畵成記에 각수로 참여하였다.
　▫1754년 경남 고성 玉泉寺 懸板 掛佛畵成記에 刻手로 참여(「玉泉寺掛佛畵成記」, 鄭景柱,
　「慶南地方 寺刹 金石文獻資料 調査硏究」) 刻手

**춘유**(春有 : -1797-) 18세기 후반에 활동한 각수刻手이다. 1797년에 경남 함
양 벽송암에서 『범망경梵網經』 개간에 한방철과 각수로 참여하였다.
　▫1797년 경남 함양 碧松庵에서 『梵網經』 개간에 韓邦喆과 刻手로 참여(刊記)

**춘학**(春鶴 : -1681-) 17세기 후반에 활동한 연판鍊板이다 1681년에 충남 논산
불명산 쌍계사에서 『불설대보부모은중경佛說大報父母恩重經』 간행에 학륜과
연판으로 참여하였다.
　▫1681년 충남 논산 佛明山 雙溪寺에서 『佛說大報父母恩重經(佛說小涅槃經 合綴)』 간행에
　鍊板으로 참여(일산 원각사 소장) 單身

**출옥**(出玉 : -1717-)* 18세기 전반에 활동한 각수刻手이다. 1717년에 전남 해
남 대흥사 범종 개조改造에 각공刻工으로 참여하였다.
　▫1717년 전남 해남 대흥사 梵鐘 改造에 刻工으로 참여(『한국의 사찰문화재 – 광주/전남』)
　刻工

**충의**(忠義 : -1781-) 19세기 후반에 활동한 철장鐵匠이다. 1781년에 경기 포천 백운사 중수에 철물편수鐵物片手로 참여하였다.

　◦ 1781년 경기 포천 白雲寺 중수에 鐵物片手로 참여(現在 興龍寺,『畿內寺院誌』) 鐵物片手

**충익**(沖益 : -1632-1634-) 17세기 전반에 활동한 각수刻手이다. 1632년에『묘법연화경妙法蓮華經』간행에 일현과 각자刻字로, 1632년부터 1634년까지 함경 안변 석왕사에서 제서諸書 판각板刻에 참여하였다.

　◦ 1632년『妙法蓮華經』간행에 一玄과 刻字로 참여(일산 원각사 소장)
　◦ 1632년부터 1634년까지 함경 안변 釋王寺에서 諸書 板刻에 참여(金相淏,「朝鮮朝 寺刹 板 刻手 研究」)

**충일**(沖一 : -1661-) 17세기 중반에 활동한 각수刻手이다. 1661년 경남 밀양 영정사에서『대방광원각수다라요의경大方廣圓覺修多羅了義經』에 이시일과 각수로 참여하였다.

　◦ 1661년 경남 밀양 靈井寺에서『大方廣圓覺修多羅了義經』에 李時一과 刻手로 참여(일산 원각사 소장)

**충학**(忠學 : -1638-) 17세기 중반에 활동한 각수刻手이다. 1638년 경남 밀양 재악산 영정사에서『묘법연화경妙法蓮華經』간행에 법령과 각자로 참여하였다.

　◦ 1638년 경남 밀양 載岳山 靈井寺에서『妙法蓮華經』간행에 法令과 刻字로 참여(일산 원 각사 소장)

**충해**(沖海 : -1748-) 18세기 중반에 활동한 철장鐵匠이다. 1748년에 경북 영주 부석사 종각鐘閣 중수에 주돌립과 철장으로 참여하였다.

　◦ 1748년 경북 영주 浮石寺 鐘閣 重修에 周乭立과 鐵匠으로 참여(「浮石寺資料」)『佛敎美術』3)

**충헌**(沖軒 : -1689-)* 17세기 후반에 활동한 각수刻手이다. 1689년에 경기 의왕 청계사사적기淸溪寺事蹟記 건립에 연도鍊刀로 참여하였다.

　◦ 1689년 경기 의왕 淸溪寺事蹟記 건립에 鍊刀로 참여(金相永 外,「朝鮮時代 佛敎金石文 調査研究(1)」) 鍊刀

**충현**(沖絢 : -1661-) 17세기 중반에 활동한 각수刻手이다. 1661년 경남 밀양 영정사에서『대방광원각수다라요의경大方廣圓覺修多羅了義經』에 이시일과 각수로 참여하였다.

　◦ 1661년 경남 밀양 靈井寺에서『大方廣圓覺修多羅了義經』에 李時一과 刻手로 참여(일산 원각사 소장)

**취기**(就棋 : -1797-)* 18세기 후반에 경상도에서 활동한 각수刻手이다. 경남 함양 벽송암에서 1797년에『지장보살본원경地裝菩薩本願經』변상도變相圖 판각板刻에 각수와『범망경梵網經』개간에 한방철과 각수로 참여하였다.

　◦ 1797년 경남 함양 碧松庵에서『梵網經』개간에 韓邦喆과 刻手로 참여(刊記) 刻
　◦ 1797년 碧松庵에서『地裝菩薩本願經』變相圖 板刻에 刻手로 참여(金相淏,「朝鮮朝 寺刹 板 刻手 研究」) 刻手

**취운**(就云 : -1773-) 18세기 후반에 활동한 와장瓦匠이다. 1773년에 경북 영주 부석사 개와改瓦 제작에 김옥돌과 편수로 참여하였다.

  ◦1773년 경북 영주 浮石寺 改瓦 제작에 金玉똘과 片手로 참여(『浮石寺資料』 『佛敎美術』3)

**취탁**(就託 : -1716-)* 18세기 전반에 활동한 야장冶匠이다. 1716년에 강원 양구 심곡사 목조아미타삼존불상 제작에 야공冶工으로 참여하였다.

  ◦1716년 강원 양구 深谷寺 木造阿彌陀三尊佛像 제작에 冶工으로 참여(임영애,「조선후기 강원도 양구 深谷寺 木造阿彌陀三尊佛像」) 冶匠

**취한**(就閑 : -1730-) 18세기 전반에 활동한 각수刻手이다. 1730년에 전남 순천 대흥사에서 『장수멸죄호제동자다라니경長壽滅罪護諸童子陀羅尼經』 간행에 탁매와 각원으로 참여하였다.

  ◦1730년 전남 순천 大興寺에서 『長壽滅罪護諸童子陀羅尼經』 간행에 卓梅와 刻員으로 참여(일산 원각사 소장)

**취화**(醉花 : -1757-)* 18세기 중반에 활동한 각수刻手이다. 1757년 경상우도 안음 덕유산 장수사에서 개간하여 성주 불영산 청암사로 이안한 『선원집도서착병禪源集都序着柄』 간행에 각수로 참여하였다.

  ◦1757년 慶尙右道 安陰 德裕山 長水寺에서 개간하여 星州 佛靈山 靑巖寺로 이안한『禪源集都序着柄』 간행에 刻手로 참여(일산 원각사 소장) 主刻

**치관**(致寬 : -1663-1664-) 17세기 중반에 활동한 각수刻手이다. 1663년에 전남 순천 정혜사에서 『예수시왕생칠재의찬요預修十王生七齋儀纂要』 간행에 민헌과 각수로, 1664년에 전남 여수 영취산 홍국사에서 『묘법연화경妙法蓮華經』 간행에 일감과 각수로 참여하였다.

  ◦1663년 전남 순천 定慧寺에서 『預修十王生七齋儀纂要(預修天王通儀 合綴)』 간행에 敏軒과 刻手로 참여(일산 원각사 소장)
  ◦1664년 전남 여수 靈鷲山 興國寺에서 『妙法蓮華經』 간행에 一甘과 刻手로 참여(일산 원각사 소장)

**치명**(致明 : -1753-) 18세기 중반에 활동한 연판鍊板이다. 1753년 대구 동화사에서 『불설아미타경佛說阿彌陀經』 간행에 석탄과 연판으로 참여하였다.

  ◦1753년 대구 桐華寺에서 『佛說阿彌陀經(王郞返魂傳, 臨終正念訣 合綴)』 간행에 碩坦과 鍊板으로 참여(일산 원각사 소장)

**치밀**(緇密 : -1633-) 17세기 전반에 활동한 각수刻手이다. 1633년에 경기 삭녕 용복사에서 『선가귀감禪家龜鑑』 간행에 조운과 각수로 참여하였다.

  ◦1633년 경기 삭녕 龍腹寺에서 『禪家龜鑑』 간행에 祖云과 刻手로 참여(일산 원각사 소장)

**치백**(緇伯 : -1773-) 18세기 후반에 활동한 와장瓦匠이다. 1773년에 경북 영주 부석사 개와改瓦 제작에 김옥돌과 편수로 참여하였다.

  ◦1773년 경북 영주 浮石寺 改瓦를 金玉똘과 片手로 제작(『浮石寺資料』『佛敎美術』3)

**치상** 1(致尙 : -1711-)* 18세기 전반에 활동한 주종장鑄鐘匠이다. 1711년에 운홍사 범종(구례 화엄사 소장) 조성에 화원으로 참여하였다.

> 1711년 雲興寺 梵鐘 조성에 畵員으로 참여(구례 화엄사 소장, 廉永夏, 「韓國梵鐘에 관한 연구(朝鮮朝鐘의 特徵)」) 畵員

**치상 2**(致祥 : -1746-) 18세기 중반에 활동한 연판錬板이다. 1746년에 경북 문경 김룡사에서 『조상경造像經』 간행에 연판으로 참여하였다.

> 1746년 경북 문경 金龍寺에서 『造像經』 간행에 錬板으로 참여(金相淏, 「寺刹板의 錬板과 諸 役員에 관한 考察」)

**치수**(致秀 : -1789-) 18세기 후반에 활동한 편수片手이다. 1789년에 경북 김천 직지사 명부전 양간록에 중연과 편수로 언급되어 있다.

> 1789년 경북 김천 直指寺 冥府殿 양간록에 重演과 片手로 언급(金東旭, 『韓國建築工匠史研究』)

**치운**(治運 : -1864-)* 19세기 중반에 활동한 주종장鑄鐘匠이다. 1864년에 경남 합천 해인사 종루鐘樓 범종 조성에 편수로 참여하였다.

> 1864년 경남 합천 海印寺 鐘樓 梵鐘 조성에 片手로 참여(廉永夏, 「韓國梵鐘에 관한 연구(朝鮮朝鐘의 特徵)」) 片手

**치죽**(緇竹 : -1630-) 17세기 중반에 활동한 주종장鑄鐘匠이다. 1630년에 경남 거창 고견사 범종 조성에 천보와 편수片手로 참여하였다.

> 1630년 경남 거창 古見寺 梵鐘 조성에 天寶와 片手로 참여(安貴淑, 「朝鮮後期 鑄鐘匠 思印比丘에 관한 研究」)

**침계당**(枕溪堂) 민열敏悅 참조

# ㅌ

**탁련**(卓連 : -1686-) 17세기 후반에 활동한 주종장鑄鐘匠이다. 1686년에 경남 양산 통도사 범종 조성에 사인과 편수片手로 참여하였다.

　▫ 1686년 경남 양산 通度寺 梵鐘 조성에 思印과 片手로 참여(安貴淑,「朝鮮後期 鑄鐘匠 思印比丘에 관한 研究」)

**탁매**(卓梅 : -1730-)* 18세기 전반에 활동한 각수刻手이다. 1730년에 전남 순천 대흥사에서 『장수멸죄호제동자타라니경長壽滅罪護諸童子陀羅尼經』 간행에 각원刻員으로, 왕산사와 대흥사에서 판각板刻에 참여하였다.

탁매, 長壽滅罪護諸童子陀羅尼經 變相圖, 1730년, 순천 대흥사 간행

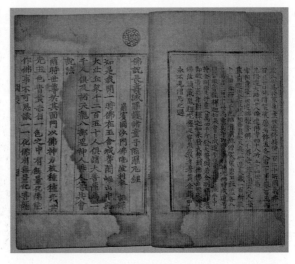

탁매, 長壽滅罪護諸童子陀羅尼經, 1730년, 순천 대흥사 간행

　▫ 1730년 전남 순천 大興寺에서 『長壽滅罪護諸童子陀羅尼經』 간행에 刻員으로 참여(일산 원각사 소장) 刻員
　▫ 王山寺와 大興寺에서 板刻에 참여(金相淏,「朝鮮朝 寺刹板 刻手 研究」)

**탁일**(卓一, 卓日 : -1650경-1663-) 17세기 중반에 활동한 각수刻手이다. 1650년에서 1659년 사이에 충남 공주 마곡사 주지를 역임하고 운혜 등과 함께

묘수장사妙手匠師로 추대받아 여러 공인을 이끌고 승당僧堂을 건립하고, 1663
년에 전남 순천 정혜사에서 『예수시왕생칠재의찬요預修十王生七齋儀纂要』 간
행에 민헌과 각수로 참여하였다.

　　▫ 1650년-1659년 사이에 충남 공주 麻谷寺 주지 역임하고 雲惠와 함께 妙手匠師로 추대
　　　받아 여러 공인을 이끌고 僧堂을 건립(「泰華山麻谷寺事蹟立案」『麻谷寺 實測調査報告
　　　書』)
　　▫ 1663년 전남 순천 定慧寺에서 『預修十王生七齋儀纂要(預修天王通儀 合綴)』 간행에 敏軒
　　　과 刻手로 참여(일산 원각사 소장)

**탄관**(綻寬 : -1748-) 18세기 중반에 활동한 각수刻手이다. 1748년에 경북 영
주 부석사 종각鐘閣 중수에 탄하와 각수로 참여하였다.

　　▫ 1748년 경북 영주 浮石寺 鐘閣 重修에 綻賀과 刻手로 참여(「浮石寺資料」)『佛敎美術』3)

**탄영**(坦英 : -1688-)* 17세기 후반에 활동한 각수刻手이다. 1688년에 평안 영
변 묘향산 불영대에서 개판하여 보현사로 옮긴 『진언집眞言
集』 간행에 각공刻工으로 참여하였다.

　　▫ 1688년 평안 영변 妙香山 佛影臺에서 개판하여 普賢寺로 옮긴 『眞言
　　　集』 간행에 刻工으로 참여(일산 원각사 소장) 刻工

**탄욱**(坦昱 : -1604-) 17세기 전반에 활동한 각수刻手이다.
1604년에 쌍계사에서 『고봉화상선요高峰和尙禪要』 간행에 응
준과 각자刻字로, 『대혜보각선사서大慧普覺禪師書』 간행에 태
□과 각자로 참여하였다.

　　▫ 1604년 쌍계사에서 『高峰和尙禪要』 간행에 應俊과 刻字로 참여(일산
　　　원각사 소장)
　　　1604년 쌍계사에서 『大慧普覺禪師書』 간행에 太□과 刻字로 참여
　　　(일산 원각사 소장)

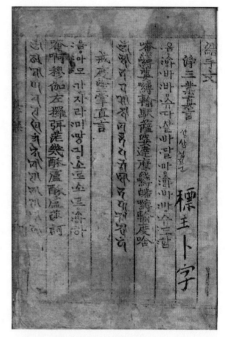

**탄준**(坦濬 : -1730-)* 18세기 전반에 활동한 주종장鑄鐘匠이
다. 1730년에 전남 순천 선암사 원통전과 응향각 범종 조성
에 화원畵員으로 참여하였다.

　　▫ 1730년 전남 순천 仙巖寺 圓通殿 凝香閣 梵鐘 조성에 畵員으로 참여
　　　(安貴淑,「朝鮮後期 鑄鐘匠 思印比丘에 관한 硏究」) 畵員

**탄하**(綻賀 : -1748-)* 18세기 중반에 활동한 각수刻手이다.
1748년에 경북 영주 부석사 종각鐘閣 중수에 각수로 참여하
였다.

탄영, 眞言集 , 1688년, 불영대

　　▫ 1748년 경북 영주 浮石寺 鐘閣 重修에 刻手로 참여(「浮石寺資料」)『佛敎美術』3) 刻

**태감**(太甘 : -1638-) 17세기 중반에 활동한 각수刻手이다. 1638년 경남 밀양
재악산 영정사에서 『묘법연화경妙法蓮華經』 간행에 법령과 각자刻字로 참여
하였다.

　　▫ 1638년 경남 밀양 載嶽山 靈井寺에서 『妙法蓮華經』 간행에 法슝과 刻字로 참여(일산 원
　　　각사 소장)

**태순** 1(太淳 : -1669-) 17세기 중반에 활동한 주종장鑄鐘匠이다. 1669년에 충남 서산 부석사 범종 조성에 원응과 편수片手로 참여하였다.

　∘1669년 충남 서산 浮石寺 梵鐘 조성에 元應과 片手로 참여(安貴淑,「朝鮮後期 鑄鐘匠 思印比丘에 관한 硏究」)

**태순** 2(泰淳, 太淳 : -1701-)* 18세기 전반에 활동한 각수刻手이다. 1701년에 경북 문경 봉암사에서 『선원제전집도서禪源諸詮集都序』 간행에 각수로 참여하였다.

　∘1701년 경북 문경 鳳岩寺에서『禪源諸詮集都序』 간행에 刻手로 참여(金相淏,「朝鮮朝 寺刹板 刻手 硏究」) 大行首

**태신**(太信 : -1631-1638-)* 17세기 중반에 활동한 각수刻手이다. 1631년에 전남 순천 송광사에서 『염불작법念佛作法』 간행과 경남 청도 수암사에서 『묘법연화경妙法蓮華經』 판각板刻에 각수로, 1638년에 경남 밀양 재악산 영정사에서 『묘법연화경妙法蓮華經』 간행에 법령과 각자로 참여하였다.

　∘1631년 전남 순천 松廣寺에서『念佛作法』 간행에 刻手로 참여(金相淏,「朝鮮朝 寺刹板 刻手 硏究」) 刻
　1631년 경남 청도 水岩寺에서『妙法蓮華經』板刻에 刻手로 참여(金相淏,「朝鮮朝 寺刹板 刻手 硏究」) 刻手
　∘1638년 경남 밀양 載岳山 靈井寺에서『妙法蓮華經』 간행에 法令과 刻字로 참여(일산 원각사 소장)

**태심**(太心 : -1664-) 17세기 중반에 활동한 각수刻手이다. 1664년에 전남 여수 영취산 흥국사에서 『묘법연화경妙法蓮華經』 간행에 일감과 각수로 참여하였다.

　∘1664년 전남 여수 靈鷲山 興國寺에서『妙法蓮華經』 간행에 一甘과 刻手로 참여(일산 원각사 소장)

**태안**(太安 : -1639-) 17세기 중반에 활동한 각수刻手이다. 1639년에 경상 곤양 서봉사에서 『묘법연화경妙法蓮華經』 간행에 인호와 각수로 참여하였다.

　∘1639년 경상 昆陽 栖鳳寺에서『妙法蓮華經』 간행에 印浩와 刻手로 참여(일산 원각사 소장)

**태열**(太悅 : -1661-) 17세기 중반에 활동한 각수刻手이다. 1661년 경남 밀양 영정사에서 『대방광원각수다라요의경大方廣圓覺修多羅了義經』에 이시일과 각수로 참여하였다.

　∘1661년 경남 밀양 靈井寺에서『大方廣圓覺修多羅了義經』에 李時一과 刻手로 참여(일산 원각사 소장)

**태영**(太榮, 泰榮 : -1792-1801-)* **백인당**(百忍堂) 18세기 후반에 활동한 불화승이다. 수화승으로 1792년에 전북 완주 송광사 목비木牌를 중수重修하고, 1801년에 운대암 신중도(하동 쌍계사 봉안)과 경남 진주 백천사 운대암 감로왕도(의정부 망월사 봉안)를 제작하였다.

　∘1792년 전북 완주 松廣寺 木牌 중수에 畵員으로 참여 (임영애,「完州 松廣寺 木牌와 17세

기 조선시대 불교)』) 畵員

　•1801년 운대암 신중도 제작(하동 쌍계사 봉안, 『韓國의 佛畵 25-雙磎寺(上)』) 畵員
　　1801년 경남 진주 백천사 운대암 제작(의정부 망월사 봉안, 홍윤식 편, 『韓國佛畵畵記
　　集』) 畵師 수화승

**태오**(太悟 : -1681-) 17세기 후반에 활동한 각수刻手이다. 1681년에 울산 원
적산 운홍사에서 『대혜보각선사서大慧普覺禪師書』 간행에 신종과 각자刻字로
참여하였다.

　•1681년 蔚山 圓寂山 雲興寺에서 『大慧普覺禪師書』 간행에 信宗과 刻字로 참여(일산 원
　　각사 소장)

**태일**(太日 : -1661-) 17세기 중반에 활동한 각수刻手이다. 1661년 경남 밀양
영정사에서 『대방광원각수다라요의경大方廣圓覺修多羅了義經』에 이시일과 각
수로 참여하였다.

　•1661년 경남 밀양 靈井寺에서 『大方廣圓覺修多羅了義經』에 李時一과 刻手로 참여(일산
　　원각사 소장)

**태준**(台俊 : -1730-) 18세기 전반에 활동한 각수刻手이다. 1730년에 전남 순
천 대홍사에서 『장수멸죄호제동자다라니경長壽滅罪護諸童子陀羅尼經』 간행에
탁매와 각원으로 참여하였다.

　•1730년 전남 순천 大興寺에서 『長壽滅罪護諸童子陀羅尼經』 간행에 卓梅와 刻員으로 참
　　여(일산 원각사 소장)

**태진** 1(太眞 : -1751-) 18세기 중반에 활동한 불화승佛畵僧이다. 1751년에 경
남 사천 다솔사에서 대웅전과 선승당禪僧堂 중창에 관형과 단확丹艧으로 참여
하였다.

　•1751년 경남 사천 多率寺 大雄殿과 禪僧堂 중창에 寬泂과 丹艧 片手로 참여(「昆陽郡智異
　　山多率寺大雄殿禪僧堂重創兼丹艧記」, 鄭景柱, 「慶南地方 寺刹 金石文獻資料 調査研究」)

**태진** 2(太進 : -1832-)* 19세기 전반에 활동한 주종장鑄鐘匠이다. 1832년에
전남 여수 홍국사 남암南庵 범종(동국대학교 박물관 소장) 조성에 주종편수鑄鐘片
手로 참여

　•1832년 전남 여수 興國寺 南庵 梵鐘 조성에 鑄鐘片手로 참여(동국대학교 박물관 소장,
　　安貴淑, 「朝鮮後期 鑄鐘匠 思印比丘에 관한 硏究」) 鑄鐘片手

**태행**(太行 : -1667-1689-)* 17세기 중·후반에 활동한 주종장鑄鐘匠이다. 사
인과 1667년에 경북 고령 반룡사 범종(포항 보경사 서운암 소장), 1670년에 경북
문경 김룡사 범종(김천 직지사 성보박물관 소장)과 강원 홍천 수타사 범종, 1674년
에 경기 안성 청룡사 범종 조성에 편수片手로 참여하고, 1689년에 전북 부안
개암사 범종 조성에 화원畵員으로 참여하였다.

　•1667년 경북 고령 盤龍寺 梵鐘 조성에 思印과 片手로 참여(대가야유물전시관 소장, 安貴
　　淑, 「朝鮮後期 鑄鐘匠 思印比丘에 관한 硏究」)
　•1670년 경북 문경 金龍寺 梵鐘 조성에 思印과 片手로 참여(김천 직지사 성보박물관 소
　　장, 安貴淑, 「朝鮮後期 鑄鐘匠 思印比丘에 관한 硏究」)
　　1670년 강원 홍천 壽陀寺 梵鐘 조성에 思印과 片手로 참여(安貴淑, 「朝鮮後期 鑄鐘匠

思印比丘에 관한 硏究」)
 ◦ 1674년 경기 안성 靑龍寺 梵鐘 조성에 思印과 片手로 참여(安貴淑,「朝鮮後期 鑄鐘匠 思印比丘에 관한 硏究」)
 ◦ 1689년 전북 부안 開巖寺 梵鐘 조성에 畵員으로 참여(安貴淑,「朝鮮後期 鑄鐘匠 思印比丘에 관한 硏究」) 畵員

**태훈**(泰訓 : -1715-) 18세기 전반에 활동한 주종장鑄鐘匠이다. 1715년에 문수사 범종(공주 靈隱寺 소장) 조성에 현해와 편수片手로 참여하였다.
 ◦ 1715년 文殊寺 梵鐘 조성에 玄海와 片手로 참여(공주 靈隱寺 소장, 安貴淑,「朝鮮後期 鑄鐘匠 思印比丘에 관한 硏究」)

**태□**(太□ : -1604-)* 17세기 전반에 활동한 각수刻手이다. 1604년에 쌍계사에서 『대혜보각선사서大慧普覺禪師書』 간행에 각자刻字로 참여하였다.
 ◦ 1604년 쌍계사에서 『大慧普覺禪師書』 간행에 刻字로 참여(일산 원각사 소장) 刻字

**택수**(擇修, 擇守 : -1712-1730-) 18세기 전·중반에 활동한 각수刻手이다. 1712년에 『해동호남도대화엄사사적海東湖南道大華嚴寺事蹟』에 시연과 각수로, 1730년에 전남 순천 대흥사에서 『장수멸죄호제동자다라니경長壽滅罪護諸童子陀羅尼經』 간행에 탁매와 각원으로 참여하였다.
 ◦ 1712년 『海東湖南道大華嚴寺事蹟』에 時演과 刻手로 나옴(『海東湖南道大華嚴寺事蹟』)
 ◦ 1730년 전남 순천 大興寺에서 『長壽滅罪護諸童子陀羅尼經』 간행에 卓梅와 刻員으로 참여(일산 원각사 소장)

**토열**(兎悅 : -1741-)* **국명당**(國明堂) 18세기 중반에 활동한 각수刻手이다. 1741년에 경북 팔공산 수도사에서 『임종정념결臨終正念訣』 간행에 각수로 참여하였다.
 ◦ 1741년 경북 八公山 修道寺에서 『臨終正念訣(부모효양문 合綴)』 간행에 刻手로 참여(일산 원각사 소장) 刻

**통신**(通信 : -1712-1730-) 18세기 전반에 활동한 각수刻手이다. 1712년에 『해동호남도대화엄사사적海東湖南道大華嚴寺事蹟』에 시연과 각수로, 1730년에 전남 순천 대흥사에서 『장수멸죄호제동자타라니경長壽滅罪護諸童子陀羅尼經』 간행에 부판浮板으로 참여하였다.
 ◦ 1712년 『海東湖南道大華嚴寺事蹟』에 時演과 刻手로 나옴(『海東湖南道大華嚴寺事蹟』)
 ◦ 1730년 전남 순천 大興寺에서 『長壽滅罪護諸童子陀羅尼經』 간행에 浮板으로 참여(일산 원각사 소장)

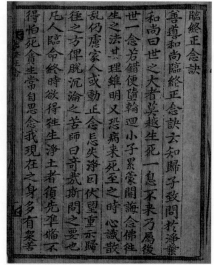

토열, 臨終正念訣(부모효양문 합철),
1741년, 영천 수도사 간행

# 표

**평흘**(平訖, 平屹 : -1679-1681-) 17세기 후반에 활동한 각수刻手이다. 울산 원적산 운흥사에서 1679년에 『금강경오가해金剛經五家解』 상권 간행에 각운과 각수로, 1681년에 『대혜보각선사서大慧普覺禪師書』 간행에 신종과 각자刻字로 참여하였다.

> □1679년 蔚山 圓寂山 雲興寺에서 『金剛經五家解』 上권 간행에 覺雲과 刻手로 참여(일산 원각사 소장)
> □1681년 蔚山 圓寂山 雲興寺에서 『大慧普覺禪師書』 간행에 信宗과 刻字로 참여(일산 원각사 소장)

**포문**(抱聞 : -1743-) 18세기 중반에 활동한 각수刻手이다. 1743년에 경남 창령 관룡사 「잡역□함후송덕기雜役益□蜀咸後頌德記」 제작에 각자刻字로 참여하였다.

> □1743년 경남 창령 觀龍寺 「雜役益□蜀咸後頌德記」 제작에 刻字로 참여(鄭景柱, 「慶南地方 寺刹 金石文獻資料 調査研究」)

**포윤 1**(抱玧 : -1779-) 조선후기에 활동한 각수刻手이다. 1779년에 경남 사천 다솔사 팔상전 중건기重建記 제작에 철운과 각자刻字로 참여하였다.

> □1779년 경남 사천 多率寺 八相殿 重建記 제작에 喆雲과 刻字로 참여(「昆陽郡智異山多率寺八相殿重建記」, 鄭景柱, 「慶南地方 寺刹 金石文獻資料 調査研究」)

**포윤 2**(抱閏 : -1791-) 18세기 후반에 활동한 각수刻手이다. 1791년 전남 순천 송광사에서 『지장보살본원경地藏菩薩本願經』 간행에 대영과 각원으로 참여하였다.

> □1791년 전남 순천 松廣寺에서 『地藏菩薩本願經』 간행에 大榮과 刻員으로 참여(일산 원각사 소장) 願

**포은**(抱崑, 包崑 : -1721-1739-) 18세기 중반에 활동한 각수刻手이다. 전남 장흥 보림사에서 진총과 1721년에 불자각과 향로전 중건과 1723년에 조사전 서까래와 지침집紙砧家을 편수로 참여하여 새로 세우고, 1724년에 내원 중창에 편수로 참여하였다. 그리고 서전 중창에 희열과 편수로, 1727년에 능인전 두 추녀 수리 및 기와를 진총과 편수로, 1739년에 전남 해남 미황사 설봉당회정대사비雪峯堂懷淨大師碑 건립에 덕명과 각수로 참여하였다.

- 1721년 전남 장흥 寶林寺 佛子閣과 香爐殿 重建에 震聰과 片手로 참여(『譯註 寶林寺重創記』)
- 1723년 전남 장흥 寶林寺 祖師殿 서까래를 震聰과 片手로 고침(『譯註 寶林寺重創記』)
  1723년 전남 장흥 寶林寺 紙砧家를 震聰과 片手로 새로 건축(『譯註 寶林寺重創記』)
- 1724년 전남 장흥 寶林寺 內院 重創에 震摠과 片手로 참여(『譯註 寶林寺重創記』)
  1724년 전남 장흥 寶林寺 西殿 重創에 希悅과 片手로 참여(『譯註 寶林寺重創記』)
- 1727년 전남 장흥 寶林寺 能仁殿 두 추녀 수리 및 기와를 震摠과 片手로 고침(『譯註 寶林寺重創記』)
- 1739년 전남 해남 美黃寺 雪峯堂 懷淨大師碑 건립에 德明과 刻手로 참여(智冠 編,『韓國高僧碑文總集–朝鮮朝·近現代』와 『美黃寺 應眞殿 修理報告書』)

**포일**(抱日 : -1730-) 18세기 중반에 활동한 각수刻手이다. 1730년에 전남 순천 대흥사에서 『장수멸죄호제동자다라니경長壽滅罪護諸童子陀羅尼經』 간행에 탁매와 각원으로 참여하였다.

- 1730년 전남 순천 大興寺에서 『長壽滅罪護諸童子陀羅尼經』 간행에 卓梅와 刻員으로 참여(일산 원각사 소장)

**포헌**(抱軒 : -1751-) 18세기 중반에 활동한 불화승佛畵僧이다. 1751년에 경남 사천 다솔사에서 대웅전과 선승당禪僧堂 중창에 관형과 단확丹艧으로 참여하였다.

- 1751년 경남 사천 多率寺 大雄殿과 禪僧堂 중창에 寬泂과 丹艧 片手로 참여(「昆陽郡智異山多率寺大雄殿禪僧堂重創兼丹艧記」, 鄭景柱,「慶南地方 寺刹 金石文獻資料 調査研究」)

**품삼**(稟森 : -1800-) 19세기 전반에 활동한 각수刻手이다. 1800년에 전남 해남 미황사 현판 제작에 순삼과 각공刻工로 참여하였다.

- 1800년 전남 해남 美黃寺 현판 제작에 順三과 刻手로 참여(『美黃寺 應眞殿 修理報告書』)

**학경**(學冏 : -1632-) 17세기 중반에 활동한 각수刻手이다. 1632년에 『묘법연화경妙法蓮華經』 간행에 일현과 각자刻字로 참여하였다.

　　◦1632년 『妙法蓮華經』 간행에 一玄과 刻字로 참여(일산 원각사 소장)

**학륜**(學倫 : -1681-) 17세기 후반에 활동한 연판鍊板이다. 1681년에 충남 논산 불명산 쌍계사에서 『불설대보부모은중경佛說大報父母恩重經』 간행에 연판으로 참여하였다.

　　◦1681년 충남 논산 佛明山 雙溪寺에서 『佛說大報父母恩重經(佛說小涅槃經 合綴)』 간행에 鍊板으로 참여(일산 원각사 소장)

**학수**(學修 : -1632-1635-) 17세기 중반에 활동한 각수刻手이다. 1632년에 『묘법연화경妙法蓮華經』 간행에 일현과 각자刻字로, 1633년에 경기 삭녕 용복사에서 『선가귀감禪家龜鑑』 간행에 조운과 각수로, 1635년에 전남 순천 송광사에서 『대방광불화엄경소大方廣佛華嚴經疏』 간행에 성현과 각수로 참여하였다.

　　◦1632년 『妙法蓮華經』 간행에 一玄과 刻字로 참여(일산 원각사 소장)
　　◦1633년 경기 삭녕 龍腹寺에서 『禪家龜鑑』 간행에 祖云과 刻手로 참여(일산 원각사 소장)
　　◦1635년 전남 순천 松廣寺에서 『大方廣佛華嚴經疏』 간행에 性玄과 刻手로 참여(金相淏, 「朝鮮朝 寺刹板 刻手 研究」)

**학순 1**(學淳 : -1642-) 17세기 중반에 활동한 각수刻手이다. 1642년 전남 순천 송광사에서 『천지명양수륙재의찬요天地冥陽水陸齋儀纂要』 간행에 신철과 각수로 참여하였다.

　　◦1642년 전남 순천 松廣寺에서 『天地冥陽水陸齋儀纂要』 간행에 信哲과 刻手로 참여(金相淏, 「朝鮮朝 寺刹板 刻手 研究」)

**학순 2**(學淳 : -1655-) 17세기 중반에 활동한 주종장鑄鐘匠이다. 1655년에 충청 사자산 안곡사 범종(공주 마곡사 소장) 조성에 보은과 편수로 참여하였다.

　　◦1655년 충청 獅仔山 安谷寺 梵鐘 조성에 寶訔과 片手로 참여(공주 마곡사 소장, 安貴淑, 「朝鮮後期 鑄鐘匠 思印比丘에 관한 研究」)

**학신**(學信 : -1634-) 17세기 중반에 활동한 연판鍊板이다. 1634년에 충남 논산 불명산 쌍계사에서 『오대진언五大眞言』 간행에 연판으로 참여하였다.

　　◦1634년 충남 논산 佛明山 雙溪寺에서 『五大眞言』 간행에 鍊板으로 참여(일산 원각사 소

장) 鍊板

**학연**(學術 : -1632-1634-) 17세기 전·중반에 활동한 각수刻手이다. 1632년부터 1634년까지 함경 안변 석왕사에서 서적 출판에 각수로 참여하였다.

　▫1632과 1634년 함경 안변 釋王寺에서 諸書 板刻에 참여(金相淏, 「朝鮮朝 寺刹板 刻手 研究」)

**학인**(學仁 : -1639-) 17세기 중반에 활동한 각수刻手이다. 1639년에 경상 곤양 서봉사에서 『묘법연화경妙法蓮華經』 간행에 인호와 각수로 참여하였다.

　▫1639년 경상 昆陽 栖鳳寺에서『妙法蓮華經』 간행에 印浩와 刻手로 참여(일산 원각사 소장)

**학일**(學日 : -1632-1634-) 17세기 전·중반에 활동한 각수刻手이다. 1632년부터 1634년까지 함경 안변 석왕사에서 서적 출판에 각수로 참여하였다.

　▫1632년과 1634년 함경 안변 釋王寺에서 諸書 板刻에 참여(金相淏, 「朝鮮朝 寺刹板 刻手 研究」)

**학준**(學俊 : -1655-) 17세기 중반에 활동한 주종장鑄鐘匠이다. 1655년에 충청 사자산 안곡사 범종 조성(공주 마곡사 소장)에 보은과 편수로 참여하였다.

　▫1655년 충청 獅仔山 安谷寺 梵鐘 조성에 寶訔과 片手로 참여(공주 마곡사 소장, 安貴淑, 「朝鮮後期 鑄鐘匠 思印比丘에 관한 研究」)

**학찬**(學贊 : -1679-1681-) 17세기 후반에 활동한 각수刻手이다. 울산 원적산 운흥사에서 1679년에 『금강경오가해金剛經五家解』 상권 간행에 각운과 각수로, 1681년에 『대혜보각선사서大慧普覺禪師書』 간행에 신종과 각자刻字로 참여하였다.

　▫1679년 蔚山 圓寂山 雲興寺에서『金剛經五家解』上권 간행에 覺雲과 刻手로 참여(일산 원각사 소장)
　▫1681년 蔚山 圓寂山 雲興寺에서『大慧普覺禪師書』 간행에 信宗과 刻字로 참여(일산 원각사 소장)

**한**(韓) 조선후기에 진산에 거주하던 와장이다. 연대를 알 수 없는 전북 익산 숭림사 전각 기와 제작에 도편수 홍洪과 편수로 참여하였다.

　▫연대미상 전북 익산 崇林寺 전각에 기와 제작에 都片手 洪과 片手로 참여(『韓國의 古建築』23) 副片手 居 珍山

**한계민**(韓戒民 : -1632-1634-) 17세기 전·중반에 활동한 연판鍊板이다. 1632년에 석왕사에서 『묘법연화경妙法蓮華經』를, 1633년에 『법집별행록절요병입사기法集別行錄節要并入私記』를, 1634년에 『금강반야바라밀경金剛般若波羅密經』 간행에 연판鍊板으로 참여하였다.

　▫1632년 釋王寺에서『妙法蓮華經』 간행에 鍊板으로 참여(金相淏, 「朝鮮朝 寺刹板 刻手 研究」)
　▫1633년『法集別行錄節要并入私記』 간행에 鍊板으로 참여(金相淏, 「朝鮮朝 寺刹板 刻手 研究」)
　▫1634년『金剛般若波羅密經』 간행에 鍊板으로 참여(金相淏, 「朝鮮朝 寺刹板 刻手 研究」)

ㅎ

**한구금**(韓仇金 : -1653-) 17세기 중반에 활동한 야장冶匠이다. 1653년에 전남 영암 도갑사 도선수미양대사비道詵守眉兩大師碑 건립에 김말생과 야장으로 참여하였다.

　　◦1653년 전남 영암 道岬寺 道詵守眉兩大師碑 건립에 金耄生과 冶匠으로 참여(『朝鮮金石總覽』下와 智冠 編, 『韓國高僧碑文總集-朝鮮朝·近現代』)

**한기보**(韓基甫 : -1865-1870-) 19세기 중반에 활동한 이장이다. 1865년에 서울 흥천사 요사 중창에 임장석과 이장泥匠으로, 1870년에 서울 화계사 대웅전 중건에 이장편수泥匠片手로 참여하였다.

　　◦1865년 서울 興天寺 寮舍 重創에 林長石과 泥匠으로 참여(「京畿右道楊州牧地三角山興天寺寮舍重創記文」『興天寺 實測調査報告書』)
　　◦1870년 서울 華溪寺 대웅전 중건에 泥匠片手로 참여(「京畿道漢北三角山華溪寺大雄寶殿重建記文」『華溪寺 實測調査報告書』) 泥匠片手

**한기상**(韓己上 : -1662-) 17세기 중반에 활동한 야장冶匠이다. 1662년에 평북 영변 안심사와 회양 표훈사 허백당명조대사비虛白堂明照大師碑에 건립에 이영장과 야장으로 참여하였다.

　　◦1662년 평북 영변 安心寺와 회양 表訓寺 虛白堂明照大師碑에 李英章과 冶匠으로 참여(『朝鮮金石總覽』과 智冠 編, 『韓國高僧碑文總集-朝鮮朝·近現代』)

**한득봉**(韓得奉 : -1751-)* 18세기 중반에 활동한 와장瓦匠이다. 1751년에 경남 사천 다솔사에서 대웅전과 선승당禪僧堂 중창에 와장으로 참여하였다.

　　◦1751년 경남 사천 多率寺 大雄殿과 禪僧堂 중창에 瓦匠으로 참여(「昆陽郡智異山多率寺大雄殿禪僧堂重創兼丹雘記」, 鄭景柱, 「慶南地方 寺刹 金石文獻資料 調査研究」) 瓦匠

**한방철**(韓邦喆 : -1797-) 18세기 후반에 활동한 각수刻手이다. 1797년에 경남 함양 벽송암에서 『범망경梵網經』 개간에 각수로 참여하였다.

　　◦1797년 경남 함양 碧松庵에서 『梵網經』 개간에 韓邦喆과 刻手로 참여(刊記)

**한일신**(韓日新 : -1822-)* 19세기 전반에 활동한 각수刻手이다. 1822년에 경남 고성 옥천사 첨성전瞻星殿 삼창三創 현판懸板 제작에 각수로 참여하였다.

　　◦1822년 경남 고성 玉泉寺 瞻星殿 三創 懸板에 제작에 刻手로 참여(懸板 「瞻星殿三創記」『蓮華玉泉의 향기』) 刻手

**한천석**(韓千石, 韓天碩 : -1711-1730-)* 18세기 전반에 활동한 주종장鑄鐘匠이다. 1711년에 윤송백과 운흥사 범종 조성에 편수로, 윤취은과 1716년에 전북 완주 송광사 범종과 1730년에 전남 순천 선암사 원통전 응향각 범종 조성에 참여하였다.

　　◦1711년 雲興寺 梵鐘 조성에 尹宋伯과 片手로 참여(구례 화엄사 소장, 安貴淑, 「朝鮮後期 鑄鐘匠 思印比丘에 관한 研究」)
　　◦1716년 전북 완주 松廣寺 梵鐘 조성에 尹就殷과 片手로 참여(安貴淑,

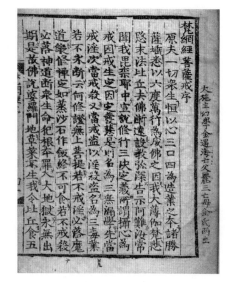

한방철, 梵網經, 1797년, 함양 벽송암 개간 移鎭 영각사

「朝鮮後期 鑄鐘匠 思印比丘에 관한 硏究」) 副片手
◦ 1730년 전남 순천 仙巖寺 圓通殿 凝香閣 梵鐘 조성에 尹就殷과 片手로 참여 (安貴淑,
「朝鮮後期 鑄鐘匠 思印比丘에 관한 硏究」) 刻字

**해안**(海眼 : -1701-)* 18세기 전반에 활동한 화승畵僧이다. 1701년에 전북 김
제 금산사에서 『태상현영북두본명연생진경太上玄靈北斗本命延生眞經』 간행에
화원畵員으로 참여하였다.

◦ 1701년 전북 金溝 母岳山 金山寺에서 『太上玄靈北斗本命延生眞經』 간행에 畵員으로 참
여(일산 원각사 소장) 畵員

**해영**(海暎 : -1701-)* 18세기 전반에 활동한 각수刻手이다. 1701년에 경북 문
경 봉암사에서 『금강경金剛經』 간행에 변상각수變相刻手로 참여하였다.

◦ 1701년에 경북 문경 鳳巖寺에서 『金剛經』 刊行에 變相刻手로 참여(박도화, 「朝鮮時代 金
剛經板畵의 圖像」) 變相刻手

**해오**(海悟 : -1664-1665-) 17세기 중반에 활동한 각수刻手이다. 전남 여수 영
취산 흥국사에서 1664년에 『묘법연화경妙法蓮華經』 간행에
일감과 각수로, 1665년에 『금강반야바라밀경金剛般若波羅密
經』 간행에 刊刻으로 참여하였다.

◦ 1664년 전남 여수 靈鷲山 興國寺에서 『妙法蓮華經』 간행에 一甘과
刻手로 참여(일산 원각사 소장)
◦ 1665년 전남 여수 靈鷲山 興國寺에서 『金剛般若波羅密經』 간행에
刊刻으로 참여(일산 원각사 소장)

**해원**(海元 : -1635-) 17세기 중반에 활동한 주종장鑄鐘匠이
다. 1635년에 전북 남원 대복사 범종 조성에 정우와 편수로
참여하였다.

◦ 1635년 전북 남원 大福寺 梵鐘 조성에 淨祐와 畵員으로 참여(安貴
淑, 「朝鮮後期 鑄鐘匠 思印比丘에 관한 硏究」)

**해철**(海哲 : -1742-) 18세기 중반에 활동한 주종장鑄鐘匠이
다. 1742년에 충청 담양 소백신 대흥사 빔궁(풍기 희방사 소장)
조성에 편수로 참여하였다.

해오, 金剛般若波羅密經, 1665년, 여수
홍국사 간행

◦ 1742년 충청 담양 小白山 大興寺 梵鐘 조성에 片手로 참여(풍기 희
방사 소장, 安貴淑, 「朝鮮後期 鑄鐘匠 思印比丘에 관한 硏究」와 廉
永夏, 「韓國梵鐘에 관한 연구(朝鮮朝鐘의 特徵)」) 片手

**해헌**(海軒 : -1663-)* 17세기 중반에 활동한 각수刻手이다. 1663년에 전남 순
천 정혜사에서 『예수시왕생칠재의찬요預修十王生七齋儀纂要』 간행에 연관과
각수으로 참여하였다.

◦ 1663년 전남 순천 定慧寺에서 『預修十王生七齋儀纂要(預修天王通儀 合綴)』 간행에 刻手
와 化士로 참여(일산 원각사 소장) 刻手兼化士

**향림**(香林 : -1607-)* 17세기 전반에 활동한 각수刻手이다. 1607년에 황해도
에서 『통감절요通鑑節要』 개판改版에 각승刻僧으로 참여하였다.

ㅎ

◦ 1607년 황해도에서 『通鑑節要』 改版에 刻僧으로 참여(金相淏,「朝鮮朝 寺刹板 刻手 研究」) 刻僧

**현감**(玄鑒, 玄鑑 : -1604-) 17세기 전반에 활동한 각수刻手이다. 1604년에 쌍계사에서 『고봉화상선요高峰和尙禪要』과 『선원제전집도서禪源諸詮集都序』 간행에 응준과 각자刻字로, 『대혜보각선사서大慧普覺禪師書』 간행에 태□과 각자로 참여하였다.

◦ 1604년 쌍계사에서 『高峰和尙禪要』과 『禪源諸詮集都序』 간행에 應俊과 刻字로 참여(일산 원각사 소장)
1604년 쌍계사에서 『大慧普覺禪師書』 간행에 太□과 刻字로 참여(일산 원각사 소장)

**현규**(玄桂 : -1661-) 17세기 중반에 활동한 각수刻手이다. 1661년에 강원 속천 신흥사에서 『천지명양수륙재의찬요天地冥陽水陸齋儀纂要』 간행에 육행과 각자刻字로 참여하였다.

◦ 1661년 강원 속천 新興寺에서 『天地冥陽水陸齋儀纂要』 간행에 六行과 刻字로 참여(『韓國佛敎儀禮資料叢書』 2)

**현신**(玄信 : -1678-)* 17세기 후반에 활동한 각수刻手이다. 1678년에 삼가三嘉 몽계사夢鷄寺에서 『묘법연화경妙法蓮華經』 간행에 각자刻字로 참여하였다.

현신, 妙法蓮華經 卷1 變相圖, 1678년, 삼가 몽계사 개판

현신, 妙法蓮華經 卷1, 1678년, 삼가 몽계사 개판

◦ 1678년 三嘉 夢鷄寺에서 『妙法蓮華經』 간행에 刻字로 참여(일산 원각사 소장) 刻字

**현옥**(玄玉 : -1619-) 17세기 초반에 활동한 주종장鑄鐘匠이다. 1619년에 남양주 봉선사 범종(가평 懸燈寺 소장) 조성에 편수片手로 참여하였다.

◦ 1619년 남양주 奉先寺 梵鐘 조성에 片手로 참여(安貴淑,「朝鮮後期 鑄鐘匠 思印比丘에 관한 硏究」)

**현익**(賢益 : -1682-) 17세기 후반에 활동한 각수刻手이다. 1682년에 묘향산 보현사에서 『금강반야경소론찬요조현록金剛般若經疏論纂要助顯錄』 간행에 박응하와 각수로 참여하였다.

    ◦1682년 묘향산 普賢寺에서 『金剛般若經疏論纂要助顯錄』 간행에 朴應河와 刻手로 참여
      (金相淏,「朝鮮朝 寺刹板 刻手 硏究」)

**현장**(玄藏 : -1639-) 17세기 중반에 활동한 각수刻手이다. 1639년에 경상 곤양 서봉사에서 『묘법연화경妙法蓮華經』 간행에 인호와 각수로 참여하였다.

    ◦1639년 경상 昆陽 栖鳳寺에서 『妙法蓮華經』 간행에 印浩와 刻手로 참여(일산 원각사 소장)

**현해**(玄海 : -1702-1715-)* 18세기 전반에 활동한 주종장鑄鐘匠이다. 1702년에 충남 예산 향천사 범종 조성에 이해준과 편수片手로, 1715년에 문수사 범종(공주 靈隱寺 소장) 조성에 편수片手로 참여하였다.

    ◦1702년 충남 예산 香泉寺 梵鐘 조성에 李海俊과 片手로 참여(安貴淑,「朝鮮後期
      鑄鐘匠 思印比丘에 관한 硏究」)
    ◦1715년 文殊寺 梵鐘 조성에 片手로 참여(공주 靈隱寺 소장, 安貴淑,「朝鮮後期
      鑄鐘匠 思印比丘에 관한 硏究」) 片手

현해, 문수사종, 1715년

**현□**(玄□ : -1678-) 17세기 후반에 활동한 각수刻手이다. 1678년에 전남 순천 송광사 보조국사탑비普照國師塔碑 개립改立에 이시석과 각자刻字로 참여하였다.

    ◦1678년 전남 순천 松廣寺 普照國師塔碑 改立에 李時碩과 刻字로 참여(『朝鮮金石
      總覽』 下)

**혜경**(惠經 : -1702-) 18세기 전반에 활동한 주종장鑄鐘匠이다. 1702년에 충남 예산 향천사 범종 조성에 이해준과 편수片手로 참여하였다.

    ◦1702년 충남 예산 香泉寺 梵鐘 조성에 李海俊과 片手로 참여(安貴淑,「朝鮮後期
      鑄鐘匠 思印比丘에 관한 硏究」)

**혜관**(惠寬 : -1604-) 17세기 전반에 활동한 각수刻手이다. 1604년에 쌍계사에서 『선원제전집도서禪源諸詮集都序』 간행에 응준과 각자刻字로 참여하였다.

    ◦1604년 쌍계사에서 『禪源諸詮集都序』 간행에 應俊과 刻字로 참여(일산 원각사 소장)

**혜구**(惠球 : -1612-) 17세기 전반에 활동한 야장冶匠이다. 1612년에 경남 합천 해인사 사명당유정대사비四溟堂惟政大師碑 건립에 선일과 야장으로 참여하였다.

    ◦1612년 경남 합천 海印寺 四溟堂 惟政大師碑 건립에 禪一과 冶匠으로 참여(『朝鮮金石總
      覽』과 智冠 編, 『韓國高僧碑文總集-朝鮮朝·近現代』)

**혜기**(惠琦 : -1612-) 17세기 전반에 활동한 야장冶匠이다. 1612년에 경남 합천 해인사 사명당유정대사비四溟堂惟政大師碑 건립에 선일과 야장으로 참여하였다.

    ◦1612년 경남 합천 海印寺 四溟堂 惟政大師碑 건립에 禪一과 冶匠으로 참여(『朝鮮金石總
      覽』과 智冠 編, 『韓國高僧碑文總集-朝鮮朝·近現代』)

ㅎ

**혜영** 1(惠英 : -1636-) 17세기 중반에 활동한 주종장鑄鐘匠이다. 1635년에 전북 남원 대복사 범종 조성에 정우와 편수로, 1636년에 충남 부여 무량사 범종 조성에 정우와 화원畵員으로 참여하였다.

- 1635년 전북 남원 大福寺 梵鐘 조성에 淨祐와 畵員으로 참여(김수현, 「조선후기 범종과 주종장 연구」)
- 1636년 충남 부여 無量寺 梵鐘 조성에 淨祐와 畵員으로 참여(安貴淑, 「朝鮮後期 鑄鐘匠 思印比丘에 관한 研究」과 『韓國의 古建築』 22)

**혜영** 2(惠英, 惠暎 : -1638-1649-) 17세기 중반에 활동한 각수刻手이다. 1638년 경남 밀양 재악산 영정사에서 『묘법연화경妙法蓮華經』 간행에 법령과 각자로 참여하였다. 1638년부터 1649년까지 경남 양산 통도사(『묘법연화경妙法蓮華經』)와 보현사(『법집별행록절요병입사기法集別行錄節要幷入私記』)에서 7종種의 불경 개판開板에 참여하였다.

- 1638년 경남 밀양 載岳山 靈井寺에서 『妙法蓮華經』 간행에 法爺과 刻字로 참여(일산 원각사 소장)
- 1638년-1649년 경남 양산 通度寺(『妙法蓮華經』)와 普賢寺(『法集別行錄節要幷入私記』)에서 7種의 불경 開板에 참여(金相淏, 「朝鮮朝 寺刹板 刻手 研究」)
- 연대미상 『僧家日用食時默言作法(食時四物緣記 合綴)』 간행에 刻手로 참여(일산 원각사 소장) 發願功德刻

**혜운**(惠云 : -1636-) 17세기 중반에 활동한 주종장鑄鐘匠이다. 1636년에 충남 부여 무량사 범종 조성에 정우와 화원畵員으로 참여하였다.

- 1636년 충남 부여 無量寺 梵鐘 조성에 淨祐와 畵員으로 참여(安貴淑, 「朝鮮後期 鑄鐘匠 思印比丘에 관한 研究」과 『韓國의 古建築』 22)

**혜원** 1(惠遠, 慧遠 : -1682-1689-) 17세기 후반에 활동한 각수刻手이다. 『법망경梵網經』을 1682년에 보현사와 1685년에 선정암 및 1689년에 조원암에서 각수로 참여하였다.

- 1682년 普賢寺에서 『梵網經』 간행에 刻手로 참여(金相淏, 「朝鮮朝 寺刹板 刻手 研究」)
- 1685년 禪定庵에서 『梵網經』 간행에 刻手로 참여(金相淏, 「朝鮮朝 寺刹板 刻手 研究」)
- 1689년 祖院庵에서 『梵網經』 간행에 刻手로 참여(金相淏, 「朝鮮朝 寺刹板 刻手 研究」)

**혜원** 2(惠遠 : -1712-)* 18세기 전반에 활동한 와장瓦匠이다. 1712년에 부산 범어사 법당 중수에 기와 제작에 도편수로 참여하였다.

- 1712년 부산 梵魚寺 법당 중수에 기와 제작에 都片手로 참여(『梵魚寺聖寶文化財 解說集』) 都片手

**혜익**(惠益 : -1715-) 18세기 전반에 활동한 주종장鑄鐘匠이다. 1715년에 문수사 범종(공주 靈隱寺 소장) 조성에 현해와 편수片手로 참여하였다

- 1715년 文殊寺 梵鐘 조성에 玄海와 片手로 참여(공주 靈隱寺 소장, 安貴淑, 「朝鮮後期 鑄鐘匠 思印比丘에 관한 研究」)

**혜일**(惠日 : -1730-) 18세기 전반에 활동한 각수刻手이다. 1730년에 전남 순천 대흥사에서 『장수멸죄호제동자다라니경長壽滅罪護諸童子陀羅尼經』 간행에

탁매와 각원으로 참여하였다.
  ▫ 1730년 전남 순천 大興寺에서 『長壽滅罪護諸童子陀羅尼經』 간행에 卓梅와 刻員으로 참여(일산 원각사 소장)

**혜은**(惠訔 : -1744-) 18세기 중반에 활동한 주종장鑄鐘匠이다. 1744년에 강원 원주 상원사 범종 조성에 초하와 편수로 참여하였다.
  ▫ 1744년 강원 원주 上院寺 梵鐘 조성에 楚荷와 片手로 참여(김수현, 『조선후기 범종과 주종장 연구』)

**혜학**(惠學 : -1635-) 17세기 중반에 활동한 주종장鑄鐘匠이다. 1635년에 전북 남원 대복사 범종 조성에 정우와 편수로 참여하였다.
  ▫ 1635년 전북 남원 大福寺 梵鐘 조성에 淨祐와 畵員으로 참여(安貴淑, 「朝鮮後期 鑄鐘匠 思印比丘에 관한 研究」)

**혜행**(惠行 : -1714-) 18세기 전반에 활동한 와장瓦匠이다. 1714년에 경남 양산 통도사 대웅전 기와 조성에 청윤과 편수로 참여하였다.
  ▫ 1714년 경남 양산 通度寺 大雄殿 기와 조성에 淸允과 邊手로 참여(黃壽永, 「通度寺大雄殿墨書 및 瓦銘集錄」 『考古美術』 三卷 九號)

**호문**(浩文 : -1805-) 19세기 전반에 활동한 각수刻手이다. 전남 여수 흥국사에서 효순과 1805년에 천왕문중수개채기天王門重修改彩記와 적묵당중창기寂默堂重刱記 제작에 각수로 참여하였다.
  ▫ 1805년 전남 여수 興國寺 天王門重修改彩記 제작에 曉旬과 刻手로 참여(眞玉, 『興國寺』)
  1805년 전남 여수 興國寺 寂黙堂重刱記 제작에 曉旬과 刻手로 참여(眞玉, 『興國寺』)

**호혜**(顥慧 : -1721-) 18세기 전반에 활동한 각수刻手이다. 1721년에 경남 고성 와룡산 운흥사에서 『금강반야바라밀경金剛般若波羅密經』 간행에 김진창과 각수로 참여하였다.
  ▫ 1721년 경남 고성 와룡산 雲興寺에서 『金剛般若波羅密經(普賢行願品 合綴)』 간행에 金進昌과 刻手로 참여(일산 원각사 소장)

**홍**(洪) 조선후기 활동한 와장瓦匠이다. 전북 익산 숭림사 전각 기와 제작에 도편수로 참여하였다.
  ▫ 연대미상 전북 익산 崇林寺 전각에 기와 제작에 都片手로 참여(『韓國의 古建築』 23) 都片手

**홍기환**(洪箕煥 : -1853-) 19세기 중반에 활동한 각수刻手이다. 1853년에 경기 삼각산 내원암에서 『관무량수불경觀無量壽佛經』 간행에 문경순과 각수로 참여하였다.
  ▫ 1853년에 경기 삼각산 內院庵에서 『觀無量壽佛經』 간행에 文敬淳과 각수로 참여(刊記)

**홍성**(弘性 : -1679-1681-) 17세기 후반에 활동한 각수刻手이다. 울산 원적산 운흥사에서 1679년에 『금강경오가해金剛經五家解』 상권 간행에 각운과 각수로, 1681년에 『대혜보각선사서大慧普覺禪師書』 간행에 신종과 각자刻字로참여하였다.

ㅎ

◦ 1679년 蔚山 圓寂山 雲興寺에서 『金剛經五家解』 上권 간행에 覺雲과 刻手로 참여(일산 원각사 소장)
◦ 1681년 蔚山 圓寂山 雲興寺에서 『大慧普覺禪師書』 간행에 信宗과 刻字로 참여(일산 원각사 소장)

**홍수**(弘修 : -1607-) 17세기 전반에 활동한 각수刻手이다. 1607년에 전남 순천 송광사에서 『묘법연화경妙法蓮華經』 간행에 각수로 참여하였다.

◦ 1607년 전남 순천 松廣寺에서 『妙法蓮華經』 간행에 刻手로 참여(金相淏, 「朝鮮朝 寺刹板 刻手 研究」)

**홍신**(弘信 : -1632-) 17세기 중반에 활동한 각수刻手이다. 1632년에 『묘법연화경妙法蓮華經』 간행에 일현과 각자刻字로 참여하였다.

◦ 1632년 『妙法蓮華經』 간행에 一玄과 刻字로 참여(일산 원각사 소장)

**홍안**(弘眼 : -1746-) 18세기 중반에 활동한 연판鍊板이다. 1746년에 경북 문경 김룡사에서 『조상경造像經』 간행에 연판으로 참여하였다.

◦ 1746년 경북 문경 金龍寺에서 『造像經』 간행에 鍊板으로 참여(金相淏, 「寺刹板의 鍊板과 諸 役員에 관한 考察」)

**홍언**(弘彦 : -1607-1639-)* 17세기 전·중반에 활동한 각수刻手이다. 1607년에 전남 순천 송광사에서 『선가구감禪家龜鑑』 간행에 각수로, 1615년에 전남 순천 송광사에서 『묘법연화경妙法蓮華經』 간행에 각수로, 1639년에 경상 곤양 서봉사에서 『묘법연화경妙法蓮華經』 간행에 인호와 각수로 참여하였다.

◦ 1607년 전남 순천 松廣寺에서 『禪家龜鑑』 간행에 刻手로 참여(일산 원각사 소장) 刻手
◦ 1615년 전남 순천 松廣寺에서 『妙法蓮華經』 간행에 刻手로 참여(刊記) 刻
◦ 1639년 경상 昆陽 栖鳳寺에서 『妙法蓮華經』 간행에 印浩와 刻手로 참여(일산 원각사 소장)

**홍인백**(洪仁伯 : -1802-) 19세기 전반에 활동한 야장冶匠이다. 1802년에 전남 영광 불갑사 만세루 중수에 야장편수冶匠片手로 참여하였다.

◦ 1802년 전남 영광 佛甲寺 萬歲樓 중수에 冶匠片手로 참여(「靈光郡佛甲寺 萬歲樓重修上樑文」, 『靈光 母岳山 佛甲寺 -地表調査報告書』) 冶匠片手

**홍찬**(弘贊 : -1663-) 17세기 중반에 활동한 각수刻手이다. 1663년에 전남 순천 정혜사에서 『예수시왕생칠재의찬요預修十王生七齋儀纂要』 간행에 민헌과 각수로 참여하였다.

◦ 1663년 전남 순천 定慧寺에서 『預修十王生七齋儀纂要(預修天王通儀 合綴)』 간행에 敏軒과 刻手로 참여(일산 원각사 소장)

**홍철**(弘哲 : -1660-)* 17세기 중반에 활동한 주종장鑄鐘匠이다. 1660년에 전남 화순 만연사 범종 조성에 각수로 참여하였다.

◦ 1660년 전남 화순 萬淵寺 梵鐘 조성에 刻手로 참여(『한국의 사찰문화재 - 광주/전남』) 刻手

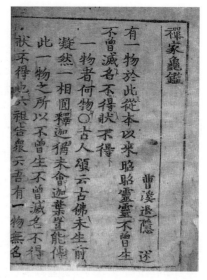

홍언, 禪家龜鑑, 1607년, 순천 송광사 개간

**환순**(幻淳 ： -1799-) 18세기 후반에 활동한 각수刻手이다. 1799년에 전남 해남 미황사에서 간행하여 해남 대흥사로 이운한 『연담대사임하록蓮潭大師林下錄』 간행에 연관과 각공刻工으로 참여하였다.

　◦1799년 전남 해남 美黃寺에서 간행하여 海南 大芚寺로 이운한 『蓮潭大師林下錄』 간행에 演寬과 刻工으로 참여(일산 원각사 소장)

**환징**(環澄 ： -1804-)* 19세기 전반에 활동한 주종장鑄鐘匠이다. 1804년에 충북 보은 법주사 범종 조성에 편수로 참여하였다.

　◦1804년 충북 보은 法住寺 梵鐘 조성에 片手로 참여(安貴淑, 「朝鮮後期 鑄鐘匠 思印比丘에 관한 硏究」과 廉永夏, 「韓國梵鐘에 관한 연구(朝鮮朝鐘의 特徵)」 및 『한국의 사찰문화재 - 충북』) 片手

**환총**(幻聰 ： -1753-) 18세기 중반에 활동한 각수刻手이다. 1753년에 대구 동화사에서 『불설아미타경佛說阿彌陀經』 간행에 각수로 참여하였다.

　◦1753년 대구 桐華寺에서 『佛說阿彌陀經(王郞返魂傳, 臨終正念訣 合綴)』 간행에 刻手로 참여(일산 원각사 소장) 願刻

**황응술**(黃應述 ： -1726-) 18세기 전반에 활동한 주종장鑄鐘匠이다. 1726년에 평남 평양 대동문 종鐘 조성에 도편수전주절충임○○都片手全州折衝任○○와 편수로 참여하였다.

　◦1726년 평남 평양 大同門 鐘 조성에 都片手全州折衝任○○와 片手로 참여(『朝鮮金石總覽』 下)

**황준선**(黃俊先 ： -1726-)* 18세기 전반에 활동한 주종장鑄鐘匠이다. 1726년에 평남 평양 대동문 종鐘 조성에 □□편수로 참여하였다.

　◦1726년 평남 평양 大同門 鐘 조성에 □□片手로 참여(『朝鮮金石總覽』 下) □□片手

**황청운**(黃靑雲 ： -1653-) 17세기 중반에 활동한 야장冶匠이다. 1653년에 전남 영암 도갑사 도선수미양대사비道詵守眉兩大師碑 건립에 김말생과 야장으로 참여하였다.

　◦1653년 전남 영암 道岬寺 道詵守眉兩大師碑 건립에 金㐑生과 冶匠으로 참여(『朝鮮金石總覽』 下와 智冠 編, 『韓國高僧碑文總集-朝鮮朝·近現代』)

**황학성**(黃學成 ： -1809-)* 19세기 전반에 활동한 야장冶匠이다. 1809년에 경북 안동 봉정사 법당 중수에 야장으로 참여하였다.

　◦1809년 경북 안동 鳳停寺 兩法堂 중수에 冶匠으로 참여(「兩法堂重修記」, 『鳳停寺 極樂殿 修理工事報告書』) 冶

**회성**(懷聖 ： -1713-)* 18세기 전반에 활동한 와장瓦匠이다. 1713년에 전남 장흥 보림사에서 편수로 서쪽 기와 제작을 맡았다.

　◦1713년 전남 장흥 寶林寺에서 片手로 양쪽 기와 일을 시작하는데 서쪽 기와 제작을 맡음(『譯註 寶林寺重創記』) 邊手

**회식**(會識 ： -1735-) 18세기 중반에 활동한 각수刻手이다. 1735년 경북 김천 직지사 대웅전 중창 상량문上樑文 현판 제작에 각수로 참여하였다.

ㅎ

◦ 1735년 경북 김천 直指寺 大雄殿 重刱 上樑文 현판 제작에 刻手로 참여(『直指聖寶博物館의 遺物』) 懸板刻手

**효립**(孝立 : -1636-) 17세기 중반에 활동한 주종장鑄鐘匠이다. 1636년에 충남 부여 무량사 범종 조성에 정우와 화원畵員으로 참여하였다.

◦ 1636년 충남 부여 無量寺 梵鐘 조성에 淨祐와 畵員으로 참여(安貴淑,「朝鮮後期 鑄鐘匠 思印比丘에 관한 硏究」과 『韓國의 古建築』 22)

**효순**(曉旬 : -1805-)* 19세기 전반에 활동한 각수刻手이다. 전남 여수 홍국사에서 효순과 1805년에 천왕문중수개채기天王門重修改彩記와 적묵당중창기寂默堂重刱記 제작에 각수로 참여하였다.

◦ 1805년 전남 여수 興國寺 天王門重修改彩記 제작에 刻手로 참여(眞玉, 『興國寺』) 刻手
1805년 전남 여수 興國寺 寂默堂重刱記 제작에 刻手로 참여(眞玉, 『興國寺』) 刻手

**후영**(厚英 : -1683-) 17세기 후반에 활동한 주종장鑄鐘匠이다. 1683년에 경북 풍기 희방사 범종 조성(서울 화계사 소장)에 사인과 편수로 참여하였다.

◦ 1683년 경북 풍기 喜方寺 梵鐘 조성에 思印과 片手로 참여(서울 화계사 소장, 安貴淑,「朝鮮後期 鑄鐘匠 思印比丘에 관한 硏究」)

**흥책**(興策 : -1735-1741-)* 18세기 중반에 활동한 각수刻手이다. 1735년 경북 김천 직지사 대웅전 중창 상량문上樑文 현판 제작에 회식과 각수로, 1741년에 경북 김천 직지사 사적비事蹟碑 건립에 서붕과 각수로 참여하였다.

◦ 1735년 경북 김천 直指寺 大雄殿 重刱 上樑文 현판 제작에 會識과 刻手로 참여(『直指聖寶博物館의 遺物』) 刻手
◦ 1741년 경북 김천 直指寺 事蹟碑 건립에 瑞鵬과 刻手로 참여(『直指寺誌』와 『朝鮮金石總覽』 下)

**희선**(熙善 : -1708-)* 18세기 전반에 활동한 주종장鑄鐘匠이다. 1708년에 경남 고성 옥천사 범종 조성에 각수로 참여하였다.

◦ 1708년 경남 고성 玉泉寺 梵鐘 조성에 刻手로 참여(廉永夏,「韓國梵鐘에 관한 연구(朝鮮 朝鐘의 特徵)」) 刻手

**히보살**(1842경-1918) 19세기 후반부터 20세기 전반까지 활동한 와장瓦匠이다. 1911년경에 와장 이우묵을 가르쳤으며, 1918년경에 상주에서 생애를 마쳤다.

◦ 1911년경 瓦匠 이우묵이 20세일 때 경북 안동에서 스승인 히보살을 만나 배웠고, 히보살은 7년 후 상주에서 팔순에 가끼운 나이에 생애를 마침(예용해, 『인간문화재』)

# <조선후기 불교공예 참고문헌>

## 1. 事蹟記와 문헌자료

권상노, 『한국사찰전서』, 동국대학교출판부, 1979.

『兜率山 禪雲寺誌』, 禪雲寺, 2003.

동국대학교 불교문화연구소, 『韓國佛敎撰述文獻總錄』, 동국대학교출판부, 1976.

『文化遺蹟總攬 - 金石文編(中)』, 충청남도, 1993.

박상국 편저, 『全國寺刹所藏 木板集』, 문화재관리국, 1987.

박세민, 『韓國佛敎儀禮資料叢書』 1-4, 三聖庵, 1993.

梵海 撰, 『東師列傳』(『韓國佛敎全書』 10, 東國大學校 出版部, 1990 수록).

「浮石寺資料」, 『佛敎美術』, 동국대학교 박물관, 1977, pp.52-76.

『三神山 雙磎寺誌』, 雙磎寺, 2004.

林錫珍 原著 / 古鏡 改正編輯, 『曹溪山 大乘禪宗 松廣寺』, 松廣寺, 2001.

李廷燮 譯註, 『上樑文集(補修時 發見된 上樑文)』, 文化部 文化財管理局, 1991

『長興府迦智山寶林寺法堂各殿閣僚舍重創燔瓦年月與工師化主別座等芳啣記錄』(고경 감수, 김희태・
        최인선・양기수 譯註, 『譯註 寶林寺重創記』, 장흥문화원, 2001).

「全羅北道 寺刹 史料集」, 『佛敎學報』 3・4, 東國大學校 佛敎文化研究所, 1966, pp.1-53.

鄭彙憲 集錄, 「海東湖南道智異山大華嚴寺事蹟」, 『佛敎學報』 6, 東國大學校 佛敎文化研究所, 1966,
        pp.205-237.

『朝鮮寺刹史料』, 朝鮮總督府, 1911(亞細亞文化社, 1986 影印).

『朝鮮金石總覽』, 朝鮮總督府, 1919(亞細亞文化社, 1976 影印).

智冠 編, 『韓國高僧碑文總集 - 朝鮮朝・近現代』, 伽山佛敎文化研究院, 2000.

韓國學文獻研究所 編著, 『乾鳳寺本末事蹟・楡岾寺本末寺志』, 亞細亞文化社, 1977.

韓國學文獻研究所 編著, 『大芚寺誌』, 亞細亞文化社, 1976(『大芚寺誌』, 대둔사지간행위원회・강진문헌
        연구회, 1997).

韓國學文獻研究所 編著, 『金山寺誌』, 亞細亞文化社, 1983.

韓國學文獻研究所 編著, 『大乘寺誌』, 亞細亞文化社, 1977.

韓國學文獻研究所 編著, 『梵魚寺誌』, 亞細亞文化社, 1989.

韓國學文獻研究所 編著, 『佛國寺誌(外)』, 亞細亞文化社, 1976.

韓國學文獻研究所 編著, 『雲門寺誌』, 亞細亞文化社, 1977.

韓國學文獻研究所 編著, 『楡岾寺本末寺誌』, 亞細亞文化社, 1977.

韓國學文獻研究所 編著, 『傳燈本末寺誌・奉先本末寺誌』, 亞細亞文化社, 1978.

韓國學文獻硏究所 編著, 『曹溪山松廣寺史庫』, 亞細亞文化社, 1977.

韓國學文獻硏究所 編著, 『直指寺誌』, 亞細亞文化社, 1980.

韓國學文獻硏究所 編著, 『泰安寺誌』, 亞細亞文化社, 1978.

韓國學文獻硏究所 編著, 『華嚴寺誌』, 亞細亞文化社, 1997.

『湖南左道金陵縣天台山淨水寺輿地勝覽』(梁光植 譯, 『淨水寺志』, 강진문헌연구회, 1995).

황성렬, 『숭림사제산목록대장』, 1957(필사본).

## 2. 報告書·資料集

『京畿道佛蹟資料集』, 경기도박물관, 1999.

『京畿道指定文化財 實測調査報告書』, 京畿道, 1989.

『觀龍寺 大雄殿 修理報告書』, 文化財廳, 2002.6.

『谷城郡의 佛敎遺蹟』, 국립광주박물관, 2003.

『求禮 華嚴寺 實測調査報告書』, 文化公報部 文化財管理局, 1986.

『畿內寺院誌』, 京畿道, 1988.

『楞伽寺 大雄殿 實測調査報告書』, 문화재청, 2003.

『桐裏山 泰安寺』, 대한불교조계종 동리산 태안사·대한불교조계종 문화유산발굴조사단, 2001.

『麻谷寺 實測調査報告書』, 文化公報部 文化財管理局, 1989.

『美黃寺 應眞殿 修理報告書』, 文化財廳, 2002.

『奉恩寺 - 수도산 봉은사 지표조사보고서』, 대한불교조계종 수도산 봉은사·문화유산발굴조사단, 2004.

『鳳停寺 極樂殿 修理工事報告書』, 文化財管理局 文化財硏究所, 1992.

『北漢山의 佛敎遺蹟』, 대한불교조계종 총무원 불교문화재발굴조사단, 1999.

『佛國寺 復元工事報告書』, 문화공보부 문화재관리국, 1976.

『佛影寺 大雄寶殿 實測調査報告書』, 文化財廳, 2000.8.

『寺刹誌』, 전라북도, 1990.

『上樑文集(補修時 發見된 上樑文)』, 文化部 文化財管理局, 1991.

『仙巖寺』, 昇州郡·南道佛敎文化硏究會, 1992.

『성혈사 나한전 정밀실측조사보고서』, 문화재청, 2007.

『崇林寺 普光殿 修理報告書』, 文化財廳, 2002.8.

『雙峰寺』, 木浦大學校博物館, 1996.

『安城 石南寺 靈山殿 解體實測·修理報告書』, 안성시, 2007.

『靈光 母岳山 佛甲寺 地表調査報告書』, 동국대학교 박물관·영광군, 2001.

『完州 松廣寺 鐘樓 實測調査報告書』, 文化財廳, 2000.12.

『栗谷寺 大雄殿 解體補修工事報告書』, 文化財廳, 2003.12.

『全南金石文』, 全羅南道, 1990.

『全南의 寺刹 Ⅰ』, 목포대학교 박물관, 1989.

『全羅北道의 佛敎遺蹟』, 국립전주박물관, 2001.

『韓國의 古建築』 1, 文化財管理局, 1973.12.

『韓國의 古建築』 5, 文化財管理局, 1982.12.

『韓國의 古建築』 6, 文化財管理局, 1984.12.

『韓國의 古建築』 9, 文化財管理局, 1987.12.

『韓國의 古建築』 15, 文化財管理局, 1993.12.

『韓國의 古建築』 19, 文化財管理局, 1997.12.

『韓國의 古建築 - 定慧寺 大雄殿·淸平寺 回轉門』 20, 국립문화재연구소, 1998.12.

『韓國의 古建築 - 興國寺 大雄殿』 21, 국립문화재연구소, 1999.

『韓國의 古建築』 22, 국립문화재연구소, 2000.

『韓國의 古建築』 23, 국립문화재연구소, 2001.12.

『華溪寺 實測調査報告書』, 서울특별시, 1988.

『興天寺 實測調査報告書』, 서울특별시, 1988.

## 3. 圖 錄

### 1) 國 文

『美術史學誌-麗川 興國寺의 佛敎美術』 1, 韓國考古美術硏究所, 1993.

『美術史學誌』 2, 韓國考古美術硏究所, 1997.

『美術史學誌』 3, 韓國考古美術硏究所, 2000.

『美術史學誌』 4, 韓國考古美術硏究所, 2007.

『梵魚寺聖寶博物館 名品圖錄』, 梵魚寺聖寶博物館, 2002.

『梵魚寺聖寶文化財 解說集』, 梵魚寺聖寶博物館, 2002.

『새천년 새유물 展 』, 國立中央博物館, 2000.

『仙巖寺聖寶博物館 名品圖錄』, 선암사성보박물관, 2003.

『龍門寺』, 용문사성보유물관, 2006.

『入絲工藝』, 국립중앙박물관·국립광주박물관, 1997.

『朝鮮後期國寶展-위대한 문화유산을 찾아서(3)』, 湖巖美術館, 1998.

『朝鮮後期佛畵』, 全羅南道玉果美術館, 1997.

『衆生의 念願』, 한국불교미술박물관, 2004.

『直指寺聖寶博物館 소장품도록』, 직지사성보박물관, 2003.

『프랑스 국립기메동양박물관 소장 한국문화재』, 국립문화재연구소, 1999.

『한국의 사찰문화재 - 강원도』, 문화재청·대한불교조계종 문화유산발굴조사단, 2002.

『한국의 사찰문화재 - 대구/경북 I』, 문화재청·대한불교조계종 문화유산발굴조사단, 2007


## 4. 論 著

### 1) 單行本

#### (1) 國 文

강건기·김성우·권희경, 『송광사』, 대원사, 1997(4쇄).

『구산선문 최초가람-실상사』, 선우도량 출판부, 2000(3쇄).

權相老, 『韓國寺刹全書』, 동국대학교 출판부, 1979(『退耕堂全集』 2 재수록).

문명대 外, 『畿內寺院誌』, 京畿道, 1988.

朴春圭·千得琰, 『光州의 佛蹟』, 광주직할시·향토문화개발협의회, 1990.

법현 편저, 『歸信寺』, 귀신사 불서 간행위원회, 1998.

안귀숙·최선일, 『朝鮮後期僧匠人名辭典 - 佛教繪畫』, 양사재, 2008.

염영하, 『한국의 종』, 서울대학교출판사,

智冠 編, 『韓國高僧碑文總集-朝鮮朝·近現代』, 伽山佛教文化研究院, 2000.

眞玉, 『호국의 성지 興國寺』, 홍국사 1989.

최선일, 『朝鮮後期僧匠人名辭典 - 佛教彫塑』, 양사재, 2007

黃壽永, 『黃壽永全集 4 - 금석유문』, 혜안, 1999.


#### (2) 日文

藤島亥治郎, 『朝鮮建築史論』, 1963(경인문화사, 1979 영인).


### 2) 論 文

#### (1) 國 文

金東賢, 「法住寺 捌相殿 上樑文」 『考古美術』 九卷 十一號,(『考古美術』 下, 1979,pp.495-497.

金相永 外, 「朝鮮時代 佛教金石文 調査研究(1) -서울·경기지역 소재 고승비·사적비 교감」, 『中央僧伽大學論文集』10, 2003, pp.292-370.

金相淏, 「朝鮮朝 寺刹板 刻手 研究」, 『圖書館學』20, 韓國圖書館學會, 1991.6, pp.331-403.

_____, 「寺刹板의 錬板과 諸 役員에 관한 考察」, 『社會文化研究』11, 대구대학교 사회과학연구소, 1992, pp.69-81.

김수현, 「조선후기 범종과 주종장 연구」, 홍익대학교 석사학위논문, 2008.12.

김정희, 「開巖寺 應眞殿 16羅漢像考」, 『聖寶』 2, 大韓佛敎曹溪宗 聖寶保存委員會, 2000, pp.26-46.

_____, 「조선시대 『佛說八關齋秘密求生淨土心要』의 十王版畵」, 『미술사학연구』 201, 1994, pp.41-74.

김창균, 「松廣寺 梵鐘 樣式의 硏究」, 『講座美術史』 13, 韓國佛敎美術史學會, 1999, pp.155-161.

_____, 「安東 鳳停寺 木造觀音菩薩坐像考」, 『聖寶』 3(大韓佛敎曹溪宗 聖寶保存委員會, 2001), pp.6-30.

_____, 『朝鮮朝 仁祖 - 肅宗代 佛畵 硏究』, 동국대학교 박사학위청구논문, 2006.2.

孟仁才, 「佛國寺 紫霞門 上樑文」 『考古美術』 八卷 三號(『考古美術』 下, 1979, pp.283-286

文明大, 「康熙十六年銘 興旺寺 大伐囉」 『考古美術』 八卷 六號(『考古美術』 下, 1979, p.311

_____, 「백담사목아미타삼존불」, 『講座 美術史』 5, 韓國佛敎美術史學會, 1993.12. pp.83-88.

_____, 「高麗·朝鮮朝 佛像彫刻 新例考」, 『講座 美術史』 15, 韓國佛敎美術史學會, 2000.12. pp.251-258.

_____, 「印性派 木佛像의 조성과 道詵寺 木阿彌陀三尊佛像의 고찰」, 『聖寶』5(大韓佛敎曹溪宗 聖寶保存委員會), 2003, pp.5-16.

_____, 「영·정조시대 목불상의 전개와 百潭寺 목아미타불상」, 『고려·조선불교미술사 연구 ; 三昧와 平淡美』, 예경, 2003, pp.417-427.

文永彬, 「寺刹」, 『壬辰倭亂 以後의 造營活動에 對한 硏究』, 한국문화재보존기술진흥협회, 1992, pp.91-146.

박도화, 「朝鮮時代 金剛經板畵의 圖像」, 『불교미술연구』 3·4, 1997, pp.71-93.

_____, 「松廣寺 五百羅漢殿의 羅漢像」, 『講座美術史』 13, 韓國佛敎美術史學會, 1999, pp.27-56.

_____, 「朝鮮時代 佛敎版畵의 樣式과 刻手」, 『강좌미술사』 29, 200*, pp.175-209.

朴廷蕙, 「儀軌를 통해서 본 朝鮮時代의 畵員」, 『미술사연구』 9(미술사연구회, 1995), pp.203-290.

安貴淑, 「조선후기 佛畵僧 義謙에 관한 考察」, 『韓國의 佛畵』 10, 聖寶文化財硏究所, 1997.

廉永夏, 「韓國梵鐘에 관한 연구(朝鮮朝鐘의 特徵)」, 『梵鐘』11, 1988,

_____ · 洪思俊, 「江原道 洪川 壽陀寺鐘考」, 『梵鐘』1, 1978, pp.69-78.

尹武炳, 「紹修書院 講堂 上樑文」, 『考古美術』 二卷 四號

_____, 「淨水寺法堂 上樑文」, 『考古美術』 二卷 六號

尹烈秀, 「傳燈寺 所藏 天啓七年銘 木刻業鏡臺」, 『東岳美術史學』 3(동악미술사학회), 2002, pp.345-357.

이강근, 「佛國寺의 佛殿과 18세기 후반의 再建役」, 『新羅文化祭學術發表會論文集』18(新羅文化宣揚會), 1997, pp.77-114.

_____, 「芬皇寺 普光殿 上樑文 調査」, 『聖寶』1(大韓佛敎曹溪宗 聖寶保存委員會), 1999, pp.35-49.

_____,「上院寺 寂滅寶宮에 대한 조사보고서」,『聖寶』2(大韓佛教曹溪宗 聖寶保存委員會, 2000, pp.8-24.

_____,「曹溪寺 大雄殿에 대한 建築史的 照明」,『聖寶』3(大韓佛教曹溪宗 聖寶保存委員會), 2001, pp.95-111.

_____,「경주지역의 불교사원과 17·18세기의 재건역(再建役)」,『관광학논총』6(경주대학교), 2001.6, pp.53-78.

李啓杓,「美黃寺의 歷史」,『불교문화연구』5, 南道佛教文化硏究會, 1995, pp.9-17.

이봉수,「曹溪山 仙巖寺 大雄殿 實測調査報告」,『불교문화연구』10, 南道佛教文化硏究會, 2003, pp.101-124.

이용윤,「『佛事成功錄』을 통해 본 남장사 괘불」,『尙州 南長寺 掛佛圖』, 통도사 괘불탱 특별전6(통도사 성보박물관, 2001)

임영애,「完州 松廣寺 木牌와 17세기 조선시대 불교」,『講座美術史』13, 韓國佛教美術史學會, 1999, pp.165-175.

鄭明鎬,「念佛庵上樑文」,『考古美術』五卷 四號

鄭景柱,「慶南地方 寺刹 金石文獻資料 調査硏究」,『文化傳統論集』2, 1994.9, pp.207-324.

鄭善宗,「美黃寺의 碑」,『불교문화연구』5, 南道佛教文化硏究會, 1995, pp.133-164.

鄭于澤,「佛甲寺의 佛教繪畵」,『佛甲寺의 綜合的 考察』, 東國大學校 附設 寺刹造景硏究所, 1998, pp.107-133.

鄭景柱,「慶南地方 寺刹 金石文獻資料 調査硏究」,『文化傳統論集』2, 경성대학교 향토문화연구소, 1994, pp.207-324.

최선일,「朝鮮後期 彫刻僧의 활동과 佛像硏究」, 홍익대학교 박사학위청구논문, 2006.6.

崔淳雨,「法住寺 捌相殿의 舍利裝置」,『考古美術』九卷 十一號(『考古美術』下, 1979, pp.468-472

崔容完,「麗水 鎭南館 上樑文」『考古美術』6卷 10·11號.

최응천,「18世紀 梵鐘의 樣相과 鑄鐘匠 金成元의 作品」,『美術史學誌』2, 韓國考古美術硏究所, 1997, pp.215-239.

崔仁善,「康津 玉蓮寺 木造釋迦如來坐像과 腹藏」,『文化史學』創刊號, 한국문화사학회, 1994.6, pp.129-158.

卓京栢,「朝鮮後期 僧侶匠人의 硏究 - 홍국사 승려장인 月圓이 조영한 건축물의 구조기법을 중심으로-」, 明知大學校 碩士學位請求論文, 1995.

洪思俊,「新出土 南嶽大師碑銘」,『考古美術』九卷 一號(『考古美術』下, 1979, pp.369-370

黃壽永,「日本 大阪 美術館의 李朝舍利塔」,『考古美術』二卷 十號, 1961.5.

_____,「通度寺大雄殿墨書 및 瓦銘集錄」,『考古美術』三卷 九號, 1962.9.

_____,「康熙銘固城雲興寺 梵鐘」,『梵鐘』10, 1987, p.144-145

황호균,「全南地域의 掛佛에 대한 一考察 - 羅州 竹林寺의 掛佛을 中心으로」,『全南文化財』4, 全羅南道, 1991, pp.155-184.

# 도판목록

## 1. 전적도판목록(일산원각사 정각스님 촬영 및 제공)

<사진1> 태□, 大慧普覺禪師書 刊記, 1604년, 능인암 개간 移鎭 쌍계사

<사진2> 홍언, 禪家龜鑑 刊記, 1607년, 순천 송광사 개간

<사진3> 응신, 佛說觀無量壽佛經 刊記, 1611년, 부안 실상사 개판

<사진4> 쌍순, 景德傳燈錄 권1-30 刊記, 1614년, 논산 쌍계사 개판

<사진5-1> 영규, 妙法蓮華經 권1 變相圖, 1631년, 청도 구룡산 수암사 개판

<사진5-2> 變相圖

<사진5-3> 佛牌文

<사진5-4> 계훈, 妙法蓮華經 卷1 刊記

<사진6-1> 계훈, 佛說阿彌陀經(念佛作法 합철) 刊記, 1631년, 구룡산 수암사 개간

<사진6-2> 變相圖

<사진6-3> 變相圖

<사진6-4> 刊記

<사진7> 一玄, 妙法蓮華經 卷1 刊記, 1632년 추정, 안변 석왕사 개간 추정

<사진8> 조운, 禪家龜鑑 刊記, 1633년, 삭녕 용복사 留板

<사진9> 경종, 妙法蓮華經 卷1-2 刊記, 1633년, 광주 증심사 개간

<사신10> 시환, 妙法蓮華經 卷1 變相圖, 1634년, 복천사 개산

<사진11> 인수, (대장도감본복간) 十地經論 卷5-7 刊記, 1634년, 순천 송광사 중판

<사진12> 수인, 五大眞言 刊記, 1634년, 논산 쌍계사 간행

<사진13> 해신, 天地冥陽水陸雜文 刊記, 1635년, 삭녕 용복사 간행

<사진14> 법령, 妙法蓮華經 卷1 刊記, 1638년, 밀양 영정사 개간

<사진15-1> 인호. 妙法蓮華經 卷1 變相圖, 1639년, 사천 서봉사 간행

<사진15-2> 妙法蓮華經 刊記

<사진16> 성인, 雲水壇歌詞 刊記, 1644년, 담양 용흥사 개간

<사진17> 서욱, 佛頂心觀世音菩薩大陀羅尼經 刊記, 1644년, 부산 범어사 간행

<사진18> 지익, 佛說阿彌陀經 刊記, 1648년, 순천 송광사 간행

<사진19> 수행, 禪門祖師禮懺儀文 刊記, 1660년, 대구 부인사 개판

<사진20> 이시일, 大方廣圓覺修多羅了義經 卷1-6 刊記, 1661년, 밀양 영정사 개판

<사진21-1> 민헌, 預修十王生七齋儀纂要 刊記, 1662년, 순천 정혜사 개판

<사진21-2> 預修十王生七齋儀纂要 刊記

<사진22-1> 일욱, 妙法蓮華經 卷1 變相圖, 1664년, 여수 흥국사 개판

<사진22-2> 일감, 妙法蓮華經 卷1 刊記, 1664년, 여수 흥국사 개판

<사진23-1> 해오, 金剛般若波羅密經 刊記, 1665년, 여수 흥국사 간행

<사진23-2> 金剛般若波羅密經 刊記

<사진24> 계신, 妙法蓮華經 卷1 刊記, 1668년, 고성 운흥사 간행

<사진25> 현신, 妙法蓮華經 卷1 刊記, 1678년, 삼가 몽계사 개판

<사진26> 순일, 佛說大報父母恩重經 刊記, 1681년, 논산 쌍계사 간행

<사진27> 탄영, 眞言集 刊記, 1688년, 불영대

<사진28> 이만수, 大方廣佛華嚴經疏抄 變相圖, 1690년, 산청 대원암 간행

<사진29> 천년, 支提山事跡 刊記, 1695년, 장흥 천관사

<사진30> 緇門警訓 卷下 刊記, 1695년, 하동 쌍계사 개판

<사진31> 상행, 太上玄靈北斗本命延生眞經 刊記, 1701년, 김제 금산사 간행

<사진32> 자성, 佛說大報父母恩重經(諺解) 刊記, 1720년, 김제 금산사 간행

<사진33> 국환, 觀世音菩薩靈驗略抄 刊記, 1728년, 안변 석왕사 간행

<사진34> 탁매, 長壽滅罪護諸童子陀羅尼經 刊記, 1730년, 순천 대흥사 간행

<사진35> 서명, 玉樞經 刊記, 1733년, 영변 보현사 간행

<사진36> 토열, 臨終正念訣(부모효양문 합철) 刊記, 1741년, 영천 수도사 간행

<사진37> 신위, 性相通說(大乘百法明門論) 刊記, 1750년, 안변 석왕사 간행

<사진38> 환총, (간경도감복각) 佛說阿彌陀經 刊記, 1753년, 대구 동화사 간행

<사진38-2> 佛說阿彌陀經 刊記

<사진38-3> 佛說阿彌陀經 刊記

<사진39> 민현, 佛說天地八陽神呪經 刊記, 1791년, 순천 송광사 간행

<사진40> 대영, 地藏菩薩本願經 刊記, 1791년, 순천 송광사 간행

<사진41> 한방철, 梵網經 刊記, 1797년, 함양 벽송암 개간 移鎭 영각사

<사진42> 연관, 蓮潭大師林下錄 刊記, 1799년, 해남 미황사 개간 移鎭 대둔사

<사진43> 정윤철, 眞言集 刊記, 1800년, 의정부 망월사 重刊

<사진44> 최담, 造像經 刊記, 1824년, 고성 유점사

<사진45> 성전, 佛說無量壽經 刊記, 1861년, 고성 건봉사 간행

<사진46> 완기, 佛說大目連經 刊記, 1862년, 고성 건봉사 간행

<사진47> 벽산, 太上玄靈北斗本命延生眞經 刊記, 1864년, 서울 봉은사 간행

<사진48> 화엄법화약찬총지 刊記, 1885년, 합천 해인사 개간

<사진49> 김석표, 阿彌陀經 刊記, 1898년, 밀양 표충사 개간

<사진50> 김석표, 禪門撮要 刊記, 1907년, 부산 범어사 개간


## 2. 공예도판목록

<사진1-1> 현옥, 봉선사종, 1619년, 가평 현등사

<사진1-2> 상부

<사진1-3> 하부

<사진2-1> 죽창, 정우, 신원, 안양 삼막사종, 1625년, 소실

<사진2-2> 명문

<사진2-3> 종뉴

<사진2-4> 상대와 보살상

<사진2-5> 하부

<사진3-1> 천보, 견암사종, 1630년, 거창 고견사

<사진3-2> 종뉴

<사진3-3> 여래상

<사진3-4> 명문

<사진3-5> 상대

<사진3-6> 유곽

<사진3-7> 종복

<사진3-8> 하대

<사진4-1> 천보, 보광사종, 1634년, 파주 보광사

<사진4-2> 명문

<사진4-3> 종뉴

<사진4-4> 보살상과 범자문

<사진4-5> 하부

<사진5-1> 정우, 신원, 영원사종, 1635년, 남원 대복사

<사진5-2> 유곽

<사진5-3> 명문과 하대

<사진6-1> 정우, 신원, 무량사종, 1636년, 공주 무량사

<사진6-2> 유곽과 보살상

<사진6-3> 명문

<사진7-1> 등원, 쌍계사종, 1641년, 하동 쌍계사

<사진7-2> 명문

<사진7-3> 종뉴와 상대

<사진8-1> 김용암, 용흥사종, 1644년, 담양 용흥사

<사진8-2> 탁본

<사진8-3> 종뉴

<사진8-4> 명문

<사진9-1> 보은, 법현, 안곡사종, 1654년, 공주 마곡사

<사진9-2> 보살상

<사진9-3> 상부

<사진10-1> 김용암, 보성 대원사 부도암종, 1657년, 선암사 성보박물관(구 대각암)

<사진10-2> 탁본

<사진10-3> 종뉴

<사진10-4> 보살상

<사진10-5> 불패

<사진10-6> 명문

<사진11-1> 김용암, 만연사종, 1660년, 화순 만연사

<사진11-2> 종뉴

<사진11-3> 유곽

<사진11-4> 보살상

<사진11-5> 명문

<사진11-6> 하대

<사진12-1> 김애립, 순천 대흥사종, 1665년, 여수 흥국사

<사진12-2> 탁본

<사진12-3> 명문

<사진13-1> 원응, 지준, 서산 부석사종, 1669년, 예산 수덕사 근역박물관

<사진13-2> 상대와 유곽

<사진13-3> 하대

<사진14-1> 사인, 태행, 수타사종, 1670년, 홍천 수타사

<사진14-2> 유곽

<사진14-3> 하대

<사진15-1> 사인, 태행, 운봉사종, 1670년, 직지사 성보박물관(구 문경 김룡사)

<사진15-2> 종뉴

<사진15-3> 보살상과 유곽

<사진16-1> 사인, 지준, 태행, 청룡사종, 1674년, 안성 청룡사

<사진16-2> 상대와 유곽

<사진16-3> 종뉴

<사진17-1> 작가미상, 남한산성 장경사종, 1682년, 서울 봉은사

<사진17-2> 탁본

<사진17-3> 종뉴

<사진18-1> 사인, 담연, 희방사종, 1683년, 서울 화계사

<사진18-2> 상부

<사진18-3> 명문

<사진19-1> 사인, 담연, 통도사종, 1686년, 양산 통도사

<사진19-2> 유곽

<사진19-3> 하대

<사진20-1> 지준, 태행, 개암사종, 1689년, 부안 개암사

<사진20-2> 상부

<사진20-3> 명문

<사진21-1> 김상립, 실상사종, 1694년, 남원 실상사

<사진21-2> 종뉴

<사진21-3> 상대

<사진21-4> 보살상

<사진22-1> 김애립, 김예발, 능가사종, 1698년, 고흥 능가사

<사진22-2> 종뉴

<사진22-3> 보살상

<사진22-4> 유곽

<사진22-5> 종정부

<사진22-6> 하대

<사진23-1> 김성원, 선암사종, 1700년, 순천 선암사

<사진23-2> 탁본

<사진23-3> 종뉴

<사진23-4> 보살상

<사진24-1> 사인, 명간, 청계사종, 1701년 의왕 청계사

<사진24-2> 보살상(김수현 사진제공)

<사진24-3> 종뉴

<사진25-1> 이해준, 혜웅, 현해, □□사종, 1702년, 수덕사 근역성보박물관(구 예산 향천사)

<사진25-2> 보살상

<사진26-1> 김수원, 김성원, 김성봉, 봉림사종, 1702년, 영광 불갑사

<사진26-2> 보살상

<사진27-1> 우성, 서일산, 보적사종, 1703년, 해남 대흥사 대웅전

<사진27-2> 종뉴

<사진27-3> 보살상

<사진27-4> 하부

<사진28-1> 작가미상, 도림사종, 1706년, 곡성 도림사

<사진28-2> 보살상

<사진28-3> 종뉴

<사진29-1> 김성원, 옥천사 대웅전종, 1708년, 고성 옥천사

<사진29-2> 종뉴

<사진29-3> 보살상

<사진29-4> 명문

<사진30-1> 윤상백, 서필성, 법천사종, 1709년, 대흥사 유물관(구 천불전)

<사진30-2> 보살상

<사진30-3> 종뉴

<사진31-1> 윤종백, 진불암종, 1709년, 해남 대흥사 청신암

<사진31-2> 보살상

<사진31-3> 종뉴

<사진32-1> 윤종백, 한천석, 운홍사종, 구례 화엄사 종루

<사진32-2> 보살상

<사진32-3> 종뉴

<사진32-4> 상대

<사진32-5> 유곽

<사진32-6> 하대

<사진32-7> 명문

<사진32-8> 명문

<사진33-1> 사인, 조신, 극련, 정족산성종, 1711년, 강화 역사관

<사진33-2> 유곽

<사진33-3> 명문

<사진34-1> 작가미상(임화순 수리), 직지사종, 1713년, 김천 직지사

<사진34-2> 보살상

<사진34-3> 하부

<사진35-1> 계일, 숭암사종, 1715년, 구례 천은사

<사진35-2> 유곽

<사진35-3> 하부

<사진36-1> 윤취은, 한천석, 여둔사종, 1716년, 완주 송광사

<사진36-2> 보살상

<사진36-3> 종뉴

<사진37-1> 김효건, 유마사종, 1722년, 구례 화엄사 대웅전

<사진37-2> 보살상

<사진37-3> 하부

<사진38-1> 김성원, 김선봉, 대사종, 1728년, 부산 범어사

<사진38-2> 보살상

<사진38-3> 종뉴

<사진39-1> 김성원, 화엄사 내원암종, 1728년, 구례 화엄사 구층암

<사진39-2> 보살상

<사진39-3> 유곽

<사진39-4> 명문

<사진40-1> 윤취은, 선암사 원통전 범종, 1730년, 순천 선암사 원통전(도난)

<사진40-2> 유곽

<사진40-3> 종뉴와 상대

<사진41-1> 김성원 추정, 옥과 관음사 대은암종, 1730년, 곡성 서산사

<사진41-2> 보살상

<사진41-3> 명문

<사진42-1> 김성원, 선암사종, 1737년, 순천 선암사

<사진42-2> 명문

<사진43-1> 강수오, 의대, 망혈사종, 1738년, 예천 용문사(소실)

<사진43-2> 상부

<사진44-1> 김금철, 선적사종, 1746년, 순천 향림사

<사진44-2> 탁본

<사진44-3> 유곽

<사진44-4> 보살상

<사진45-1> 윤취삼, 윤광형, 정방사종, 1751년, 장흥 신흥사

<사진45-2> 보살상

<사진46-1> 백여적, 개천사종, 1760년, 목포 달성사

<사진46-2> 보살상

<사진47-1> 이만중, 쌍사종, 1767년, 남해 화방사

<사진47-2> 종뉴

<사진47-3> 보살상

<사진47-4> 명문

<사진48-1> 윤유창, 천관사종, 1767년, 나주 다보사

<사진48-2> 종뉴

<사진48-3> 보살상

<사진48-4> 명문

<사진49-1> 윤광형, 보림사 명정암종, 1768년, 정읍 내장사

<사진49-2> 종뉴

<사진49-3> 유곽

<사진49-4> 보살상

<사진50-1> 김석용, 불회사 일봉암종, 1768년, 나주 불회사

<사진50-2> 종뉴

<사진50-3> 보살상 탁본

<사진50-4> 하부

<사진51-1> 이만권, 대흥사종, 1772년, 해남 대흥사 종루

<사진51-2> 종뉴

<사진51-3> 보살상과 유곽

<사진51-4> 하부

<사진52-1> 이만숙, 이영길, 신륵사종, 1773년, 여주 신륵사 대웅전

<사진52-2> 보살상

<사진52-3> 종뉴

<사진53-1> 이만중, 백예적, 옥천사종, 1776년

<사진53-2> 종뉴

<사진53-3> 상부

<사진53-4> 하대

<사진54-1> 신안태, 이영태, 칠장사종, 1782년, 안성 칠장사

<사진54-2> 보살상

<사진54-3> 종뉴

<사진54-4> 상부

<사진54-5> 명문

<사진55-1> 이영희, 용재, 망월사종, 1786년, 의정부 망월사

<사진55-2> 보살상

<사진55-3> 신장상

<사진55-4> 불패

<사진56-1> 윤덕칭, 윤덕홍, 용주사종, 1790년, 화성 용주사 성보박물관

<사진56-2> 명문

<사진56-3> 종뉴

<사진56-4> 상대

<사진56-5> 보살상과 불패

<사진57-1> 작가미상(임화순 수리), 기림사종, 1793년, 경주 기림사

<사진57-2> 보살상

<사진57-3> 종뉴

<사진57-4> 유곽

<사진57-5> 팔괘

<사진58-1> 권동삼, 보현사종, 1794년, 강릉 관음사

<사진58-2> 보살상

<사진58-3> 종뉴

<사진59-1> 권동삼, 선운사종, 1818년, 고창 선운사

<사진59-2> 유곽

<사진59-3> 명문

<사진60-1> 작가미상, 천은사 극락보전종, 1880년, 구례 천은사

<사진60-2> 종뉴

<사진60-3> 하부

<사진61-1> 김암, 수도사금고, 1664년, 은해사성보박물관

<사진61-2> 외연

<사진61-3> 당좌

<사진61-4> 명문

<사진61-5> 명문

<사진62> 김애립, 1684년, 청곡사 불기, 통영 용화사(김수현 사진제공)

<사진63> 쌍경, 목어, 18세기 중반, 창녕 관룡사

<사진64-1-1> 천기, 목조업경대, 1627년, 강화 전등사

<사진64-1-2> 후면

<사진64-1-3> 업경

<사진64-1-4> 명문

<사진64-2-1> 밀영, 목조업경대, 1627년, 강화 전등사

<사진64-2-2> 목사자

<사진64-2-3> 명문

<사진65-1> 옥천사 괘불함 화기, 1808년

<사진65-2> 장식편수 김업발

<사진65-3> 장식(일광)

<사진65-4> 장식(월광)

<사진66> 신분선, 칠장사 기와, 조선후기

<사진67> 운주, 진욱, 칠장사 기와, 1665년

# 도판

사진1-1 현옥, 봉선사종, 1619년, 가평 현등사

사진1-2 상부

사진1-3 하부

사진2-1 죽창, 정우, 신원, 안양 삼막사종          사진2-2 명문
　　　　　　1625년, 소실

사진2-3 종뉴

사진2-4 상대와 보살상

사진2-5 하부

사진3-1 천보,견암사종, 1630년,거창 고견사

사진3-2 종뉴

사진3-3 여래상

사진3-4 명문

사진3-5 상대

사진3-6 유곽

사진3-7 종복

사진3-8 하대

범
종

사진4-1 천보, 보광사종,1634년,파주 보광사

사진4-2 명문

사진4-3 종뉴

사진4-4 보살상과 범자문

사진4-5 하부

사진5-1 정우, 신원, 영원사종, 1635년, 남원
       대복사

사진5-2 유곽

사진5-3 명문과 하대

사진6-1 정우, 신원, 무량사종, 1636년, 공주
무량사

사진6-2 유곽과 보살상

사진6-3 명문

사진7-1 등원, 쌍계사종, 1641년, 하동 쌍계사

사진7-2 명문

사진7-3 종뉴와 상대

사진8-1 김용암, 용흥사종, 1644년, 담양
용흥사

사진8-2 탁본

사진8-3 종뉴

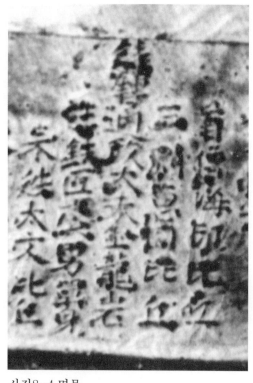

사진8-4 명문

사진9-1 보은, 법현, 안곡사종, 1654년, 공주
      마곡사

사진9-2 보살상

사진9-3 상부

사진10-1 김용암 ,보성 대원사  부도암종
       1657년, 선암사 성보박물관(구 대
       각암)

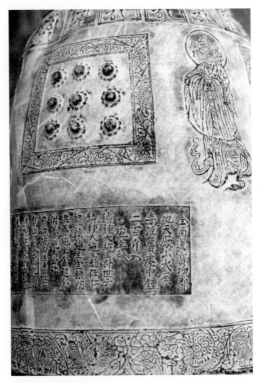

사진10-2 탁본

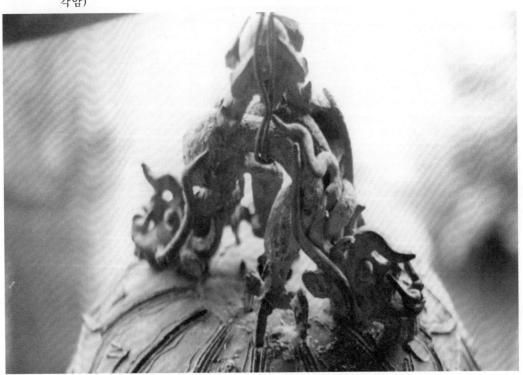

사진10-3 종뉴

범종

사진10-4 보살상

사진10-5 불패

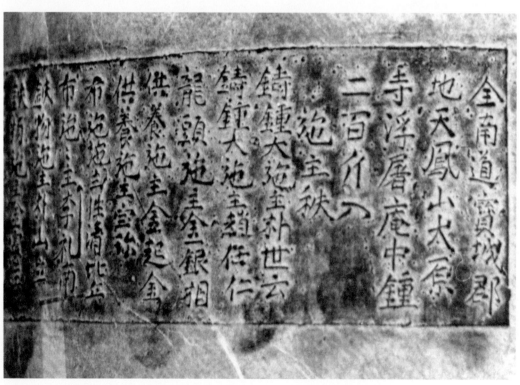

사진10-6 명문

사진11-1 김용암, 만연사종, 1660년, 화순
만연사

사진11-2 종뉴

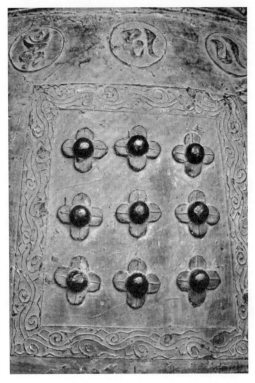

사진11-3 유곽

사진11-4 보살상

187

사진11-5 명문

사진11-6 하대

사진12-1 김애립, 순천 대흥사종, 1665년
     여수 흥국사

사진12-2 탁본

사진12-3 명문

사진13-1 원응, 지준, 서산 부석사종
1669년, 예산 수덕사 근역박물관

사진13-2 상대와 유곽

사진13-3 하대

사진14-1 사인, 태행, 수타사종, 1670년
          홍천 수타사

사진14-2 유곽

사진14-3 하대

사진15-1 사인, 태행, 운봉사종, 1670년 직지　　사진15-2 종뉴
　　　사 성보박물관(구 문경 김룡사)

사진15-3 보살상과 유곽

16-1 사인, 지준, 태행, 청룡사종, 1674년        사진16-2 상대와 유곽
　　　안성 청룡사

사진16-3 종뉴

사진17-1 작가미상, 남한산성 장경사종
        1682년, 서울 봉은사

사진17-2 탁본

사진17-3 종뉴

사진18-1 사인, 담연, 희방사종, 1683년
서울 화계사

사진18-2 상부

사진18-3 명문

사진19-1 사인, 담연, 통도사종, 1686년
　　　　　양산 통도사

사진19-2 유곽

사진19-3 하대

사진20-1 지준, 태행, 개암사종, 1689년        사진20-2 상부
        부안 개암사

사진20-3 명문

사진21-1 김상립, 실상사종, 1694년, 남원
실상사

사진21-2 종뉴

사진21-3 상대

사진21-4 보살상

사진22-1 김애립, 김예발, 능가사종, 1698년
고흥 능가사

사진22-2 종뉴

사진22-3 보살상

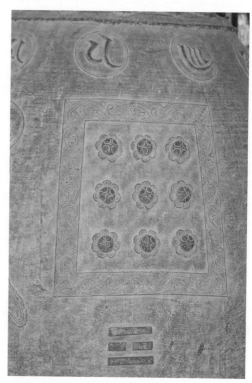

사진22-4 유곽

범
종

사진22-5 종정부

사진22-6 하대

사진23-1 김성원, 선암사종, 1700년, 순천
        선암사

사진23-2 탁본

23-3 종뉴

23-4 보살상

사진24-1 사인, 명간, 청계사종, 1701년 의왕
　　　　청계사

사진24-2 보살상

사진24-3 종뉴

사진25-1 이해준, 혜웅, 현해, □□사종
1702년, 수덕사 근역성보박물관
(구 예산 향천사)

사진25-2 보살상

사진26-1 김수원, 김성원, 김성봉, 1702년
봉림사종, 영광 불갑사

사진26-2 보살상

사진27-1 우성, 서일산, 보적사종, 1703년
해남 대흥사 대웅전

사진27-2 종뉴

사진27-3 보살상

사진27-4 하부

사진28-1 작가미상, 도림사종, 1706년, 곡성　　사진28-2 보살상
　　　　　도림사

사진28-3 종뉴

사진29-1 김성원, 옥천사 대웅전종, 1708년
          고성 옥천사

사진29-2 종뉴

사진29-3 보살상

사진29-4 명문

사진30-1 윤상백, 서필성, 법천사종, 1709년  사진30-2 보살상
　　　　대흥사 유물관(구 천불전)

사진30-3 종뉴

사진31-1 윤상백, 전불암종, 1709년, 해남
        대흥사 청신암

사진31-2 보살상

사진31-3 종뉴

사진32-1 윤종백, 한천석, 운흥사종
          구례 화엄사

사진32-2 보살상

32-3 종뉴

사진32-4 상대

사진32-5 유곽

사진32-6 하대

사진32-7 명문

사진32-8 명문

사진33-1 사인, 조신, 극련, 정족산성종
1711년, 강화 역사관

사진33-2 유곽

사진33-3 명문

사진34-1 작가미상(임화순 수리), 직지사종
1713년, 김천 직지사

사진34-2 보살상

사진34-3 하부

사진35-1 계일, 숭암사종, 1715년, 구례 천은사

사진35-2 유곽

사진35-3 하부

사진36-1 윤취은, 한천석, 여둔사종,1716년
　　　　완주 송광사

사진36-2 보살상

사진36-3 종뉴

사진37-1 김효건, 유마사종, 1722년, 구례
　　　　　화엄사 대웅전

사진37-2 보살상

사진37-3 하부

사진38-1 김성원, 김선봉, 대사종, 1728년
부산 범어사

사진38-2 보살상

사진38-3 종뉴

사진39-1 김성원, 화엄사 내원암종, 1728년
구례 화엄사 구층암사

사진39-2 보살상

사진39-3 유곽

사진39-4 명문

사진40-1 윤취은, 선암사 원통전 범종
1730년 순천 선암사 원통전(도난)

사진40-2 유곽

사진40-3 종뉴와 상대

사진41-1 김성원 추정, 옥과 관음사 대은암
　　　　종, 1730년, 곡성 서산사

사진41-2 보살상

사진41-3 명문

사진42-1 김성원, 선암사종, 1737년
순천 선암사

사진42-2 명문

사진43-1 강수오, 의대, 망혈사종,1738년
예천 용문사(소실)

사진43-2 보살상

사진44-1 김금철, 선적사종, 1746년
　　　　순천 향림사

사진44-2 탁본

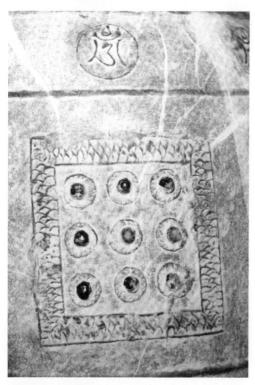

사진44-3 유곽

사진44-4 보살상

사진45-1 윤취삼, 윤광형, 정방사종, 1751년            사진45-2 보살상
　　　장흥 신흥사

사진46-1 백여적, 개천사종, 1760년, 목포            사진46-2 보살상
　　　달성사

사진47-1 이만중, 성주 쌍사종, 1767년
　　　　　남해 화방사

사진47-2 종뉴

사진47-3 보살상

47-4 명문

사진48-1 윤유창, 천관사종, 1767년
나주 다보사

사진48-2 종뉴

사진48-3 보살상

사진48-4 명문

사진49-1 윤광형, 보림사 명정암종, 1768년
　　　　정읍 내장사

사진49-2 종뉴

사진49-3 유곽

사진49-4 보살상

사진50-1 김석용, 불회사 일봉암종, 1768년
나주 불회사

사진50-2 종뉴

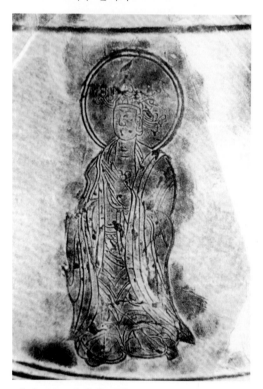

사진50-3 보살상 탁본

사진50-4 하부

사진51-1 이만권, 대흥사종, 1772년, 해남
대흥사 종루

사진51-2 종뉴

사진51-3 보살상

사진51-4 하부

사진52-1 이만숙, 이영길, 신륵사종, 1773년
여주 신륵사 대웅전

사진52-2 보살상

사진52-3 종뉴

사진53-1 이만중, 백예적, 옥천사종, 1776년

사진53-2 종뉴

사진53-3 상부

사진53-4 하대

사진54-1 신안태, 이영태, 칠장사종, 1782년　　　사진54-2 보살상
　　　　안성 칠장사

사진54-3 종뉴

54-4 상부

사진54-5 명문

사진55-1 이영희, 용재, 망월사종, 1786년
의정부 망월사

사진55-2 보살상

사진55-3 신장상

사진55-4 불패

범
종

사진56-1 윤덕칭, 윤덕흥, 용주사종, 1790년
화성 용주사 성보박물관

사진56-2 명문

사진56-3 종뉴

사진56-4 상대

사진56-5 보살상과 불패

사진57-1 작가미상(임화순 수리), 기림사종
1793년, 경주 기림사

사진57-2 보살상

사진57-3 종뉴

사진57-4 유곽

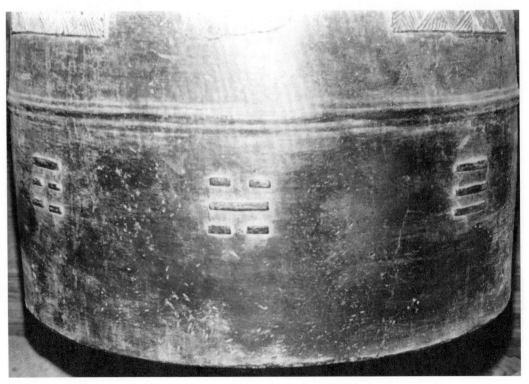

사진57-5 팔괘

사진58-1 권동삼, 보현사종, 1794년, 강릉
　　　관음사

사진58-2 보살상

사진58-3 종뉴

사진59-1 권동삼, 선운사종, 1818년, 고창 선운사

사진59-2 유곽

사진59-3 명문

사진60-1 작가미상, 천은사 극락보전종1880년

사진60-2 종뉴

사진60-3 하부

사진61-1 김암, 수도사금고, 1664년, 은해사성보박물관

사진61-2 외연

사진61-3 당좌

사진61-4 명문

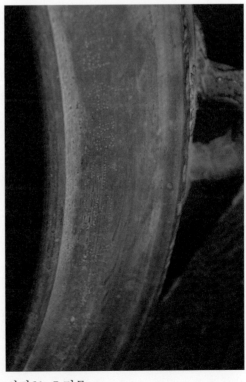

사진61-5 명문

사진62 김애립, 1684년, 청곡사 분기, 통영 용화사, 김수현 사진제공

사진63 쌍경, 목어, 18세기 중반, 창녕 관룡사

사진64-1-1 천기, 목조업경대, 1627년,
강화 전등사

사진64-1-2 후면

사진64-1-3 업경

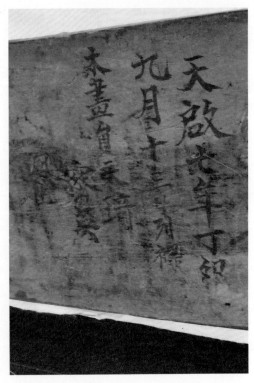

사진64-1-4 명문

사진64-2-1 밀영,목조업경대, 1627년,강화
　　　　　전등사

사진64-2-2 목사자

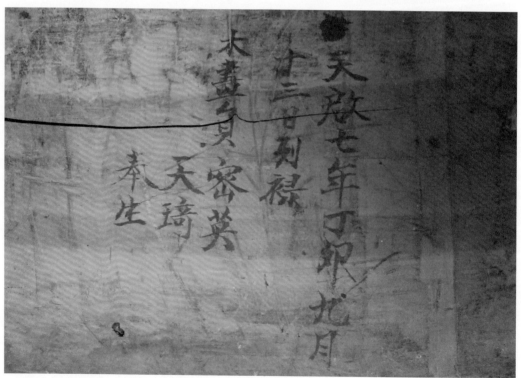

사진64-2-3 명문

장
식

사진65-1 옥천사 괘불함 화기, 1808년

사진65-2 장식편수 김업발

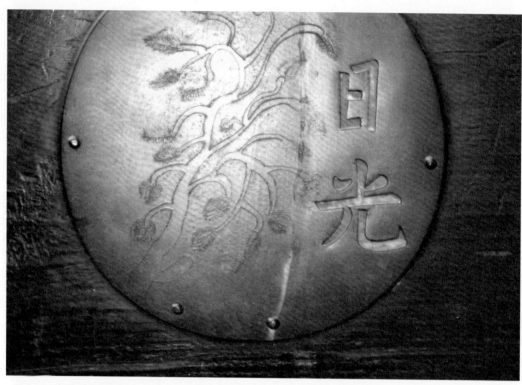

사진65-3 장식(일광)

사진65-4 장식(월광)

사진66 신분선, 칠장사 기와, 조선후기

사진67 운주, 진욱, 칠장사 기와, 1665년

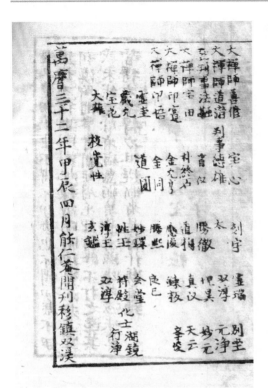

사진1 태□, 大慧普覺禪師書 刊記, 1604년
능인암 개간 移鎭 쌍계사

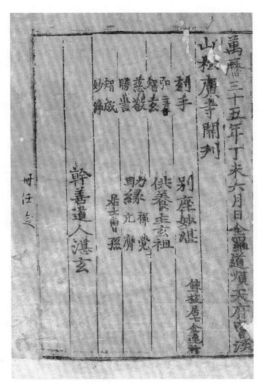

사진2 홍언, 禪家龜鑑 刊記, 1607년
순천 송광사 개간

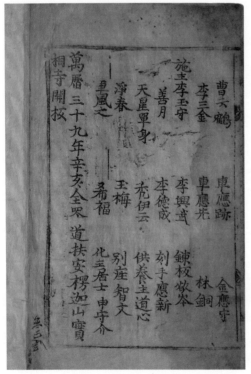

사진3 응신, 佛說觀無量壽佛經 刊記, 1611년
부안 실상사 개판

사진4 쌍순, 景德傳燈錄권1-30 刊記,1614년
논산 쌍계사 개판

사진5-1 영규,妙法蓮華經권1 變相圖,1631년 청도 구룡산 수암사 개판

사진5-2 變相圖

사진5-3 佛牌文

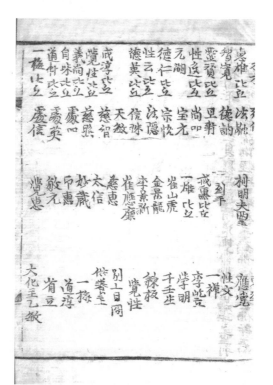

사진5-4 계훈,妙法蓮華經 卷1 刊記

사진6 계훈,佛說阿彌陀經(念佛作法 합철)
刊記, 1631년, 구룡산 수암사 개간

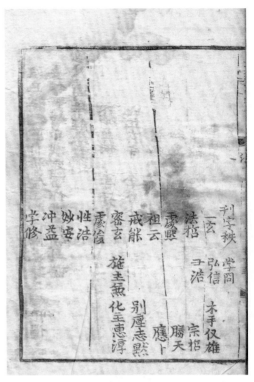

사진7 一玄, 妙法蓮華經 卷1 刊記, 1632년
추정, 안변 석왕사 개간 추정

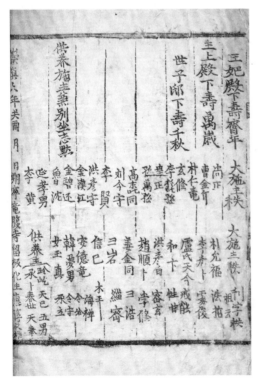

사진8 조운, 禪家龜鑑 刊記, 1633년
삭녕 용복사 留板

사진9 경종, 妙法蓮華經 卷1-2 刊記, 1633년
광주 증심사 개간

사진10 지환, 妙法蓮華經 卷1 變相圖,1634년
　　　　복천사 개간

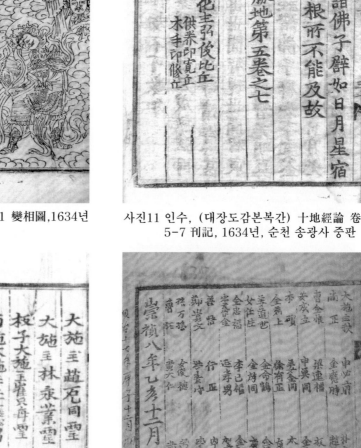

사진11 인수, (대장도감본복간) 十地經論 卷
　　　　5-7 刊記, 1634년, 순천 송광사 중판

사진12 수인, 五大眞言 刊記, 1634년, 논산 쌍
　　　　계사 간행

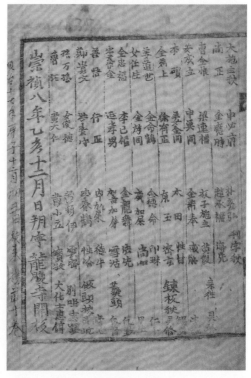

사진13 해신, 天地冥陽水陸雜文 刊記,1635년
　　　　삭녕 용복사 간행

전적

사진14 법령, 妙法蓮華經 卷1 刊記, 1638년
밀양 영정사 개간

사진15-1 인호. 妙法蓮華經 卷1 變相圖
1639년, 사천 서봉사 간행

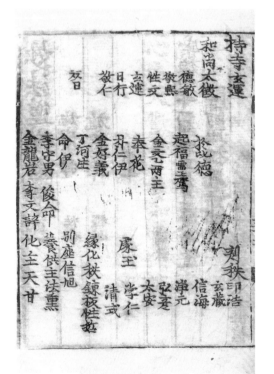

사진15-2 妙法蓮華經 刊記

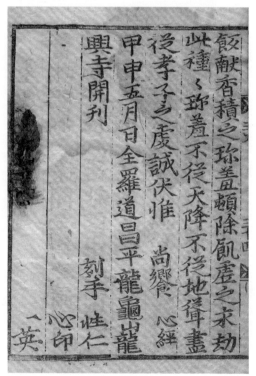

사진16 성인, 雲水壇歌詞 刊記, 1644년
담양 용흥사 개간

전적

사진17 서욱, 佛頂心觀世音菩薩大陀羅尼經 刊記, 1644년, 부산 범어사 간행

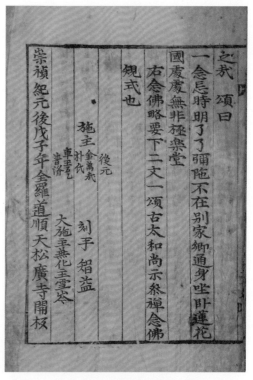

사진18 지익, 佛說阿彌陀經 刊記, 1648년 순천 송광사 간행

사진19 수행, 禪門祖師禮懺儀文 刊記, 1660년 대구 부인사 개판

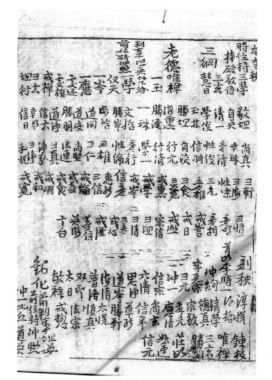

사진20 이시일, 大方廣圓覺修多羅了義經 卷 1-6 刊記, 1661년, 밀양 영정사 개판

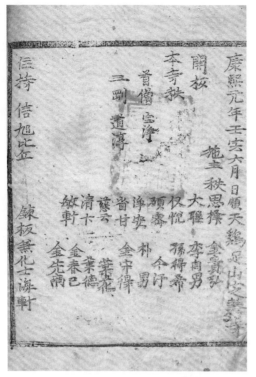

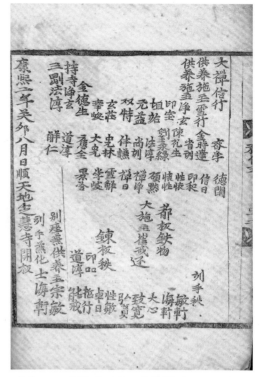

사진21-1 민헌, 預修十王生七齋儀纂要 刊記
1662년, 순천 정혜사 개판

사진21-2 預修十王生七齋儀纂要 刊記

사진22-1 일욱, 妙法蓮華經 卷1 變相圖
1664년, 여수 흥국사 개판

사진22-2 일감, 妙法蓮華經 卷1 刊記, 1664년
여수 흥국사 개판

사진23-1 해오, 金剛般若波羅密經 刊記
1665년, 여수 흥국사 간행

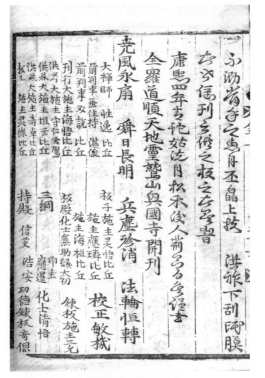

사진23-2 金剛般若波羅密經 刊記

사진24 계신, 妙法蓮華經 卷1 刊記, 1668년
고성 운흥사 간행

사진25 현신, 妙法蓮華經 卷1 刊記, 1678년
삼가 몽계사 개판

사진26 순일, 佛說大報父母恩重經 刊記
1681년, 논산 쌍계사 간행

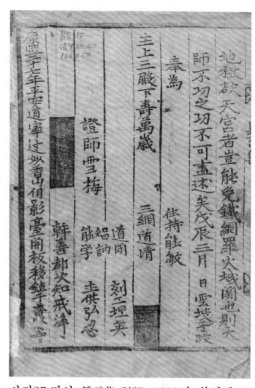

사진27 탄영, 眞言集 刊記, 1688년, 불영대

사진28 이만수, 大方廣佛華嚴經疏抄 變相圖
1690년, 산청 대원암 간행

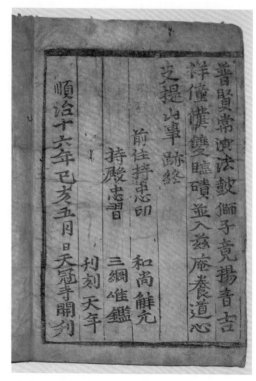

사진29 천년, 支提山事跡 刊記, 1695년
장흥 천관사

사진30 緇門警訓 卷下 刊記, 1695년
하동 쌍계사 개판

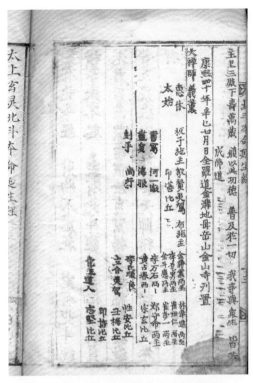

사진31 상행, 太上玄靈北斗本命延生眞經
刊記, 1701년, 김제 금산사 간행

사진32 자성, 佛說大報父母恩重經(諺解)
刊記, 1720년, 김제 금산사 간행

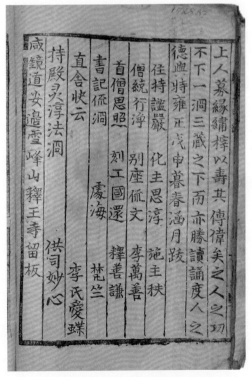

사진33 국환, 觀世音菩薩靈驗略抄 刊記
1728년, 안변 석왕사 간행

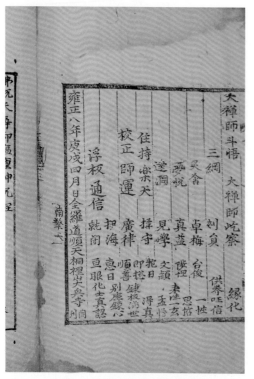

사진34 탁매, 長壽滅罪護諸童子陀羅尼經
刊記, 1730년, 순천 대흥사 간행

사진35 서명, 玉樞經 刊記, 1733년
영변 보현사 간행

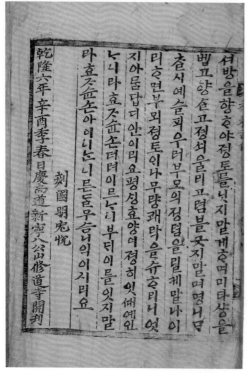

사진36 토열, 臨終正念訣(부모효양문 합철)
刊記, 1741년, 영천 수도사 간행

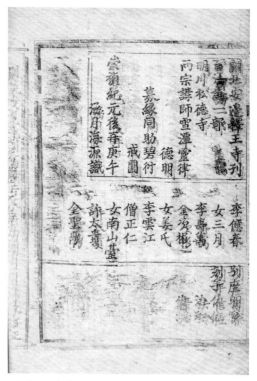

사진37 신위, 性相通說(大乘百法明門論)
刊記, 1750년, 안변 석왕사 간행

사진38 환총, (간경도감복각) 佛說阿彌陀經
刊記, 1753년, 대구 동화사 간행

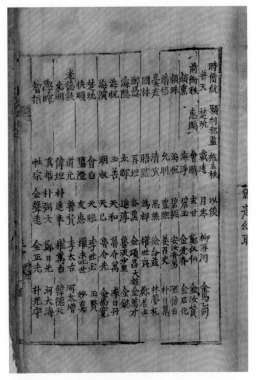

사진38-2 佛說阿彌陀經 刊記

사진38-3 佛說阿彌陀經 刊記

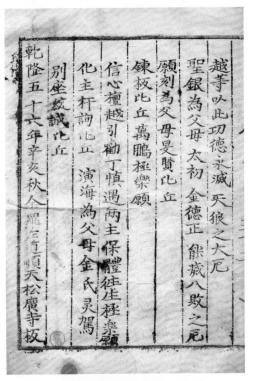

사진39 민현, 佛說天地八陽神呪經 刊記
1791년, 순천 송광사 간행

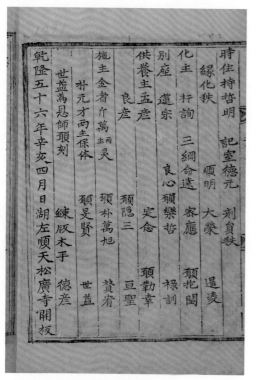

사진40 대영, 地裝菩薩本願經 刊記, 1791년 순천 송광사 간행

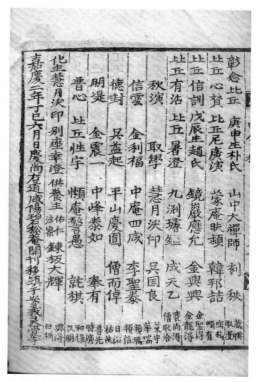

사진41 한방철, 梵網經 刊記, 1797년, 함양 벽송암 개간 移鎭 영각사

사진42 연관, 蓮潭大師林下錄 刊記, 1799년 해남 미황사 개간 移鎭 대둔사

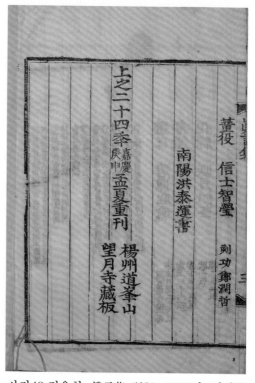

사진43 정윤철, 眞言集 刊記, 1800년, 의정부 망월사 重刊

전 적

道光四年甲申六月日金剛山榆岾寺藏板

都化主
別座　麟圓讚桓　鷲虛碩旻
都監
持殿
證明　惠谷定俊
校正　書梵華岳知耀
緣化
山中宗師
銀峯洛幸
月松性日
龍華國遍
修蕃頓策
滿用何俊
大持殿德敏

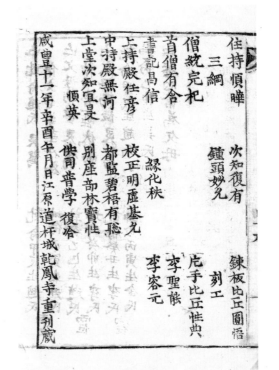

사진44 최담, 造像經 刊記, 1824년 고성 유점사

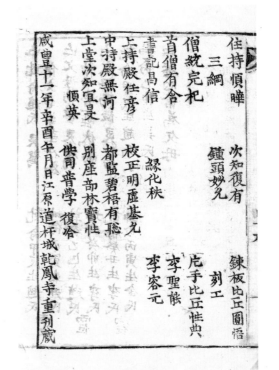

咸豐十一年辛酉午月日江原道杆城乾鳳寺重刊藏

住持順曄
三綱
僧統完杞
首僧有含
書記昌信
上持殿往彥
中持殿無河
上堂次知宜旲
緣化秋
別座普學復冷
校正明盧基允
都監部林寶性
次知復有
鐘頭妙允
刻工
練板比丘圓悟
片手比丘性典
李聖馱
李容元

사진45 성전, 佛說無量壽經 刊記, 1861년
고성 건봉사 간행

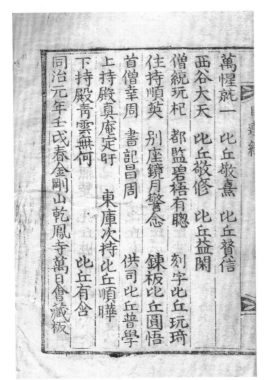

同治元年壬戌春金剛山乾鳳寺萬日會藏板

下持殿青雲無何
上持殿真庵定旿
首僧幸周　書記昌周
住持順英　別座鏡月警念
僧統玩杞　都監碧梧有聰
西谷大天　比丘敬修
萬惺龍一　比丘敬熹　比丘贊信
比丘益閑
東庫次持比丘玩琦
供司比丘順曄
刻字比丘玩琦
練板比丘圓悟
比丘有含
比丘普學

사진46 완기, 佛說大目連經 刊記, 1862년
고성 건봉사 간행

同治三秊甲子正月三角山道詵菴板刻
印出而移安于廣州修道山奉恩寺板藏

山中秋
慧峯堂最性
幻東堂斗性
鏡虛堂仁奎
頓應堂善晬
立應堂天雨
聖應堂敬義
別座
持殿
鍾頭比丘景燁
供司師比丘字奉
緣化秋

사진47 벽산, 太上玄靈北斗本命延生眞經
刊記, 1864년, 서울 봉은사 간행

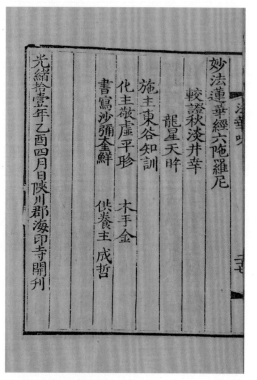

妙法蓮華經六陁羅尼

較證秋淡井莘
　　龍星天旳
施主東谷知訓
化主敬虛平玲
書寫沙彌奎鮮
　　　　　　木手金
　　　供養主成哲

光緖拾壹年乙酉四月日陜川郡海印寺開刊

사진48 화엄법화약찬총지 刊記, 1885년, 합천 해인사 개간

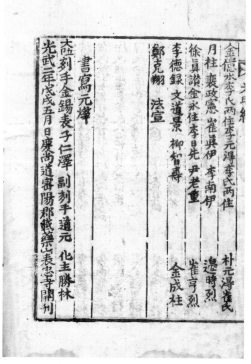

金億水李氏兩住求水元氏得等兩住
月柱 襄政憲崔眞伊 李南伊
徐員諸金永住李日先 尹老重
李德錄 文道景 柳智壽
鄭克翔　　洪宣

大匠刻手金錫表子仁澤 副刻手通元 化主勝林
書寫元燁

　　　　　朴元得養氏
　　　　　　邊時烈
　　　　　崔亨烈
　　　　　金成柱

光武二年戊戌五月日慶尙道密陽郡載藥山表忠寺開刊

사진49 김석표, 阿彌陀經 刊記, 1898년, 밀양 표충사 개간

禪門撮要卷下

修心訣　普照禪師說

三界熱惱猶如火宅其忍淹留甘受長苦欲免輪廻
莫若求佛若欲求佛佛卽是心心何遠覓不離身中
色身是假有生有滅眞心如空不斷不變故云百骸
潰散歸火歸風一物長靈蓋地嗟夫今之人迷
來久矣不識自心是眞佛不識自性是眞法欲求法
而遠推諸聖欲求佛而不觀已心若言心外有佛性
外有法堅執此情欲求佛道者縱經塵劫燒身鍊臂
敲骨出髓刺血寫經長坐不臥一食卯齋乃至轉讀

사진50-1 김석표, 禪門撮要 권하, 1907년 부산 범어사 개간

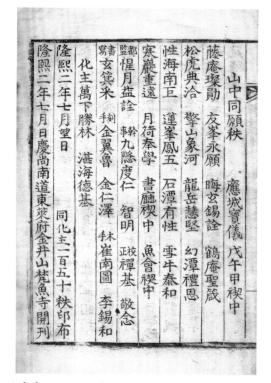

山中同願秩

藤庵璨勛　　應城寶儀 戊午禊中
松虎典洽　友峯永願　晦玄錫詮
性海南玗　擎山象河　鶴庵聖箴
寒巖重遠　龍岳慧堅　幻潭禮恩
都監惺月益詮　蓮峯鳳五　石潭有性 雪牛泰和
寫書玄簣采　月荷奉學　書廳禊中 魚會禊中
化主萬下勝林　事軼九隱度仁 智明 政禪基 敬念
同化主二百五十秩印布　金仁澤 林崔南圖 李錫和

隆熙二年七月望日

隆熙二年七月日慶尙南道東萊府金井山梵魚寺開刊

사진50-2 禪門撮要 刊記